Il a été tiré de ce Catalogue
Cent exemplaires
sur Japon Impérial, numérotés de 1 à 100.

CATALOGUE OFFICIEL

DE LA

SECTION FRANÇAISE

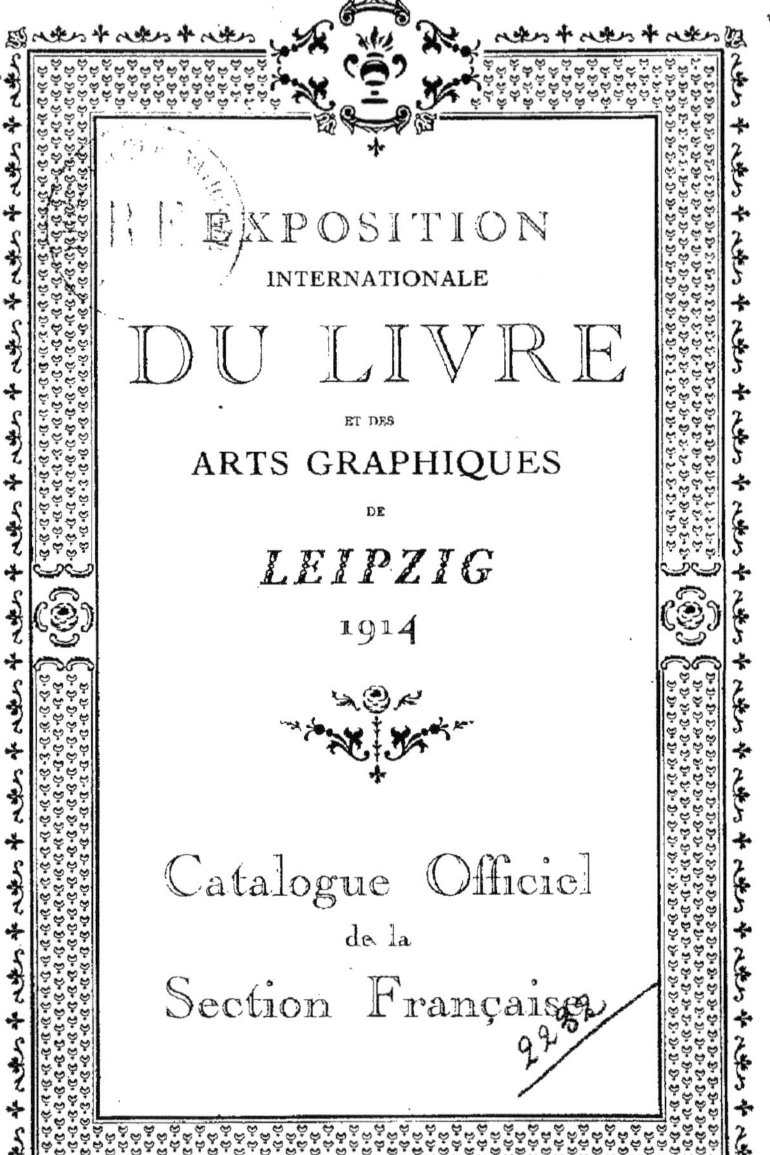

R F

EXPOSITION
INTERNATIONALE
DU LIVRE
ET DES
ARTS GRAPHIQUES
DE
LEIPZIG
1914

Catalogue Officiel
de la
Section Française

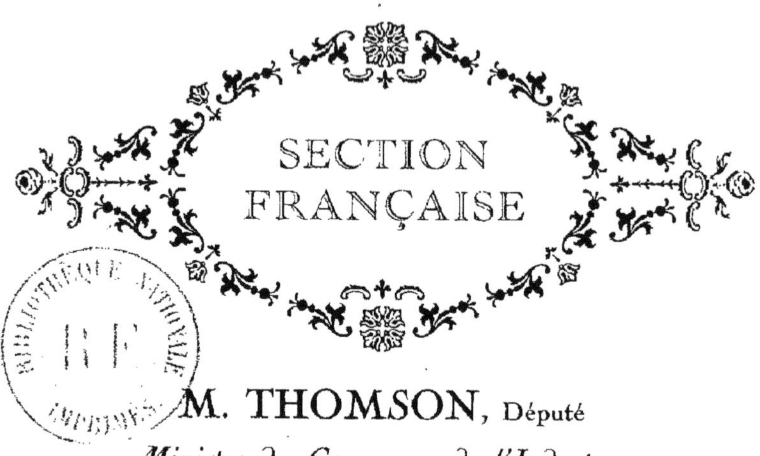

SECTION FRANÇAISE

M. THOMSON, Député

*Ministre du Commerce, de l'Industrie,
des Postes et des Télégraphes.*

DÉLÉGUÉ OFFICIEL
DU GOUVERNEMENT DE LA RÉPUBLIQUE :

M. Roger FIGHIÉRA

*Sous-Directeur du Personnel des Expositions et des Transports
au Ministère du Commerce et de l'Industrie.*

PRÉSIDENT DU COMITÉ D'ORGANISATION :

M. Lucien LAYUS

Ancien Président du Cercle de la Librairie.

SECRÉTAIRE GÉNÉRAL :

M. Henri PICHOT

Ancien Vice-Président du Cercle de la Librairie.

COMITÉ D'HONNEUR ET DE PATRONAGE

Président : **M. ÉMILE DUPONT**, Sénateur,
Président du Comité français des Expositions à l'Étranger.
Président de la Fédération Internationale
des Comités permanents d'Expositions.

Membres :

MM.

Henri BELIN,
Président honoraire du Cercle de la Librairie.

DAVID-MENNET,
Président de la Chambre de Commerce de Paris.

Octave DOIN,
Ancien président du Cercle de la Librairie.

René FOURET,
Ancien président du Cercle de la Librairie.

Albert GAUTHIER-VILLARS,
Ancien président du Cercle de la Librairie.

Jules HETZEL,
Ancien président du Cercle de la Librairie.

MM.

Gustave KESTER,
Trésorier du Comité français des Expositions à l'Étranger.

Charles LEGRAND,
Ancien président de la Chambre de Commerce de Paris.

Pierre MAINGUET,
Ancien président du Cercle de la Librairie.

A. PINARD,
Ancien vice-président du Comité français des Expositions à l'Étranger.

G.-Roger SANDOZ,
Secrétaire général du Comité français des Expositions à l'Étranger.

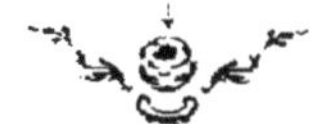

COMITÉ D'ORGANISATION
DE LA SECTION FRANÇAISE

Président : M. Lucien **LAYUS**
Ancien président du Cercle de la Librairie.

Vice-Présidents : MM. Henri **CHAUVIN**
Jules **CHÉRET**
Louis **HACHETTE**
Alexis **LAHURE**

Délégué à l'organisation de la participation ouvrière : M. Auguste **KEUFER**

Secrétaire général : M. Henri **PICHOT**

Trésorier : M. Ferdinand **MARCHAL**

Secrétaires : MM. **FAUCHIER-DELAVIGNE**
André **GILLON**

Délégué de l'administration des Finances chargé des questions de transport : M. Fernand **VUILLAUME**

Délégué du Comité français des Expositions à l'Étranger : M. Émile **CÈRE**

Délégue permanent du Comité d'organisation à Leipzig : M. Édouard **TELLE**

Secrétaires administratifs : MM. E. de **BRÉVANS**
F. **LEYDIER**
J. **LOBEL**

Architecte en chef : M. J. de **MONTARNAL**

COMMISSION DES CONGRÈS
AUDITIONS ET CONFÉRENCES

Président : M. MAURICE QUENTIN

Membres :

MM.

Louis BONNIER
Georges CAIN
Jean CHANTAVOINE
Fernand CHAPSAL
CHASSAIGNE-GOYON
Louis DAUSSET
Charles DROUETS
Raphaël FALCOU
Georges GIROU
Henri HEUGEL

MM.

HOMOLLE
Georges LECOMTE
Paul LÉON
Gustave LYON
Georges MAILLARD
Luc-Olivier MERSON
Gustave RIVET
E. RODOCANACHI
Jacques ROUCHÉ
Vincent d'INDY

Secrétaire : M. ÉDOUARD TELLE

Secrétaires administratifs : MM. BONNEROT
Louis BOUTROY
Th. GIARD
Gaston MIQUEL
Joseph VALLET

COMITÉ FRANÇAIS
DES EXPOSITIONS A L'ÉTRANGER
ET
RÉUNION DES JURYS ET COMITÉS
DES EXPOSITIONS UNIVERSELLES

Bourse de Commerce, Annexe : 42, rue du Louvre. — PARIS

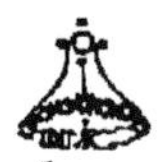

PRÉSIDENTS D'HONNEUR

Anciens Ministres du Commerce :

LOURTIES (V.), sénateur.

LEBON (A.), ancien député.

MARTY, ancien député.

SIEGFRIED, député.

MESUREUR, ancien député.

BOUCHER (Henri), sénateur.

DELOMBRE (P.), ancien député.

MILLERAND (A.), député, ancien ministre de la Guerre.

TROUILLOT (G.), sénateur.

DUBIEF (F.), ancien député.

DOUMERGUE (G.), sénateur.

CRUPPI (Jean), député, ancien ministre de la Justice.

DUPUY (Jean), sénateur, ancien ministre des Travaux publics.

MASSÉ (Alfred), député, ancien ministre du Commerce, de l'Industrie, des Postes et des Télégraphes.

COUYBA (Maurice), sénateur.

DAVID (Fernand), député.

GUIST'HAU, député.

DERVILLÉ (S.), directeur général de l'Exposition universelle de 1900 ; commissaire général de l'Exposition internationale de Turin 1911.

MEMBRES D'HONNEUR

KRANTZ (C.), ancien député, commissaire général du Gouvernement français à l'Exposition de Chicago 1893.

MONTHIERS (M.), commissaire général du Gouvernement français à l'Exposition de Bruxelles 1897.

MUZET (A), ancien député, commissaire général de la Section française à l'Exposition d'Anvers 1894.

VIGER (A.), sénateur, président du Comité agricole et horticole français des Expositions internationales, président de la Section française de l'Exposition de l'alcool à Vienne 1904 et de l'Exposition hispano-française de Saragosse 1908.

LAGRAVE (Michel), commissaire général de l'Exposition de Saint-Louis 1904, inspecteur général honoraire de l'Enseignement technique.

GÉRALD (Géo), député, commissaire-adjoint de l'Exposition de Saint-Louis 1904.

SAINT-GERMAIN, sénateur, président du Comité national des Expositions coloniales.

CHAPSAL (Fernand), commissaire général de l'Exposition internationale de Liège 1905 et de l'Exposition internationale de Bruxelles 1910.

JOZON (Marcel), commissaire général de l'Exposition internationale de Milan 1906.

RONSSIN (Adolphe-Ernest), commissaire général adjoint de l'Exposition internationale de Milan 1906.

BONNAT (Léon), président du Comité permanent des Expositions françaises des Beaux-Arts à l'Étranger.

MÉRILLON (Daniel), président du Comité des Sports de France aux Expositions à l'Étranger.

BAUDOUIN-BUGNET, directeur général des Contributions directes, délégué du Ministère du Commerce et de l'Industrie à l'Exposition hispano-française de Saragosse 1908.

BOUVARD (J.), directeur honoraire des Services d'architecture, promenades et plantations de la Ville de Paris, président de la Section française à l'Exposition internationale de Buenos-Aires 1910.

Vice-Présidents honoraires : FAURÉ LE PAGE, BELLAN (Léopold), HETZEL (Jules), LEGRAND (Charles), PINARD (A.).

Secrétaire honoraire : LAMAILLE (Georges).

Membres honoraires : LOREAU (Alfred) TURPIN (Henri).

BUREAU DU COMITÉ ET CONSEIL DE DIRECTION

Président : DUPONT (Émile), sénateur.

Vice-Présidents : MAGUIN (A).
MANAUT (Frédéric), député.
NICLAUSSE (Jules).
LAYUS (Lucien).
Secrétaire général : SANDOZ (G.-Roger).
Trésorier : KESTER (Gustave).

Secrétaires : BOURGEOIS (Paul).
BOUILHET (André).
HARANT (Louis).
VINANT (Georges).
Secrétaire archiviste : HOLLANDE (Jean).

MEMBRES DU CONSEIL DE DIRECTION

Président de la Commission de Propagande : LEGRAND (Charles).
Président de la Commission d'Initiative et d'Enquête : PINARD (A).
Président de la Commission des Fêtes et Réceptions : PELLERIN DE LATOUCHE (De).
Président de la Commission des Comptes et Publications : HETZEL (Jules).

AMSON (Georges).
ARBEL (Pierre).
BARBIER (Léon), sénateur.
BELLAN (Léopold).
BORDEREL (Jean).
DAVID-MENNET (Arthur).
DONCKÈLE (Georges).

FAURE (Jean).
FERDINAND-DREYFUS, sénateur.
JOURDAIN (Frantz).
LIGNON (Achille).
MASCURAUD (Alfred), sénateur.
MENIER (Gaston), sénateur.
MERCIER (Henry).

PLACIDE-PELTEREAU.
RIVES (Gustave).
ROUSSELOT.
SAINT-GERMAIN (Marcel), sénateur.
SARTIAUX (Eugène).
VIGER (Albert), sénateur.

COMMISSION DE CONTROLE

BÉLIÈRES (A.), GALLAND (Alexandre), WALTER.

Bibliothécaire : CLARETIE (Léo). — *Bibliothécaire adjoint :* BONNEROT.

ADMINISTRATION GÉNÉRALE DU COMITÉ

Services extérieurs : CÈRE (Émile). *Services techniques :* MONTARNAL (Joseph de).
Services des Publications : CLARETIE (Léo).
Services administratifs : BREVANS (E. de), *Secrétaire administratif.* — BAYLE (Paul), *Sous-chef.*

CONSEIL JUDICIAIRE

Avocats à la Cour de cassation : TRÉZEL (Alphonse);
LABBÉ (Jean).
Avocats à la Cour d'appel : ALLART (Henri); LAVOL-
LÉE (Julien); BOTTON (Max); MAILLARD (Georges);
PÉRARD (Henry); DUROYAUME (Paul); DESPLAS
(Georges), député; TAILLEFER (André); QUENTIN
(Maurice).

Avoué à la Cour : GIBOU (Frédéric).
Avoués au Tribunal : MUTEL (Henry), avoué honoraire;
MUTEL (André); ANCELOT (Eugène); DUBAIL (Robert)
Agréés : LESTELLE; MICHOT (Ernest), ancien agréé.
*Administrateur de Sociétés près le Tribunal de Com-
merce :* NAVARRE (Eugène).
Notaires : LANQUEST fils; ADER (Jean).

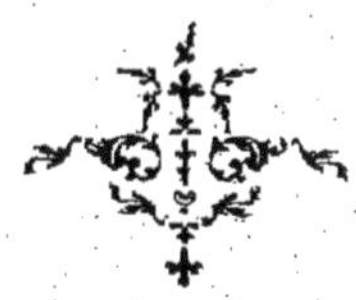

ARRÊTÉ

réglementant la participation française à l'Exposition internationale de l'Industrie du Livre et des Arts graphiques de Leipzig.

Le ministre du Commerce, de l'Industrie, des Postes et des Télégraphes,

Vu l'arrêté du 16 août 1913, nommant le délégué officiel du Ministère du Commerce, de l'Industrie, des Postes et des Télégraphes à l'Exposition internationale de l'Industrie du Livre et des Arts graphiques de Leipzig, en 1914;

Sur la proposition du maître des requêtes au Conseil d'État, directeur du personnel, des Expositions et des Transports,

Arrête :

ARTICLE PREMIER. — Le Délégué officiel est chargé, sous la haute autorité du ministre du Commerce, de l'Industrie, des Postes et des Télégraphes, des rapports entre le Gouvernement français et le Gouvernement allemand, en ce qui concerne l'Exposition internationale de l'Industrie du Livre et des Arts graphiques de Leipzig en 1914.

Il est chargé de contrôler la marche des services et de suivre l'emploi des crédits votés par le Parlement; il prend les mesures administratives nécessaires pour l'organisation de la participation française. Sous son contrôle, le Comité français des Expositions à l'Étranger est chargé de recruter, d'admettre et d'installer les exposants.

ART. 2. — Le Délégué officiel nomme les membres des Comités d'admission et d'installation, sur la présentation du Comité français des Expositions à l'Étranger.

Il dresse, d'accord avec le Comité français des Expositions à l'Étranger une liste de candidats aux fonctions de membre du jury, comprenant un nombre de noms au moins double de celui des membres à nommer.

Les jurés titulaires et suppléants sont choisis sur cette liste par le ministre du Commerce et de l'Industrie, sur l'avis motivé du Délégué officiel.

Les membres des Comités d'admission et d'installation et du Jury ne peuvent être choisis que parmi les exposants.

ART. 3. — Le Délégué officiel soumet à l'approbation du ministre le principe et le programme des expositions spéciales, des congrès, auditions et conférences dont le Comité français des Expositions à l'Étranger ou lui-même prend l'initiative.

ART. 4. — Le Délégué officiel, après avis du Comité français des Expositions à l'Étranger, constitue les comités spéciaux nécessaires à l'organisation et au fonctionnement des expositions spéciales, ainsi qu'à la tenue des congrès et conférences.

ART. 5. — Le Délégué officiel rend compte de sa mission dans des rapports mensuels et toutes les fois que des circonstances particulières l'exigeront.

ART. 6. — Le maître des requêtes au Conseil d'État, directeur du personnel, des expositions et des transports, est chargé de l'exécution du présent arrêté, qui sera publié au *Journal officiel* de la République française.

Paris, le 22 août 1913,

A. MASSÉ

DÉCRET

nommant le délégué du Gouvernement à l'Exposition internationale de l'Industrie du Livre et des Arts graphiques de Leipzig.

Le Président de la République française,

Vu la loi du 7 août 1913, relative à la participation de la France à l'Exposition internationale de l'Industrie du Livre et des Arts graphiques de Leipzig, en 1914;

Vu la convention internationale concernant les Expositions, signée à Berlin, le 26 octobre 1912;

Sur le rapport du ministre du Commerce, de l'Industrie, des Postes et des Télégraphes,

Décrète :

ARTICLE PREMIER. — M. R. Fighiéra, sous-directeur au Ministère du Commerce et de l'Industrie, est nommé délégué du Gouvernement à l'Exposition internationale de l'Industrie du Livre et des Arts graphiques de Leipzig, en 1914.

ART. 2. — Le ministre du Commerce, de l'Industrie, des Postes et des Télégraphes est chargé de l'exécution du présent décret, qui sera publié au *Journal officiel*.

Fait à Paris, le 25 novembre 1913.

R. POINCARÉ

Par le Président de la République :

Le Ministre du Commerce, de l'Industrie, des Postes et des Télégraphes,

A. MASSÉ

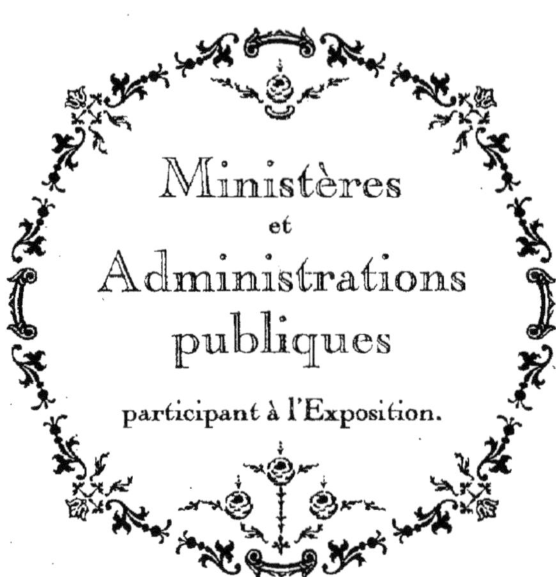

Ministères
et
Administrations
publiques
participant à l'Exposition.

MINISTÈRE DU COMMERCE,
DE L'INDUSTRIE,
DES POSTES ET DES TÉLÉGRAPHES

M. THOMSON, Député

Ministre du Commerce.

M. Alexis CHARMEIL

Directeur du Personnel des Expositions et des Transports.

M. Henri GABELLE

Directeur de l'Enseignement technique.

M. BOLLEY

Directeur des Affaires commerciales et industrielles.

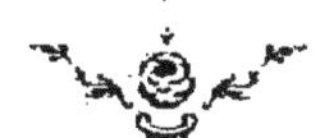

MINISTÈRE DES FINANCES

M. NOULENS, Député
Ministre des Finances.

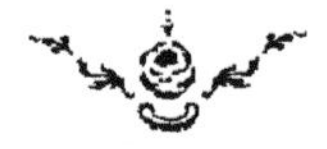

IMPRIMERIE NATIONALE

M. MOUTOU
Directeur.

MINISTÈRE
DE L'INSTRUCTION PUBLIQUE
ET DES BEAUX-ARTS

M. AUGAGNEUR, Député
Ministre de l'Instruction Publique.

M. DALIMIER, Député
Sous-Secrétaire d'État des Beaux-Arts.

MANUFACTURE NATIONALE DE SÈVRES

M. Emile BOURGEOIS
Administrateur.

MOBILIER NATIONAL

M. DUMONTHIER
Administrateur.

MINISTÈRE DU TRAVAIL
ET DE LA PRÉVOYANCE SOCIALE

M. COUYBA, Sénateur

Ministre du Travail et de la Prévoyance Sociale.

M. Arthur FONTAINE

Directeur du Travail.

M. Lucien MARCH

Directeur de la Statistique Générale.

CONSEIL MUNICIPAL DE PARIS

M. CHASSAIGNE GOYON
Président.

Vice-Présidents : MM. LE CORBEILLER
MINIOT

Secrétaires : MM. André PAYER
Marcel HABERT
LALOU
Louis LAGACHE

Syndic : M. Ernest GAY

CONSEIL GÉNÉRAL
DU DÉPARTEMENT DE LA SEINE

M. Maurice QUENTIN
Président.

Vice-Présidents : MM. Eugène BILLARD
GUIBOURG

Secrétaires : MM. CALMELS
MAYER
DELAVENNE
Charles FILLION

Syndic : M. Ernest GAY

VILLE DE PARIS
ET
DÉPARTEMENT DE LA SEINE

M. Marcel DELANNEY
Préfet de la Seine.

M. Louis AUBANEL
Secrétaire général de la Préfecture de la Seine.

SERVICE D'ORGANISATION

M. CACAUD
Directeur administratif des Travaux de Paris,
chargé de la Direction administrative des Services d'Architecture
et des Promenades et Plantations.

M. Louis BONNIER
Inspecteur général des Services techniques d'Architecture et d'Esthétique
de la Préfecture de la Seine,
Commissaire général des Expositions municipales.

M. Raphaël FALCOU
Directeur des Beaux-Arts et des Musées.

COMMISSION DES EXPOSITIONS

Président : M. Louis DAUSSET
Ancien Président du Conseil Municipal.
Rapporteur général du Budget de la Ville de Paris.

Vice-Présidents : MM. DEVILLE
Ancien Président du Conseil Municipal.
Président de la 4ᵉ Commission du Conseil Municipal.

CHAUSSE
Ancien Président du Conseil Municipal.

Secrétaire : M. Georges GIROU
Rapporteur général du Budget du Département.

Membres :

MM.

BELLAN,
Ancien Président du Conseil Municipal.

Ernest **CARON,**
Ancien Président du Conseil Municipal.
Président de la 1ʳᵉ Commission du Conseil Municipal.

CHASSAIGNE GOYON,
Président du Conseil Municipal.

Adolphe **CHÉRIOUX,**
Ancien Président du Conseil Municipal.
Président de la 5ᵉ Commission du Conseil Municipal.

DUVAL-ARNOULD,
Président du Comité du Budget.

Henri **GALLI,**
Ancien Président du Conseil Municipal.

MM.

Ernest **GAY,**
Syndic du Conseil Municipal et du Conseil Général.

Adrien **MITHOUARD,**
Président de la 2ᵉ Commission du Conseil Municipal.

NAVARRE,
Ancien Président du Conseil Municipal.

Louis **PEUCH,**
Président de la 6ᵉ Commission du Conseil Municipal.

Maurice **QUENTIN,**
Président du Conseil Général.

REBEILLARD,
Rapporteur général du Compte.

Henri **ROUSSELLE,**
Président de la 3ᵉ Commission du Conseil Municipal.

Secrétaire administratif : M. Gérard DUCREUX
Secrétaire rédacteur au Conseil Municipal de Paris.

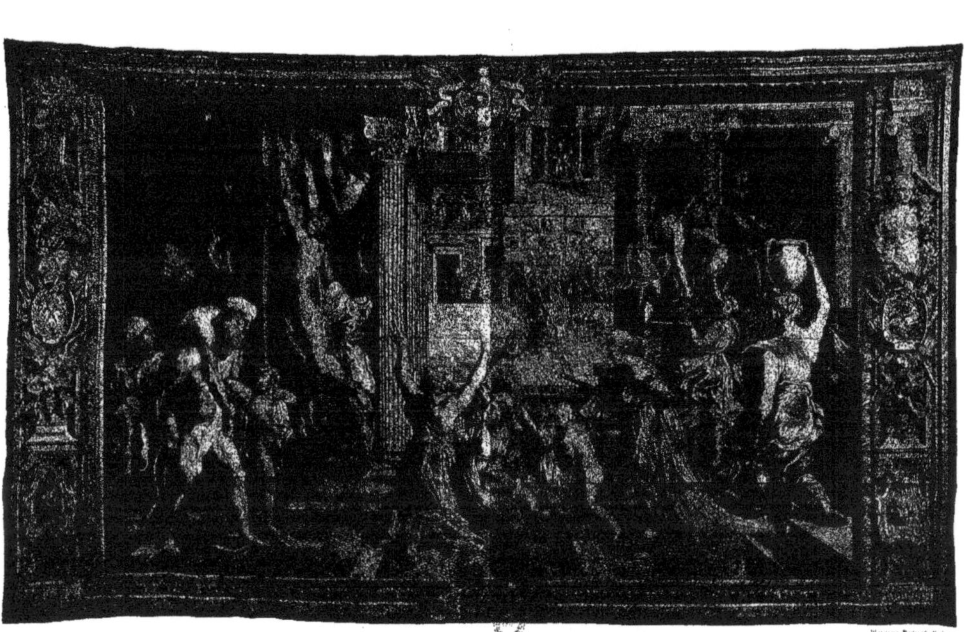

L'INCENDIE DU BOURG DE ROME

Tapisserie appartenant aux Collections du Mobilier National, et faisant partie de la série des *Chambres du Vatican* de Raphaël.

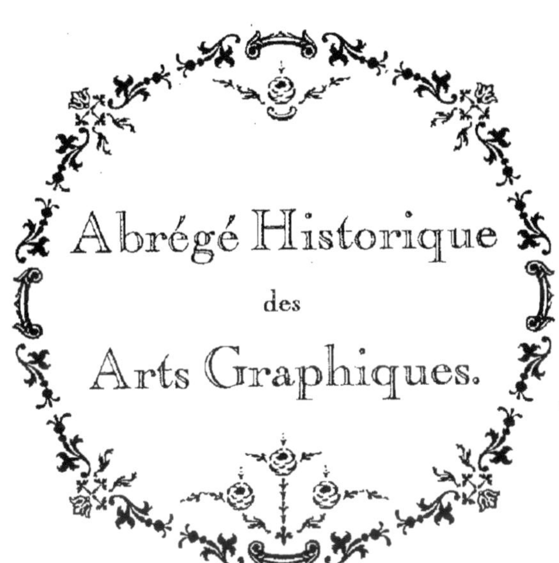

Abrégé Historique
des
Arts Graphiques.

ABRÉGÉ HISTORIQUE

DES

ARTS GRAPHIQUES

L'ÉCRITURE

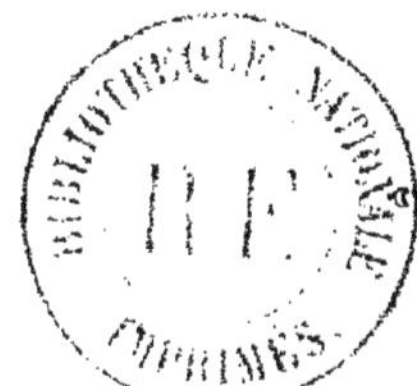

UNE histoire des *Arts Graphiques* doit commencer nécessairement par une histoire de l'Écriture. Cette dernière est, en effet, comme une première ébauche, comme un premier essai des arts plus compliqués du dessin. Elle est elle-même un art, et un art délicat, celui de reproduire la parole par des lettres.

L'origine véritable de l'Écriture remonte à ces caractères encore informes, à ces sortes de grossiers *graffiti* que l'on rencontre sur la paroi des anciennes cavernes, et qui traduisent le premier effort de l'homme pour exprimer certains faits ou certaines idées par des signes conventionnels.

On sait que ces signes sont destinés à représenter des idées ou des sons. L'écriture *idéographique* s'attache à rendre directement des idées; par exemple, chez nous, les signes de ponctuation. L'écriture *phonétique* représente les sons de la parole. L'une essaie de figurer les objets eux-mêmes, ou exprime des signes conventionnels ayant avec l'idée représentée un rapport plus ou moins éloigné; l'autre comprend deux branches distinctes : l'écriture *syllabique* qui ne décompose pas les syllabes en voyelles et en consonnes ; et l'écriture *alphabétique* qui représente les sons de la voix avec les lettres de l'alphabet.

La création de ce dernier, dans lequel les signes, sans rien avoir de représentatif, ne gardent qu'une valeur simplement algébrique, marque le véritable essor de l'écriture et comme la date de son affranchissement. Commun, à l'heure actuelle, à tous les peuples indo-européens, l'alphabet est d'origine sémitique et dérive de l'écriture égyptienne par l'intermédiaire de l'alphabet phénicien.

Nous connaissons trois grands systèmes hiéroglyphiques : le chinois, l'écriture cunéiforme, l'égyptien. On sait l'extrême complication de l'écriture chinoise. Chaque caractère représente un son, et le même signe peut figurer jusqu'à huit sons différents. Quant à l'écriture cunéiforme, déchiffrée par Grotenfeld au commencement du XIXe siècle, c'est une peinture des idées et des objets. Les Égyptiens, de leur côté, possédaient un système d'écriture très complet plusieurs siècles avant notre ère. Leurs hiéroglyphes se divisent en trois classes : figuratifs, symboliques et phonétiques. Par les deux premiers de ces groupes, l'égyptien ressemble aux écritures idéographiques. Il en diffère par le dernier. Toutefois, n'ayant pas réussi à isoler entièrement l'alphabet qu'ils avaient entrevu, les Égyptiens ont perdu le bénéfice de leur invention. « D'hiéroglyphique, écrit très justement M. Salomon Reinach, l'alphabet égyptien devint idéographique, puis phonétique. Quand les signes servirent à représenter la syllabe initiale de leur prononciation au sens figuratif, le syllabisme naquit du rébus. Et comme les voyelles en égyptien sont fort incertaines, les signes syllabiques vinrent bientôt à figurer des consonnes : l'alphabétisme était trouvé. Cependant les Phéniciens furent les vulgarisateurs de l'alphabet simplifié, ce qui fit qu'on leur en attribua l'invention. »

A quelle époque remonte l'origine de l'alphabet ? Il est assez difficile de le préciser. Mais on est à peu près d'accord pour en fixer le point de départ 1500 ans environ avant Jésus-Christ. Ce sont les peuples chananéens qui l'ont réduit à vingt-deux caractères. L'alphabet grec a été rapporté aux Pélasges par des navigateurs phéniciens. Il a donné naissance à l'alphabet étrusque et à l'alphabet latin. Ce dernier vient en effet directement du grec : et la preuve, c'est que pour exprimer le son F propre aux langues de l'Italie, les Romains n'ont pas employé la lettre 8 inventée par les Étrusques et adoptée par les Ombriens, mais ils ont emprunté le digamma grec. L'alphabet latin s'est peu modifié, de 21 lettres au début, il s'est enrichi plus tard de Z, Y et G. C'est de l'alphabet latin que sont sortis les alphabets usités chez les peuples de race latine et de race germanique.

Quant aux alphabets sémitiques, tous dérivés du phénicien, ils ont donné dans l'Inde le *devanâgarî* ou *sanscrit,* dont les plus anciennes inscriptions datent du IIIe siècle avant Jésus-Christ. Les grands propagateurs de l'alphabet dans le monde oriental ont été les Araméens; et l'arabe marque le dernier degré d'altération de l'écriture araméenne cursive.

« L'histoire de l'écriture araméenne, dit excellemment M. Navarre, conduit jusqu'à la constitution des alphabets phonétiques modernes. » Mais il n'est pas impossible, comme le fait remarquer ce savant écrivain, que nous assistions un jour à la création d'une écriture nouvelle, véritable photographie de la parole, et qui est, à proprement parler, trouvée : c'est la sténographie phonétique.

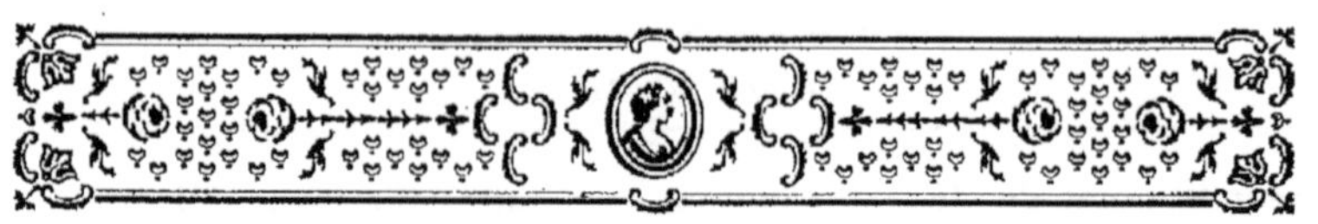

LA GRAVURE

'ORIGINE de la gravure doit être également recherchée fort avant dans l'antiquité, car on remarque sur les briques de terre cuite trouvées à Ninive ou à Persépolis, des inscriptions en caractères cunéiformes et des signes imprimés avec des formes de bois ou de métal.

On assure, en outre, que les Chinois auraient connu l'impression xylographique ou tabellaire plus de trois cents ans avant Jésus-Christ.

Jusqu'à ces dernières années, cependant, on admettait que le fameux *Saint Christophe* de lord Spencer marquait le début, et pour ainsi dire l'avènement de la gravure sur bois proprement dite. Mais on a dû modifier quelque peu cette opinion. Et l'on admet aujourd'hui que le point de départ de l'estampe en relief doit être recherché beaucoup plus haut.

C'est l'opinion, entre autres, de M. Henri Bouchot, pour qui la gravure sur bois procède des travaux des émaillistes champleveurs et vient en droite ligne de l'orfèvrerie. Nous devons considérer, selon lui, comme de véritables œuvres d'imagerie les empreintes au moyen de moules en bois produites sur étoffe de soie, sur samit, ou sur tissus de chanvre et de lin. Et il cite à cet égard les trois ou quatre fragments d'étoffes illustrées par ce procédé, que le Cabinet des Estampes s'est procurés dans ces dernières années, et dont la date a pu être reportée jusqu'au milieu du XIIIe siècle.

On sait peut-être que le mot *estampe* a été découvert pour

la première fois au xiv⁰ siècle, à Dijon, dans un acte authentique. Et ce mot est employé avec la signification d'impression de figures en relief appliquées ensuite sur de la toile.

M. Henri Bouchot cite à l'appui de cette opinion l'intéressant texte que voici : « Jean Malouel a besoin, dans le courant de 1398, de produire rapidement la décoration du parloir de la Chartreuse de Champmol, près Dijon. Pour exécuter la commande, il achète à Robin Gautier trente aunes de toile et à un autre marchand, des couleurs à l'huile ; puis, il se procure une table de laiton pesant 22 livres, « pour tailler en icelle « plusieurs estampes nécessaires pour la peinture de plusieurs « choses à faire dans ladite église. » Malouel fragmente et divise sa planche en plusieurs blocs. Eût-il imprimé ces blocs sur le papier, ajoute le savant commentateur, il eût, en réalité, fourni des estampes. »

Les pièces les plus célèbres de la première gravure sur bois comme le *Bois Protat*, ou la *Vierge de Lyon*, ne sont donc pas, à proprement parler, des commencements, des points de départ. Ils avaient été précédés eux-mêmes d'essais qui avaient fourni de véritables estampes.

On sait que ce qui a servi la diffusion de l'estampe en Europe a été la mode adoptée en France comme en Italie de porter de la toile de lin comme linge de corps. Les pays d'Occident, grâce à l'énorme production du papier de chiffon qui en résulta, purent s'affranchir des frais d'importation du papier oriental, et l'estampe put être vendue à meilleur compte.

Parmi les gravures les plus anciennes, nous devons citer ensuite celles qu'on appelle gravures au criblé, où les clairs sont indiqués par un fond noirâtre criblé de points blancs. L'exemplaire le plus ancien de ce procédé semble être le *Saint Bernardin de Sienne*, de 1450. Quant à la gravure en creux sur métal, nous devons en reporter l'origine à l'orfèvre Florentin

Finiguerra, qui fixa sur le papier « l'empreinte d'une plaque métallique destinée à être niellée, et dont les tailles en creux avaient été remplies par du noir ». La fameuse *Paix* de cet artiste mesure environ 13 centimètres de haut, sur 8 centimètres et demi de large. Ce n'est donc, en réalité, qu'une vignette. Mais la science de composition, la justesse de l'attitude, la noblesse du dessin sont telles qu'elles égalent cette vignette à un véritable tableau.

Mantegna, qui vint ensuite, sut rendre avec son burin tous les effets du dessin à la plume. Son œuvre gravé comprend une vingtaine de pièces dont la moitié appartient à des sujets religieux, tandis que l'autre s'inspire au contraire de la mythologie. « Bien qu'aucune de ces estampes ne porte la signature ou le monogramme du maître padouan, écrit M. Henri Delaborde, l'authenticité n'en saurait être mise en doute. Mantegna, graveur, n'oublie pas sa science de peintre. » Il eut d'ailleurs de nombreux imitateurs, parmi lesquels nous devons citer Mocetto, Jacopo Francia, Nicoletto de Modène, Jacopo de Barbari.

En Allemagne, les initiateurs de la gravure en relief ont été, d'une part, celui qu'on appelle le maître de 1466, de l'autre, Martin Schongauer. Le premier, par le talent et l'influence, peut être comparé à Finiguerra lui-même. On le considère ordinairement comme le véritable fondateur de l'Ecole allemande de gravure. Quant à Martin Schongauer, il est doué d'une organisation plus puissante, et son art a quelque chose de plus vrai et de plus profond. Schongauer est un maître de tout premier ordre que l'on peut mettre en parallèle avec Albert Dürer lui-même, sans faire tort à ce dernier.

C'est à lui, d'ailleurs, que nous arrivons, à cette date du XVIe siècle commençant. Artiste incomparable sous le rapport de l'observation et de la précision, Albert Dürer est regardé aujourd'hui comme l'un des premiers artistes de tous les temps. Non pas que ses admirables estampes soient en tout point irréprochables. Sans doute, la finesse de l'outil peut y être considérée déjà comme hors de pair. Mais ce qui les fait belles, surtout, c'est le style, c'est la fermeté de l'idéal, c'est la hauteur de l'inspiration. Le *Saint Hubert*, le *Saint Eustache*, le *Chevalier de la Mort* et la *Mélancolie* sont remarquables avant toutes choses par la grandeur de l'esprit que ces compositions manifestent. Ce qui fait de ces estampes des modèles du genre, c'est ce qui est inimitable en elles, je veux dire l'âme, l'émotion, la profondeur de la pensée. Raymond Bouyer l'a fort bien dit : « Dans un pareil art, l'exactitude, le résultat paraît tout. Mais cette magie n'existerait pas sans l'instinct du magicien, cette alchimie serait vaine sans le regard de l'alchimiste, ces gravures ne doivent leur valeur d'art qu'à la philosophie du virtuose. »

Albert Dürer eut, comme l'on sait, pour imitateur, Marc-Antoine Raimondi, le grand graveur italien d'un talent si pur et si noble. Sa compréhension des œuvres de Raphaël est restée quelque chose de prodigieux. Soit que nous envisagions la *Lucrèce*, la *Poésie*, *Apollon*, les *Trois Docteurs*, la *Sainte Cécile* ou le *Parnasse*, c'est partout la même manière heureuse, libre, indépendante, de trouver des équivalents, de s'affranchir de la traduction littérale, méticuleuse, en un mot, de créer en interprétant.

Dans les Pays-Bas, pendant le xvie et le xviie siècles, l'école du burin est caractérisée par des tendances réalistes et par une science plus raffinée dans l'art de traiter la lumière. Lucas de Leyde, Nicolas de Bruyn, Wierix, Müller, Goltzius, sont les noms les plus illustres de cette période. En Flandre, les Bolswert, les Soutman, les Van Dyck essaient de faire rendre à la gravure les effets mêmes du coloris. Mais c'est en Hollande surtout, avec Brauwer, Ostade, Ruysdaël, Paul Potter, Van de Velde, Jean Both, et surtout Rembrandt, que l'art de la gravure atteint à son plus haut sommet. Chez Rembrandt, comme chez Albert Dürer, c'est dans l'admirable organisation de la facture qu'il faut chercher le secret du génie. On s'est demandé parfois avec quels instruments il travaillait, et comment il imprimait ses planches. On a étudié à la loupe ce magique rayon de lumière qui illumine ses estampes, et qu'il oppose avec tant d'art à des noirs si profonds et si veloutés. Le secret de sa technique doit être cherché dans l'œil de l'artiste, dans l'organisme qui reçoit la sensation, dans le cerveau qui l'interprète. Considérons ses plus belles eaux-fortes : *le Docteur Faustus, Lutma, le Sacrifice d'Abraham, la Résurrection de Lazare*, ce qui nous frappe d'abord dans ces chefs-d'œuvre, ainsi que le fait remarquer M. Henri Delaborde, « ce sont les aspirations indéfinies qu'elles révèlent ». Cette manière immatérielle de traiter le cuivre, cette dextérité magique, cette délicatesse dont il l'effleure, ou bien, au contraire, ces heurts puissants, cette violence passionnée d'exécution, résultent avant tout de son tempérament d'artiste. « Chez lui, comme chez la plupart des grands compositeurs, le procédé harmonique se lie si étroitement à l'idée mélodique que l'analyse en serait, sinon impossible, au moins complètement superflue. »

L'Ecole française s'établit ensuite avec Thomas de Leu, Léonard Gaultier, Israël Silvestre, Abraham Bosse et Jacques Callot. Ce dernier a rendu un très grand service à l'Ecole française d'illustration en lui faisant quitter sa tournure guindée et mal assouplie. « Callot, écrit M. Henri Bouchot, ne fut point un vignettiste, un dessinateur spécial ; son art visait plus haut et cherchait ordinairement mieux. Cependant, il ne dédaignait point les frontispices, il en faisait pour *le Coustumier de Lorraine*, pour *l'Harpalice* de Bracciolini, et pour une foule d'autres dont l'énumération serait ici bien fastidieuse. Certains de ses travaux passaient en Italie où ils venaient relever un peu le niveau abaissé du Livre. »

Quant à Abraham Bosse, il imprima à la décoration du Livre une extension considérable. D'après l'auteur que nous venons de citer il est peu d'artistes qui aient fait autant que lui pour l'illustration gracieuse et l'harmonie entre la vignette et la page imprimée. « Sa fécondité prodigieuse lui faisait aborder tous les genres, et après les gaietés des estampes où il riait avec ses contemporains, il prenait un air grave pour tracer sur le cuivre des sujets plus sévères. »

A la même époque, la gravure au burin est portée à sa perfection avec les estampes si vigoureuses et si savantes de Robert Nanteuil, de Gérard Audran, d'Edelinck et de Jean Pesne. Les traditions s'affaibliront ensuite légèrement au XVIIIe siècle ; mais on rencontre encore bien de la délicatesse dans les œuvres de Drevet, Cars, Lépicié, Moreau, Cochin et Larmessin. La mode des vignettes s'accentue. Watteau a entraîné tous les graveurs vers le pimpant et le joli. C'est l'époque où ils arrivent à harmoniser parfaitement la gravure en taille-douce et le livre imprimé.

Rien n'égale le charme de leurs frontispices, de leurs lettres ornées, de leurs fleurons. Période des livres enrubannés, des festons, des fleurettes, dont Eisen et Choffard demeurent les dieux les plus fêtés. N'oublions pas aussi que c'est le moment où la Société des Arts de Londres proposa en Angleterre un prix pour la meilleure gravure sur bois. Thomas Bervick l'obtint. Et ce fut lui qui imagina la gravure sur bois debout et sur buis, au lieu du poirier de fil qu'on avait employé jusqu'alors. Une véritable renaissance de la xylographie s'ensuivit. Et l'on vit publier en Angleterre des livres illustrés par Nesbit, Wright et Thompson, qui obtinrent le plus vif succès.

Nous arrivons ainsi au XIXe siècle. Et nous devons mentionner, tout à fait au début, Leblond, né à Francfort, qui fut l'inventeur de la gravure en couleurs, et Jean-Baptiste Leprince, qui découvrit le procédé de gravure au lavis, d'où devait sortir la gravure à l'aqua-tinte que répandirent ensuite Debucourt et Jazet. Au début du siècle, la gravure subit un moment l'autorité despotique de David : mais elle ne tarda guère à s'en débarrasser. Parmi les noms les plus en vue, il faut citer ceux de Boucher-Desnoyers, Bervic et Tardieu, qui restent fidèles aux grandes traditions ; Henriquel, un maître dans toute l'acception du mot, savant dessinateur et praticien consommé ; puis Bracquemond, Lalauze, Leloir, Waltner, Patricot, tandis que la gravure sur bois est pratiquée avec éclat par les Pannemaker, les Pisan, les Baude, les Méaulle.

Nous rappellerons en outre qu'en 1833 Edouard Charton avait fondé *le Magasin pittoresque*, qui ouvrit l'ère des journaux illustrés, et qui fut bientôt imité par *le Musée des Familles*, *l'Illustration*, puis un grand nombre d'autres périodiques, tandis qu'en 1837 paraissait chez Curmer le premier livre illustré dans le texte : *Paul et Virginie*, avec les dessins de Tony Johannot.

Très influencée par la photographie dans la dernière période du XIXe siècle, la gravure sur bois cessa bientôt de rivaliser avec le trait pour jouer de virtuosité avec l'estampe, le lavis ou la gouache. Bientôt, ce fut le règne du gris, la mode des longues tailles et de ces teintes que Bracquemond appellera les « filles bâtardes de la photographie ». Cependant, avec Edmond Morin, John Gilbert, et les illustrateurs de Daniel Vierge, le croquis a maintenu ses droits ; il a continué la tradition et le goût du trait est resté en honneur.

Il faut citer ici les noms de Martin, de Paris, de Langeval, de Bellanger, de Lepère, de Froment, de Vibert, de Florian, de Guzman. Ce sont ceux que la postérité retiendra vraisemblablement comme étant les meilleurs.

LA LITHOGRAPHIE

L A lithographie a été inventée vers la fin du XVIIIe siècle, à Munich, par le compositeur et graveur de musique Aloys Senefelder, né à Prague, en Bohême, le 6 novembre 1771. « On a cherché, dit l'auteur du *Traité de lithographie*, imprimé chez Lorilleux, on a cherché à entourer les débuts de la lithographie dans les fictions de la légende. Tantôt on crée un Senefelder de fantaisie, découvrant par l'effet du hasard plutôt qu'inventant ; tantôt on fait de ses protecteurs, de ses associés de la dernière heure, les vrais inventeurs dont il n'aurait été que le plagiaire. Mais si, parmi les grandes inventions modernes, il en est une dont on ne puisse disputer la paternité, c'est celle de la lithographie, de l'impression chimique sur pierre. Personne n'y songeait, dans aucun des pays où florissait l'art de l'impression. Si, d'autre part, ce qu'on se plaît à nommer le hasard a joué quelque rôle dans cette merveilleuse invention, ce n'est pas inopinément, tant s'en faut. Senefelder travaillait depuis longtemps déjà sans se laisser rebuter par les insuccès ; au cours de ses recherches, certains faits se sont révélés à son esprit observateur, il les a groupés et en a tiré le résultat final. »

Senefelder avait commencé par faire du théâtre. Ses débuts n'y furent guère heureux. Néanmoins il ne se laissa pas décourager et il chercha le moyen d'imprimer lui-même ses œuvres. Après une dure période d'épreuves il finit par trouver à la fois un ami et un associé. « Il avait gravé une page de musique, dit l'auteur précité, et en avait communiqué une épreuve à M. Gleissner, compositeur et directeur de la musique à la cour. Celui-ci, frappé du résultat autant que de l'ingéniosité du procédé, lui offrit sur-le-champ de créer un atelier. L'offre acceptée, l'atelier fut promptement organisé et les œuvres musicales de M. Gleissner furent les premières productions de la lithographie (1796) qui n'était pas encore l'impression chimique, mais l'impression à l'aide de la pierre légèrement montée en relief. De l'aveu de Senefelder, ce début fut loin d'être un chef-d'œuvre : « Différentes parties, dit-il, furent imprimées avec un succès inégal. » Ces partitions n'en fixèrent pas moins l'attention de M. Falger, riche éditeur de musique à Munich, qui encouragea l'inventeur en mettant à sa disposition et ses conseils et sa bourse. Senefelder a raconté lui-même comment il parvint à obtenir un encrage satisfaisant de ses premières planches, en utilisant d'abord la balle du pressier, puis le tampon plat du graveur.

M. Steiner, directeur de l'Instruction publique en Bavière, fut le troisième client et le troisième protecteur de Senefelder. Ce nouveau protecteur lui confia des travaux relativement importants et, par la suite, lui amena le professeur Schmidt, puis un riche imprimeur-éditeur de musique d'Offenbach, M. André, qui, en 1802, devait l'entraîner à fonder des établissements dans les principales capitales de l'Europe.

Il fallut cinq années de travail opiniâtre pour conduire d'étape en étape Senefelder à l'invention de la lithographie.

A partir de ce moment, il se voit accueilli partout. En 1799, grâce aux démarches de M. Steiner, le roi de Bavière, Maximilien-Joseph, lui accorde un privilège de quinze ans. En 1800, un mémoire descriptif de l'invention de Senefelder est déposé au Patent Office de Londres, et, en 1801, Frédéric

André demande en France un brevet de dix ans qui lui est accordé le 11 février 1802.

Nous passons sur la série des vicissitudes qui survient alors et produit la ruine de Senefelder, ruine qu'on ne sait, d'ailleurs, à quelle cause attribuer, et à la suite de laquelle Senefelder fut nommé, par le roi de Bavière, directeur de l'atelier lithographique qu'on avait adjoint au service du cadastre. Nous le voyons ensuite revenir en France, y améliorer peu à peu sa situation de fortune, préparer l'édition de son *Traité de lithographie*, dont la traduction parut en 1819, puis revenir enfin à Munich, où il mourut aveugle, au mois de janvier 1834.

A Paris, Senefelder avait été devancé par le comte de Lasteyrie, et par Godefroy Engelmann, qui avait d'abord installé une lithographie à Mulhouse en 1814, et qui en fonda une à Paris même, en juin 1816. C'est alors que la lithographie artistique prit un merveilleux essor. « Les grands peintres de la première moitié de ce siècle, écrit M. Delenget, les deux Vernet, Géricault, Devéria, Boulanger, Prud'hon, Delacroix, Ingres, Isabey, Troyon, pour n'en citer que quelques-uns, firent reproduire leurs œuvres par des artistes lithographiques comme Motte, Chevalier, Jobard, Sudre, Aubry-Lecomte, Deroy, Vernier, Bary, etc..., quand ils n'interprétaient pas eux-mêmes directement leurs conceptions sur la pierre. Les lithographies de Lemud, de Charlet, de Raffet, de Bellanger, de Gavarni, de Daumier, sont, pour la plupart, des petits chefs-d'œuvre qui réjouissent l'œil, et que recherchent les amateurs. »

LE PAPIER

L'HISTOIRE du papier remonte, elle aussi, au plus lointain des âges. Le procédé de fabrication le plus ancien paraît être celui que pratiquent encore, à l'heure actuelle, les peuples de l'Asie, et qui repose sur la transformation en bandes maniables des feuilles de certains palmiers, capables de recevoir une écriture faite avec une pointe.

Comment obtient-on ces feuilles?

Les Asiatiques choisissent des feuilles de palmier aussi parfaites que possible ; puis ils les trempent dans l'eau bouillante pour les amollir, les aplanir et les préserver de la corruption ; et, tout humides encore, ils les frottent et les assouplissent à l'aide d'un bâton arrondi. Ce travail achevé, ils mettent les feuilles sous presse et les laissent sécher ; puis on les sort, prêtes à recevoir l'écriture. Celle-ci se dessine au moyen d'une aiguille qui permet de tracer des caractères d'une netteté incomparable.

A côté de ce subjectile en feuilles de palmier, il faut citer parmi les ancêtres du papier, le papyrus. La matière première en était représentée par une plante semi-aquatique connue sous le nom scientifique de *cyperus papyrus*, et sous la dénomination vulgaire de souchet à papier. Cette plante est une espèce de roseau de la famille des cypéracées. Elle croît dans les marais d'Egypte, d'Abyssinie, de la Syrie, de la Sicile et de la Calabre.

Nous avons peu de détails touchant la fabrication du papyrus.

Pline, cependant, nous en donne un aperçu, quand il nous apprend qu'on coupait la plante en feuillets aussi larges que possible. On étendait ensuite ces feuillets de manière à en former une couche, puis on étendait une autre couche en travers; on collait et l'on mettait sous presse.

Cette fabrication de l'antique papyrus a duré, en perdant peu à peu de son importance, jusqu'au Xe siècle de notre ère. En 1170, Eustathe, le commentateur d'Homère, la comptait au nombre des secrets perdus. Elle a disparu aujourd'hui tout à fait.

Nous n'avons pas épuisé, avec le papier de palmier et le papyrus, toute la série des ancêtres du papier. Cinq ou six cents ans avant notre ère, c'est-à-dire voici deux mille quatre cents ans environ, l'on rencontre déjà un autre subjectile, le parchemin, dont l'usage s'est perpétué jusqu'à nos jours.

C'est vers le Ve ou le VIe siècle avant notre ère, qu'on a su, en Italie, à Pergame, donner aux peaux de moutons la souplesse, la finesse, la translucidité et le poli qui caractérisent les parchemins. Ce qu'on faisait, à cette époque, en vue de ce résultat, on le pratique encore aujourd'hui; et le parcheminier du XIXe siècle opère exactement comme le parcheminier qui vivait au temps des Tarquin, à quelques détails de machine près, bien entendu.

C'est sur des parchemins qu'écrivaient déjà les Grecs et les Romains avant l'ère chrétienne. Tout le moyen âge en usa. L'on a libellé sur ces parchemins, jusqu'au commencement de ce siècle, tous les actes officiels de la vie publique.

Le parchemin et le papyrus ont eu une destinée commune.

Le monopole que l'Egypte devait au privilège de produire presque seule le papyrus et d'approvisionner le monde, lui suscita une concurrence en Asie Mineure vers le IIIe siècle avant notre ère, dans la ville de Pergame. Le parchemin devint le rival et le complément du papyrus, soit en formant des rouleaux continus, soit en recouvrant les rouleaux de papyrus, grâce à sa plus grande résistance. L'usage de ces deux subjectiles ne se maintint pas dans les mêmes conditions. Ainsi, vers le ve siècle, le parchemin devint rare sur les quelques points de l'Occident, ce qui accrut le nombre des palimpsestes. Quant au papyrus, son emploi diminua au ixe et au xe siècles, à tel point que son usage fut considéré comme un luxe dans les chancelleries. Le parchemin profita de cette rareté du papyrus ; et pendant les siècles suivants, il fut d'un usage général.

C'est vers le xie siècle après Jésus-Christ que le véritable papier a fait son apparition en Europe. Il offrait alors l'aspect d'une belle matière souple, brillante et soyeuse, assez analogue au papier que l'on fabrique actuellement en Chine et au Japon.

Son pays d'origine serait la Chine. Il aurait pénétré en Occident dès la fin du ixe siècle, importé en Espagne par les Arabes. Et durant le xe et surtout le xie siècles il pénétra en France, en Allemagne et en Italie. On le distinguait alors, sous le nom de papier de coton, ou *charta bombycina, cullunea, damascena*. Et cependant, ce n'était pas de coton, comme on l'a cru longtemps, qu'il était fait.

Il est à supposer, en effet, que, si ce papier venait d'Extrême-Orient, il était fabriqué suivant les procédés du pays. Or, c'est à l'aide du mûrier que l'on fabrique le papier en Chine et au Japon. Jamais encore on ne vit employer les fibres neuves du coton.

Les Japonais et les Chinois ont conservé pendant des siècles leurs procédés d'industrie. Et, sans doute, dans la fabrication du papier, ils usaient autrefois des mêmes matières qu'aujourd'hui.

En outre, à l'observation microscopique, dans aucun échantillon de papier dit « de coton », l'on n'a pu trouver jusqu'alors aucune fibre de ce végétal.

D'après les travaux les plus récents, on commence à faire mention du papier en Occident vers l'an 650 après Jésus-Christ; et le papier est signalé à Samarcande comme étant d'importation persane ou arabe.

Pour fabriquer le papier, les Arabes auraient employé le chanvre, les chiffons de lin, les vieilles cordes, les fibres de bambous. On le fabriquait à l'aide de pilons ou à l'aide de meules, ces deux procédés ayant pour but d'écraser, de triturer les chiffons au contact de l'eau. On s'est vite servi pour ce travail de machines hydrauliques; c'était notamment le cas à Fez, au commencement du XIIIe siècle. Quant au collage du papier, il s'effectuait au moyen de la colle d'amidon.

En même temps que ces papiers de fabrication arabe, l'Europe en recevait, disions-nous, de Chine et du Japon, qui, vraisemblablement, étaient tirés du bambou et du mûrier.

Le procédé de fabrication n'a pas varié beaucoup depuis cette époque. Et voici comment l'on prépare, aujourd'hui, le papier en Extrême-Orient :

Quand la plante du mûrier ou du bambou a été coupée, on arrache l'écorce à la main ; on la taille comme en Europe on taille le chanvre. Les écorces sont portées à l'atelier, et là, à l'aide d'un couteau, on les pelure, de manière à en détacher les fibres libériennes, les seules capables de se feutrer. La filasse, toute mouillée, est alors battue avec énergie, jusqu'à ce qu'elle soit réduite en pulpe, en bouillie. Celle-ci est mise en suspension dans une grande masse d'eau ; puis on l'y pêche, à l'aide d'une forme quadrangulaire dont le fond est constitué par un tamis ; la pâte se caille et se transforme en une feuille maniable. L'ouvrier l'enlève avec dextérité, l'étend à la surface d'une planche, et l'abandonne enfin à la dessiccation.

Mais, comme le fait remarquer M. Aimé Girard, les Chinois, ici, ne sont que des imitateurs. Ce sont des insectes qui, avant les hommes, ont su composer des feuilles minces à l'aide de fibres feutrées, souples et résistantes.

« Avez-vous quelquefois observé, écrit-il, dans nos bois, les nids que construisent les guêpes avec une habileté merveilleuse? L'étude en est bien instructive. Portez au microscope un fragment de cette enveloppe, étudiez-en la structure, vous la verrez formée, comme le papier chinois, par l'entre-croisement d'une multitude de fibres se recouvrant et se feutrant de mille manières.

« Ce résultat, comment les guêpes papetières l'ont-elles obtenu? C'est en broyant, à l'aide de leurs mandibules, les jeunes pousses des plantes, en dégageant la cellulose fibreuse du tissu végétal, en collant ensuite, à l'aide d'un liquide gluant qu'elles sécrètent, les fibres ainsi dégagées, qu'elles ont confectionné le tissu de leur nid.

« Ce procédé ressemble fort, à quelques détails près, à l'industrie du papier en Chine et au Japon. »

Quoi qu'il en soit, c'est l'Espagne, la première, qui fabriqua le papier en Europe. D'Espagne, la fabrication passa en France, au XIIe siècle, probablement ; et ce fut à Troyes, en Champagne, puis à Essonnes, près de Paris, que furent fondées les premières papeteries.

Environ vers la même époque, des fabriques s'installèrent en Italie et en Allemagne ; et c'est seulement deux cents ans plus tard que l'art de fabriquer le papier pénétra en Angleterre.

A cette époque, on n'employait plus les matières neuves pour le papier : c'étaient des chiffons qui servaient à cette fabrication.

Or, voici quel fut le procédé de la fabrication dite « à la forme » tel qu'on le pratiqua jusqu'à la fin du XVIIIe siècle.

On n'employait alors que les chiffons blancs de toile, de chanvre et de coton. On les triait, puis on leur faisait subir un lavage. Placés dans un endroit humide, mis en tas, on les laissait pourrir au moyen d'une sorte de fermentation naturelle. Ils prenaient alors peu à peu une coloration spéciale rappelant la lie de vin. Et pendant trois ou quatre semaines on les abandonnait à cette fermentation.

Pour triturer ensuite les chiffons, on se servait de moulins à pilons qui consistaient en lourds maillets soulevés à intervalles égaux par les rames d'un arbre horizontal. Ces rames étaient mues par une roue qui tirait elle-même son mouvement d'une autre roue hydraulique établie sur un cours d'eau. Ces maillets retombaient sur le chiffon entassé dans les piles ou mortiers creusés dans une forte pièce en bois de chêne ; et ceux-ci recevaient l'eau claire par de petits tuyaux communiquant avec un réservoir. Ces lourds marteaux, garnis d'énormes clous de fer, étaient destinés à effilocher le chiffon déjà fortement amolli par la fermentation.

Après avoir subi l'écrasage et le hachage, on transportait la pâte dans la cuve à ouvrer. Elle y était délayée dans une quantité d'eau convenable. Cette cuve était en bois, en cuivre, ou en fer. Une énorme planche appelée *trépan* était disposée au-dessus. Elle était garnie de fils de cuivre dans le sens de la longueur, afin de faciliter le glissement de la forme. A gauche, sur le côté, était fixée une planchette. Elle tenait d'un bout au trépan, de l'autre au bord de la cuve. Une petite pièce de bois, appelée *égouttoir*, y était maintenue verticalement. On disposait l'intérieur de la cuve de manière à chauffer la pâte, afin de rendre en hiver le travail moins rigoureux aux ouvriers. Quant au moule, qui devait former la feuille de papier, en lui donnant sa longueur, sa largeur et son épaisseur, elle s'appelait forme. C'est de ce mot qu'est venue la désignation actuelle des *formats* de papier.

La forme se composait d'un châssis en bois de chêne auquel

était adaptée une grille en fil de laiton, plus ou moins fin, dont les brins étaient placés parallèlement et maintenus dans cette position par un tissu de ce même fil. Cet assemblage, soutenu en dessous par des tringles horizontales appelées *pontuseaux*, portait le nom de *vergeures*, et la trace qui est laissée sur le papier le fait distinguer par le nom de papier vergé. Quant à la marque du papier, du format, et celle du fabricant, elles étaient figurées par d'autres fils de cuivre auxquels on donnait le nom de *filigranes*. Les marques des formats étaient représentatives de leur nom : un pot pour le format pot ; un griffon pour le format griffon ; une coquille pour le format coquille.

Un cadre mobile appelé *frisquette* ou *couverte*, s'appliquait exactement sur les bords de la forme, dont la hauteur, conjointement avec le plus ou moins de fluidité de la pâte, déterminait l'épaisseur de la feuille de papier et dont les autres dimensions réglaient la largeur et la longueur. Le service d'une cuve se faisait avec une paire de formes. L'ouvrier qui se nommait ouvreur ou puiseur, après avoir placé la couverte sur la forme, la tenait verticalement et la plongeait à moitié dans la matière délayée. Il la tournait, pour arriver à la position horizontale, la couvrait entièrement de pâte ; puis il la retirait dans cette position et lui imprimait divers mouvements saccadés et des balancements. Cette manipulation avait pour but de lier entre eux les filaments qui constituaient la pâte et d'en opérer uniformément la distribution. L'ouvrier faisait ensuite égoutter légèrement sa feuille ; puis il poussait sa forme le long de la planchette, après avoir enlevé la couverte, et la posait sur une autre forme, pour recommencer une nouvelle feuille.

Ces opérations se succédaient assez rapidement pour qu'un ouvrier pût préparer, dans sa journée, de quatre à cinq mille feuilles par douze heures de travail.

Un autre ouvrier, appelé coucheur, prenait la forme sur le

plan indiqué, l'agitait légèrement pour la faire égoutter et la renversait sur un feutre appelé *flotre*. La feuille, dont la pâte s'était raffermie, se détachait alors sans difficulté. On la recouvrait d'un nouveau feutre, puis d'un autre, jusqu'à concurrence de vingt-six. Ces vingt-six feuilles formaient une main de papier. Les deux ouvriers procédaient ainsi simultanément, se passant tour à tour une forme chargée de pâte et une forme vide, jusqu'à ce que les feuilles couchées entre les feutres eussent atteint le nombre suffisant pour former une porte.

Alors, on mettait le tout sous une presse hydraulique ou sous une presse à main pour en faire sortir l'eau, dans la mesure du possible.

Un troisième ouvrier appelé *leveur* séparait les feutres des feuilles. Il plaçait d'un côté les feuilles les unes sur les autres entre deux plateaux de bois ; de l'autre, les feutres étaient empilés et renvoyés au coucheur qui pouvait ainsi en reprendre aussitôt possession.

On pressait alors les pâtes blanches, tant pour en faire sortir l'humidité que pour faire disparaître le grain des feutres. Puis on séparait les feuilles et on les étendait par petits paquets sur des cordes, dans un bâtiment très aéré appelé *étendoir* ; c'est là que les feuilles de papier séchaient complètement ; en hiver, le chauffage et la ventilation bien réglée à l'air chaud remplaçaient le séchage à l'air libre qui se pratiquait pendant la belle saison. Lorsque le papier était suffisamment sec, un ouvrier appelé *saleran* procédait au collage en trempant les feuilles dans un bassin de colle composée de rognures de cuir ou de râclures de parchemin ; on faisait sécher de nouveau et l'on mettait le papier en mains de vingt-cinq feuilles, puis en rames composées de vingt mains, soit cinq cents feuilles. Chaque rame était ensuite recouverte d'un fort papier appelé *maculature* et liée par une ficelle.

C'est cette fabrication qui parut en Europe entre le XIe et le XIIe siècle, et qui donna tous ces magnifiques papiers anciens. Elle se prolongea jusqu'à la fin du XVIIIe siècle, du moins pour l'ensemble de la fabrication. Il paraît qu'au XVIe siècle le meilleur papier se faisait en Auvergne, à Clermont et à Thiers ; comme l'imprimerie avait déjà pris un développement considérable, on s'était mis à fabriquer pour son usage des papiers sans colle qui prenaient mieux l'encre grasse ou fatiguaient moins les caractères. Au XVIIe siècle, les moulins d'Angoulême, de Limoges et d'Ambert étaient les plus renommés ; c'est de là que sortaient ces beaux papiers à lettres de toutes couleurs qui se vendaient à Paris, chez Salmon, rue Dauphine.

Mais la fabrication du papier, jusqu'aux approches de la Révolution, appartient à ce que nous pouvons appeler avec M. Failliot « la première époque, l'époque rétrospective du papier ». Laissons ici la parole au spirituel et savant conférencier, et suivons avec lui, depuis 1789 jusqu'à nos jours, l'histoire de la fabrication moderne.

« Nous arrivons, à cette époque, écrit M. Failliot, à Essonnes, qui est le berceau de la papeterie mécanique, et c'est là que nous reviendrons souvent, dans cette histoire de la fabrication du papier.

« A cette époque, une cinquantaine de moulins fonctionnaient. On y faisait du papier pour la Convention qui en demandait beaucoup pour imprimer ses assignats. Mais, les ouvriers d'Essonnes n'en fabriquant pas assez, la Convention y envoya un ouvrier, Robert, pour étudier la fabrication.

« Une fois arrivé dans les ateliers d'Essonnes, Robert, intelligent, très actif, remuant, vit les ouvriers former, coucher, sécher le papier, et trouva le labeur rude et long. Il conçut une machine et en parla au fabricant de papier d'alors, nommé Didot-Saint-Léger.

« Didot-Saint-Léger n'était pas très riche ; il mit à la disposition de son ouvrier Robert, son matériel, son temps. La réussite fut mince ; on fabriquait du papier presque spécialement pour la Convention ; on fut plus ou moins payé ; la fabrication du papier ne donnait pas de bénéfices suffisants pour entreprendre le développement de cette machine Robert qui était encore à l'état d'embryon. Néanmoins, Didot-Saint-Léger acheta à Robert le brevet que lui avait délivré la Convention pour la somme de 25.000 francs, et comme il avait un beau-frère anglais, nommé Gamble, il lui parla de l'affaire. Celui-ci s'y intéressa et partit en Angleterre voir si le sol de la finance n'était pas plus solide qu'il n'était en France à cette époque d'assignats. Gamble, qui connaissait admirablement Londres, s'en va trouver deux marchands de papier, les frères Fourdrinier, deux Français, huguenots, établis à Londres et tenant une première place dans le commerce des papiers. Les échantillons étaient des feuilles de 63 centimètres de large et de 13^m53 de longueur. Les Fourdrinier, qui ne connaissaient, comme les autres, que des feuilles de papier à la forme, furent immédiatement conquis.

« Gamble rentre en France et raconte à Didot-Saint-Léger l'accueil qu'il avait reçu à Londres. Tous les deux emballèrent la machine Robert et partirent en Angleterre. Les Anglais, avec leur énergie inventive, se sont immédiatement inspirés de l'invention de Robert. Dans tous les écrits de l'époque, on peut retrouver l'acharnement qu'ils apportèrent à s'approprier la machine Robert. Cette machine n'en reste pas moins d'invention bien française et Robert a rendu à son pays les plus grands services.

« Robert et Didot-Saint-Léger reviennent en France ; Gamble, resté en Angleterre, et Fourdrinier prennent un brevet, en 1801. Les dessins joints à ce brevet représentaient la machine Robert, celle qui était restée et fonctionnait à Essonnes.

« La machine Robert est la seconde époque de la fabrication du papier.

« La troisième époque est celle des machines actuelles, petit à petit améliorées.

« Notons d'abord le perfectionnement de Canson, en 1830, qui apportait une grande modification à la machine à papier par son adaptation de la pompe aspirante qui permettait aux machines d'aller plus vite et de fabriquer un papier plus fort; puis celui de Zuber et Rieder qui apportèrent le séchage à la vapeur, vulgarisé plus tard par les Anglais. Cependant, la matière première employée passe toujours par les lessiveurs rotatifs, les piles défileuses, le tambour laveur, et est envoyée aux meules. Or, les meules, le lessiveur, le défileur sont destinés à produire de la pâte à papier avec des matières dures comme le chanvre, les déchets de lin, les vieux chiffons, les cordages, et aussi les vieux papiers que l'on mélange. Nous n'avons encore rien vu jusqu'ici de ce que l'on appelle la pâte de bois.

« La pâte de bois marque l'avènement de la quatrième époque, de la grande époque du papier, qui commence vers 1865.

« Le bois a été le « messie du papier ». Il a fait son entrée dans l'industrie de 1865 à 1870. On se dispute, en France, l'honneur d'avoir le premier fabriqué du papier à la pâte de bois : Laroche-Joubert, à Angoulême; Matussière, Bergès, Fredet, dans l'Isère, ont été les premiers à tirer parti du bois.

« La pâte de bois est introduite dans la fabrication du papier de deux façons, sous forme de pâte mécanique et sous forme de pâte chimique.

« La pâte de bois mécanique est du bois défibré, sans cause adjuvante, conservant tout son poids et toutes ses matières. Dans la pâte chimique, au contraire, le bois est soumis à haute pression, à l'action de l'acide sulfureux; il est réduit à l'état de cellulose.

« Pour obtenir la pâte de bois mécanique, on se sert du défi-
breur, meule verticale contre laquelle sont broyées des bûchettes
de bois; pour la pâte chimique, le bois est introduit en bûches
coupées en morceaux; l'écorce a été retirée au préalable. On
forme une vapeur sulfureuse à l'aide d'une base, soude, chaux,
par exemple, et de l'acide sulfureux; cette lessive introduite
dans le lessiveur actionne, sous une pression de 5 à 6 atmo-
sphères, la transformation du bois en cellulose pure, laissant
celle-ci à nu. Quand ce bois sort du cylindre, il est réduit à
l'état de fibre; c'est la cellulose avec laquelle on fabrique du
bon et solide papier.

« La production du papier qui atteignait en 1900, pour ne
pas remonter plus haut, 350 millions de kilogrammes par an,
soit 1 million par jour, atteindrait aujourd'hui de 5 à 600 millions. Aujourd'hui, 600 machines, de toutes largeurs, jettent
journellement sur la place, sur le marché parisien et la France,
1.500.000 kilogrammes; la consommation du papier est telle que
l'impression d'un journal parisien du matin, de 8 pages, couvri-
rait une voie ferrée de 865 kilomètres, soit la distance de Paris
à Marseille. On arrive aujourd'hui à faire du papier en telle
quantité, et à un prix si bas, que l'instruction s'est répandue
partout. »

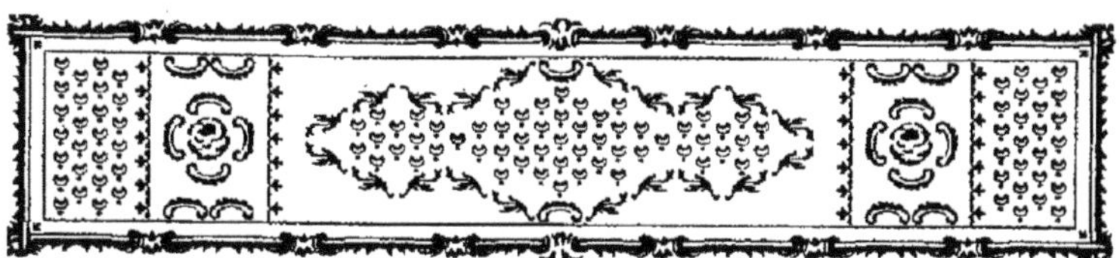

HISTOIRE DE L'ENCRE

ONSIEUR GIRAUD, dans son *Essai sur les livres dans l'antiquité*, et M. Albert Cim, dans son chapitre sur l'*Amour des livres et de la lecture*, nous ont laissé des documents intéressants et complets sur la fabrication de l'encre dans l'antiquité. Ces documents sont empruntés, pour la plupart, à Vitruve et à Pline l'Ancien.

On procédait, selon ces auteurs, de la façon suivante : « L'encre ordinaire (*atramentum*, quelquefois *encaustum*), en usage chez les Latins comme chez les Grecs, était un simple composé de noir de fumée, de gomme et d'eau. On obtenait le noir de fumée de plusieurs manières. Voici celle qui est décrite par Vitruve. On bâtissait une chambre voûtée comme une étuve ; les murs et la voûte étaient revêtus de marbre poli. Au dedans de la chambre, on construisait un four qui communiquait avec elle par un double conduit. On brûlait dans ce four de la résine ou de la poix, en ayant soin de bien fermer la bouche du four, afin que la flamme ne pût s'échapper au dehors, et se répandît ainsi, par le double conduit, dans la chambre voûtée ; elle s'attachait aux parois et y formait une suie très fine qu'on ramassait ensuite. La résine pouvait se remplacer par de la poix, de la lie de vin desséchée et cuite, du marc de raisin, ou de l'ivoire brûlé. Quelquefois on faisait brûler des sarments et des morceaux de bois résineux, qu'on pilait ensuite dans un mortier. La poudre obtenue par ce procédé remplaçait le noir de fumée.

« L'encre se faisait, à ce qu'il paraît, sans feu, à la seule chaleur du soleil. Celle à laquelle on mêlait un peu de vinaigre, s'effaçait, dit Pline, très difficilement. Ailleurs, il assure que pour préserver les livres des souris, il suffit de faire infuser de l'absinthe dans l'encre.

« L'encre des anciens a été en usage jusqu'au XIIᵉ siècle, époque où a été inventée celle dont on se sert aujourd'hui, qui est un composé de sulfate de fer, de noix de galle, de gomme et d'eau. L'ancienne encre était noire lorsqu'on l'employait, mais elle jaunissait avec le temps, et, si elle était exposée à l'humidité, elle finissait par s'effacer entièrement.

« Les anciens connaissaient aussi l'encre de sèche ou sépia, dont nos dessinateurs font usage, et qui, dans l'Orient, sert encore à l'écriture. Perse, gourmandant la paresse des jeunes Romains de son époque, dit qu'ils ne se mettent à l'étude que tard dans la journée, encore trouvent-ils mille prétextes pour retarder l'instant du travail : l'encre est trop épaisse, la sépia s'évapore dans l'eau, etc... »

« Outre l'encre noire, et la sèche, les anciens possédaient une encre indienne, dont parle Pline l'Ancien, « qui est aussi « mentionnée par Vitruve, et pourrait bien avoir donné naissance « à l'encre de Chine ». Ils connaissaient aussi les encres de couleur et particulièrement l'encre ou liqueur d'or et celle d'argent. Les plus fréquemment employées des encres de couleur étaient l'encre rouge et l'encre bleue; les plus rares, l'encre verte et l'encre jaune. Ces encres de couleur ne servaient guère que pour les initiales et pour les titres, et comme on avait recours, le plus souvent, dans ce cas, à l'encre rouge, les titres ne tardèrent pas à prendre le nom de *rubricae* (ruber, rouge). Il y avait plusieurs espèces d'encres rouges. La plus estimée, chez les Latins, était le *minium*, qui a été longtemps regardé comme une couleur sacrée. On en peignait le corps des triomphateurs et la figure de Jupiter aux jours de fêtes.

« Aujourd'hui le nom de minium s'applique à l'oxyde rouge de plomb. Mais on pense que « celui des anciens n'était pas différent « du sulfure de mercure, qu'on appelle encore cinabre, et vermil- « lon quand il est en poudre. »

« On le nommait aussi *coccum.* La rubrique, *rubrica,* espèce de sanguine ou d'ocre brûlée, était d'un rouge moins éclatant et plus sévère que le minium. On l'employait pour écrire les titres des lois : de là, chez les anciens eux-mêmes, une synonymie bien constatée entre les mots *rubrica* et *titulus, lex* ou *formula;* de là, l'épithète de *rubrae,* rouges, donnée par Juvénal aux lois anciennes.

« En général, l'encre noire ordinaire des anciens pouvait assez facilement s'effacer, quand elle était fraîche, avec une éponge et de l'eau; lorsqu'elle était sèche, il fallait faire usage du grattoir... »

Cette manière de fabriquer l'encre est restée longtemps en usage. Voici maintenant le procédé dont on s'est servi en France pendant des siècles, jusqu'à ce que Pierre Lorilleux vînt modifier profondément cette fabrication, en la révolution- nant par une science chimique sérieuse et raisonnée.

On prenait deux livres de noix de galle, on les concassait, on les faisait bouillir dans quatre « livres » d'eau et deux « livres » de vin blanc, préférable à la bière qui rendait, paraît-il, l'encre trop épaisse, en réduisant le tout à moitié, et l'on obtenait une décoction chargée de « couleur jaunâtre et obscure ». On la coulait en l'exprimant avec force; on y ajoutait douze onces de vitriol vert ou blanc et une once de gomme arabique con- cassée; on faisait fondre à petit feu, et on laissait reposer la liqueur.

Une autre formule recommandait de prendre quatre pintes de vin blanc, une livre de noix de galle concassée, de faire infuser pendant vingt-quatre heures sans bouillir; d'ajouter six onces de gomme arabique concassée qu'on laissait dissoudre, de mettre enfin six onces de couperose verte qui donnait aussitôt la couleur noire, et de passer le tout dans un tamis de crin.

L'encre rouge à écrire se faisait avec de la rosette rouge mélangée dans de l'eau. On pouvait encore l'obtenir plus belle en se servant d'une forte décoction de bois du Brésil bien chargée, dans laquelle on ajoutait de l'alun, de la gomme arabique, pour lui donner de la consistance.

Quant à l'encre d'imprimerie, elle s'obtenait avec un mélange d'huile et de noir ; l'huile se convertissait en vernis par la cuisson ; le noir se tirait de la poix résine. Trois opérations étaient nécessaires pour cette composition :

1° Faire le vernis ;

2° Faire le noir de fumée ;

3° Mélanger le vernis avec le noir de fumée.

Pour faire le vernis, on versait dans une chaudière 55 à 56 livres d'huile de lin ou de noix, en observant de ne remplir le vaisseau qu'aux deux tiers au plus, afin que l'huile puisse s'élever sans risque. On bouchait ensuite très exactement, et on portait le vaisseau sur un feu clair que l'on entretenait pendant deux heures. On laissait brûler l'huile quelque temps. Puis, ce feu ralenti, on découvrait le vaisseau avec précaution, on remuait l'huile avec une cuiller de fer, on remettait le vaisseau sur un feu moins vif, puis on jetait dans l'huile une demi-livre de croûtes de pain sèches, et six ou sept oignons. Ces ingrédients bizarres avaient pour but d'accélérer le dégraissement de l'huile. On recouvrait le vaisseau, et on laissait bouillir à très petit feu pendant trois heures environ. On passait ensuite le vernis dans un linge afin de le clarifier, puis on le conservait dans un autre vaisseau.

Le noir de fumée était ramassé dans une petite chambre bien

fermée que l'on appelait sac à noir. On remplissait un pot de fer de poix résine cassée par morceaux, on allumait la résine, et l'on fermait la porte hermétiquement en se retirant. S'il passait de la fumée par les jointures, on les fermait avec du papier collé ou avec du linge. La fumée s'attachait à toutes les parties intérieures du sac à noir, et quand il était refroidi, on retirait les pots et on ouvrait la porte.

Pour bien amalgamer le noir de fumée avec le vernis, il était recommandé de prendre 2 onces et demie sur 16 onces ou une livre de vernis. On en faisait une bouillie épaisse, qu'on avait soin de bien remuer et broyer avec un bâton.

Quant à l'encre rouge, en usage dans les bréviaires, diurnaux, et autres livres d'église, on se servait pour les fabriquer de vermillon en poudre écrasé avec du vernis. Si l'on voulait un beau rouge, on y ajoutait un gros et demi de carmin. L'encre verte s'obtenait avec le vert de gris calciné, la bleue avec le bleu de Prusse, la jaune avec l'orpin, la violette avec de la laque fine calcinée.

Le meilleur noir d'imprimeur en taille-douce que l'on appelait noir d'Allemagne, venait de Francfort, où il y avait de très beaux pins. Il s'y faisait en grand par le même procédé que nous avons indiqué pour le noir de fumée. Celui que l'on fabriquait à Paris avec de la lie de vin brûlée était rude et graveleux, et son usage fatiguait beaucoup les planches en les usant fortement.

Ce procédé nous conduit à l'histoire de la fabrication moderne. Voici, selon M. Degaast, ingénieur chimiste, comment on fabrique l'encre aujourd'hui. M. Degaast est l'auteur d'un travail fort intéressant sur *les Encres d'Imprimerie et les couleurs*. C'est à lui que nous empruntons les renseignements qui vont suivre.

Il faut savoir d'abord, suivant une remarque des éditeurs du travail de M. Degaast, que la typographie, la lithographie, la phototypie, l'impression en taille-douce, utilisent, pour leurs tirages ou procédés de reproduction, des mélanges désignés sous le nom générique d'encres, et dans la composition desquels, suivant leur destination, rentrent principalement : l'huile de lin cuite, l'huile de résine, du noir de fumée, des matières colorantes ou pigments, des résines et des gommes-résines, du suif, du savon, de la cire, etc... Laissant de côté pour le moment la question des encres à écrire, nous étudierons, dans ce qui va suivre, la fabrication des encres d'imprimerie, à laquelle est intimement liée celle des couleurs et du vernis.

Ce n'est qu'au début du siècle dernier, nous apprend M. Degaast, qu'on voit apparaître en France et pour le monde entier, la première fabrique d'encres d'imprimerie.

C'est en 1818 que Pierre Lorilleux réalisa l'installation de cette première fabrique. Jusqu'alors la fabrication de l'encre d'imprimerie était localisée dans chaque imprimerie, tant en ce qui concernait la fabrication du pigment, du noir de fumée en particulier, que pour la préparation du vernis par la cuisson de l'huile de lin.

La première fabrique fut installée 16, rue Suger, à Paris. Dès 1820, il fallut établir une petite usine sur les bords de la Bièvre, et en 1824 une fabrique plus importante dans le moulin à vent de Chante-Coq, sur la colline de Puteaux.

L'encre d'imprimerie se compose de deux constituants : 1° d'un pigment donnant à l'encre une couleur déterminée ; 2° d'un vernis qui sert à donner de la cohésion à l'encre. Parmi les pigments on peut utiliser deux catégories : les noirs et les couleurs.

La base de la fabrication du noir est le noir de fumée. Les matières premières qui servent à sa fabrication varient quelque peu. En Allemagne, il est préparé à partie de carbure d'hydrogène comme l'acétylène. En Amérique, près des sites pétrolifères, des gaz naturels, riches en carbure, sont utilisés à la fabrication du noir. Sur le continent européen, on utilise les produits d'épuration du gaz d'éclairage.

Trois types d'appareils servent à la production du noir de fumée :

1° Les appareils à lampes, encore utilisés en Extrême-Orient ;

2° Les appareils à gazéification, brevet Ch. Lorilleux et Cie, dans lesquels les carbures, préalablement fondus, sont dirigés dans une chaudière chauffée à blanc ;

3° On utilise des fours chauffés par les carbures eux-mêmes et dont la température, suffisamment élevée, produit une auto-purification du noir.

Ce noir de fumée, il faut ensuite le purifier, soit par méthode physique, méthode par combustion, soit par calcination et distillation, soit enfin par la méthode chimique.

Quant aux pigments colorés, utilisés dans la fabrication des encres d'imprimerie et des différentes sortes de couleurs, ils appartiennent à différentes classes qui peuvent se résumer ainsi :

1° Couleur d'origine animale : telles sont la sépia, le carmin ; 2° couleurs minérales : le jaune de Naples, le blanc de neige, le vert Véronèse, etc..., qui proviennent de l'antimoniate de plomb, de l'oxyde de zinc, de l'acéto-arséniate de cuivre ; 3° couleurs organiques, comprenant les couleurs végétales ou naturelles, auxquelles se rattachent la gomme-gutte, les laques de gaude, de quercitron, graines de Perse, etc..., et les couleurs synthétiques, à base d'aniline, dont l'emploi est général dans toutes les industries qui ont besoin de réaliser des colorations soit par imbibition ou combinaison.

Le vernis qui sert de véhicule à la matière colorante des encres d'imprimerie est, dans presque tous les cas, constitué par de l'huile de lin cuite. Pour certaines encres spéciales, telles que les encres typographiques à journaux, et pour quelques autres sortes d'encres, le vernis est constitué en totalité ou partiellement, par l'huile de résine.

Après avoir été broyées, les encres sont mises en réserve dans des barils ou dans des réservoirs. Suivant la nature du travail à effectuer, chaque encre, en plus du nom de son pigment, reçoit une appellation déterminée correspondant au type d'impression (typographique, lithographique, phototypique, taille-douce) et à la qualité du travail à produire. C'est ainsi qu'on désigne les encres noires typographiques sous les rubriques : journaux, affiches, indiquant le travail auquel elles sont destinées : labeurs, ordinaire, de luxe, pour les impressions courantes ; vignettes, ordinaire, fine, surfine, extra-fine, supérieure, extra-supérieure, pour les impressions signées allant de l'édition courante à l'édition de luxe avec gravures.

Le prix suit les variations correspondantes. Par exemple, pour les noirs typographiques, le prix peut varier de 1 franc à 20 francs le kilogramme. Un seul grand quotidien emploie chaque jour pour son tirage plus de 1.500 kilogrammes d'encre, une tonne et demie.

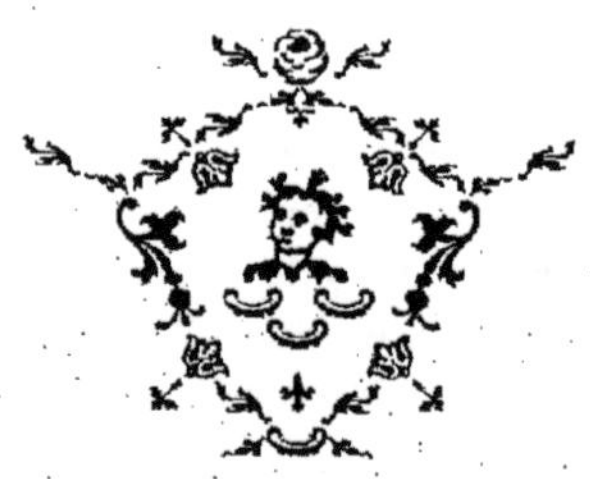

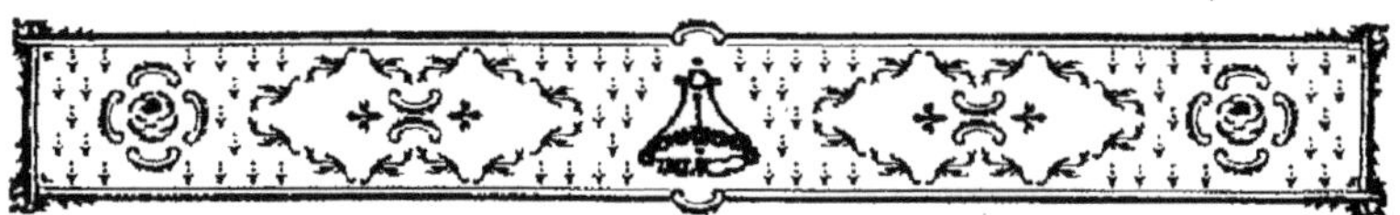

HISTOIRE DE LA PLUME ET DU CRAYON

OUR écrire sur le parchemin ou sur le papyrus, nous apprend M. Albert Cim, on se servait d'un mince roseau, *calamus, arundo*, taillé en pointe et trempé dans l'encre. Les roseaux préférés pour l'écriture étaient, selon Pline l'Ancien, ceux de Cnide ; selon Martial, ceux d'Egypte.

Il résulte d'un passage d'Ausone que les anciens, après avoir taillé en pointe leurs calami, fendaient cette pointe en deux par le milieu, absolument comme sont taillées et fendues nos plumes actuelles. Ils effectuaient cette double opération à l'aide d'un canif *(scalprum* ou *scapellum librarium)*, et quand la pointe du calamus venait à s'émousser, ils l'affilaient avec la pierre ponce, *pumex*, ou avec une pierre à aiguiser, *cos*.

« L'usage des calamus a duré jusqu'au VIe ou au VIIe siècle ; le roseau a été alors remplacé par les plumes d'oie ou d'autres oiseaux. Quant aux plumes métalliques, bien qu'on les regarde comme une invention moderne, elles sont d'une origine assez ancienne. Rader, dans ses commentaires sur Martial, dit que, de son temps, on a trouvé chez les Daces un roseau d'argent qu'il supposa avoir servi à Ovide pendant son exil. Au moyen âge, s'il faut en croire Montfaucon, les patriarches de Constantinople se servaient, pour leurs souscriptions, d'un roseau d'argent. »

Nous devons reconnaître, d'ailleurs, que les opinions sont divisées sur ce sujet, car Sainte-Beuve est d'avis que l'on doit à Port-Royal l'usage des plumes de métal, tandis que la revue scientifique *Cosmos*, dans un article du 15 septembre 1900, affirme que « l'invention de la plume métallique remonterait à 1800, et serait due à l'Américain Pellegrino Williamson, ouvrier bijoutier. Il fréquentait une école du soir et ne pouvait jamais arriver à tailler sa plume d'oie ; il se fabriqua pour son usage personnel, une plume d'acier. Sa première plume à pointe unique ne le satisfaisant point, il la fendit, de façon à lui donner plus d'élasticité. L'invention eut un grand succès, et l'on raconte que l'inventeur ne s'occupa plus que de la fabrication de ses plumes, et qu'il gagnait à ce travail plus de 600 dollars par mois. Selon Larousse, enfin, la plume métallique aurait été inventée au milieu du XVIII⁰ siècle, par le mécanicien français J. Arnoux, mais ne devint d'un usage vulgaire que vers la fin de la Restauration ».

Quant au crayon que MM. Lecoy de la Marche et P. Louisy font remonter aux premières années du XV⁰ siècle, voici ce que nous en apprend *la Grande Encyclopédie*, dans un article aussi documenté que précis : « De temps immémorial, écrit-elle, on s'est servi de poinçons de métal pour régler le parchemin et obtenir une écriture régulière, mais c'est seulement dans la dernière période de l'antiquité classique que les copistes commencèrent à se servir du crayon. Soit que l'usage du crayon antique se fût perdu, soit qu'on eût de la difficulté à se le procurer, les copistes du XI⁰ siècle se servaient généralement d'un stylet de fer ou pointe sèche pour la réglure des pages. A partir du XII⁰ siècle, on remplaça le stylet de fer par une tige de plomb simple et taillée en pointe. Dans les pays qui possèdent des gisements de graphite, on ne tarda pas à découvrir la propriété que possède cette substance de laisser sur le papier une teinte grise et luisante, et l'idée vint de l'appliquer au même usage que les stylets de plomb, qui avaient le défaut d'inciser le papier. Seulement, comme la mine est très fragile, on imagina de la rendre plus solide en l'enfermant dans de petits cylindres de bois. Ainsi naquit, en Angleterre ou en Allemagne, peut-être dans les deux pays à la fois, la fabrication des crayons modernes ou crayons de mine de plomb, mais on ignore à quelle époque précise. Ce qu'on peut affirmer, c'est qu'elle existait avant le XVIe siècle. Comme la plombagine la plus pure se trouve à Borrowdale, dans le Cumberland, c'est en Angleterre que depuis très longtemps on a pu faire du crayon de bonne qualité. Nos crayons à régler ou à prendre des notes devinrent d'un usage général à partir du XVIIIe siècle ; il existait alors deux espèces de crayons, toutes deux vendues à Paris par les plus petits marchands installés sur les parapets du Pont-Neuf.

« En 1795, Conté inventa un procédé très ingénieux pour fabriquer artificiellement des crayons de mine de plomb d'excellente qualité. L'Angleterre fournissait alors l'Europe des crayons fabriqués chez elle avec le graphite… Le Conseil des Mines de la République, lorsque la guerre eut privé la France des crayons anglais, chargea Conté de rechercher les moyens de fabriquer des crayons artificiels. Conté, dès le 2 pluviôse de l'an III, avait résolu la question et obtenu un brevet. L'invention consistait à mélanger, avec de l'argile parfaitement purifiée, du graphite faisant l'effet et jouant le rôle de plombagine… »

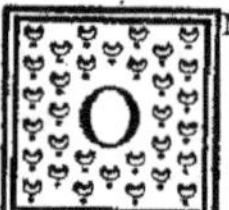

O N raconte qu'une jeune fille de Sicyone vit un jour l'ombre de son fiancé projetée sur un mur par un rayon de soleil ; elle se saisit d'un charbon, et d'une main délicate traça le contour de la silhouette chérie. Si ce n'est pas là, comme on l'a dit, le principe de la photographie, c'en est du moins l'esprit : « arracher au temps destructeur la beauté périssable des formes. »

C'est vers le XVIe siècle que l'observation de deux faits fondamentaux servit de point de départ à la photographie : d'une part, l'alchimiste Fabricius remarqua pour la première fois le noircissement à la lumière du chlorure d'argent ; de l'autre, Léonard de Vinci et Bacon étudièrent la formation des images dans la chambre noire. Cette observation fut précisée vers 1560 par le physicien J.-B. Porta, de Naples, qui munit l'ouverture de la chambre d'une lentille, ce qui donna aux images plus de netteté et d'éclat.

En 1777, le chimiste suédois Scheele, puis le physicien français Charles, en 1780, étudiaient les propriétés de certains sels d'argent, surtout du chlorure, sous l'action des diverses radiations du spectre. Charles essaya même de reproduire ainsi des images. Il projetait, au moyen d'un faisceau de lumière solaire, la silhouette d'un de ses élèves sur un papier blanc, enduit au préalable de chlorure d'argent. Vers l'année 1802, le chimiste anglais Wegwood, utilisant l'azotate d'argent qui noircit à la lumière, en obtenait une silhouette en blanc sur fond noir.

Mais, comme le fait remarquer M. Davanne, « ces expérimentateurs étaient loin de représenter une vue de la nature, et les épreuves obtenues étaient en outre condamnées par leur naissance même, car si l'on connaissait la sensibilité de certains corps, on ne savait encore comment la détruire, et la lumière ne tardait pas à altérer ce qu'elle avait formé.

La difficulté essentielle restait donc à résoudre. Il fallait recevoir l'image lumineuse sur une surface sensible qui pût en garder l'impression, et perdre sa sensibilité.

C'est en 1813 que l'ancien officier Nicéphore Niepce, s'étant pris de passion pour la lithographie, tenta de répéter avec le chlorure d'argent les essais de Wegwood. Après des essais de recherches, il obtint avec le bitume de Judée une image de la chambre noire qu'il trouva le moyen de développer et de fixer. Il découvrit même un procédé d'héliogravure encore employé de nos jours, et qui n'a été surpassé que depuis un très petit nombre d'années.

« Reconnaissons, cependant, écrit M. Davanne, que les procédés de Nicéphore Niepce n'étaient pas encore pratiques. Il faut que le génie de Daguerre les assimile, les modifie et les transforme. L'épreuve faite par Niepce avec le bitume de Judée demandait des heures : Daguerre l'obtient en quelques minutes avec l'iodure d'argent, et M. Fizeau, par l'adjonction des vapeurs de bronze, transformera ces minutes en secondes. »

Voici comment l'intervention de Daguerre est racontée dans *la Grande Encyclopédie* de Larousse :

« Un jeune peintre, Louis-Jacques-Mandé Daguerre, fut amené à se servir de la chambre noire ; il observa par hasard (1813) que l'image d'un arbre, donnée par le soleil passant à travers une fente de volets clos pour se former sur un tableau fraîchement peint, laissait des traces sur la toile. En étudiant de plus près le coin du tableau où le phénomène s'était produit,

Daguerre s'aperçut qu'il y avait de l'iode mélangée aux couleurs. Il se mit alors à étudier la chimie. Daguerre et Niepce furent mis en relations et s'associèrent pour les recherches (1829). Malheureusement, Niepce mourut presque subitement, lorsque Daguerre allait lui apprendre la découverte définitive : une plaque d'argent, soumise aux vapeurs d'iode et exposée quelques minutes à la chambre noire, ne présente aucune image ; mais celle-ci apparaît dès qu'on fait agir sur elle des vapeurs de mercure. Daguerre venait de trouver ce qu'on appelle l'image latente. A la suite d'un rapport d'Arago, le gouvernement français acheta le procédé moyennant une rente de 6.000 francs à Daguerre, et une rente de 4.000 francs à Isidore Niepce, le fils de Nicéphore, pour le divulguer et donner l'invention au monde entier. Le procédé de Daguerre (daguerréotypie), ne tarda pas à être perfectionné par Foucault et Fizeau. »

Si remarquable d'ailleurs que fût le procédé de Daguerre, il n'allait pas tarder à être remplacé par une méthode très différente, la méthode de Talbot, découverte et révélée à l'Angleterre précisément à cette époque.

C'est du procédé de Talbot, qui parut inférieur à celui de Daguerre au moment de son apparition, que va sortir tout le développement de la photographie moderne.

Avec la plaque de Daguerre, en effet, l'image latente se révélait positive, tandis qu'avec le procédé de Talbot elle se révèle négative, et se prête à une reproduction indéfinie.

« Voici trois termes, explique M. Davanne, image latente, image négative, image positive, qui résument tout l'ensemble de la photographie et qui, sans doute, ont besoin de quelques explications. L'image latente réside dans cette impression, dans cette modification profonde que la lumière produit sur certains corps sans que nos yeux puissent en apercevoir la moindre trace ; mais applique-t-on un réactif convenable, la modification se révèle, l'image latente apparaît, et l'on obtient l'image négative, ou cliché. La copie du négatif donne l'image positive.

« Au début, cependant, la sensibilité était faible, l'image grenue, le développement se compliquait de réactions accessoires avec les matières du papier. D'améliorations en améliorations, on en arriva à substituer au papier d'abord un support tout à fait transparent, le verre ou la glace, que l'on recouvre d'un papier pur et soluble, le collodion, et c'est dans les pores de ce collodion que vont se passer toutes les réactions. Le procédé dit du collodion humide régna en maître dans tous les ateliers pendant près de vingt-cinq ans. » Cette découverte d'un nouveau substratum pour le sel sensible est due à Archer et Frey et remonte à l'année 1851. Puis, ce procédé au collodion humide ne tarda pas à être remplacé lui-même par le procédé au collodion sec, qu'étudia principalement le major Russel en 1861. Nous lisons dans l'encyclopédie Larousse que le développement des plaques au collodion s'effectuait soit au moyen d'un bain de sulfate ferreux, soit au moyen d'un bain de pyrogallol. Les procédés au collodion ne sont guère plus employés que dans les ateliers de reproductions industrielles ; ils sont remplacés par le procédé au gélatino-bromure qui a l'avantage de supprimer la préparation de la plaque sensible. Les plaques au gélatino-bromure se trouvent toutes préparées dans le commerce. C'est Poitevin qui, le premier, introduisit l'image de la gélatine en photographie ; mais c'est Gaudin qui, en 1861, fit le premier des émulsions à la gélatine. Charles Benett décida ensuite de l'avenir du gélatino-bromure, en montrant qu'on augmente considérablement la sensibilité de l'émulsion par une digestion prolongée à la température de 32° (maturation). L'émulsion, après maturation, est étendue soit sur une feuille de verre, soit sur une feuille semi-rigide de celluloïd, soit sur une mince feuille de celluloïd, collodion ou gélatine, soit sur papier.

Après la découverte du gélatino-bromure d'argent, les procédés de tirage des épreuves positives se multiplient : en particulier les recherches de Poitevin, relatives à l'action de la lumière sur les substances colloïdes (gélatine, gomme, etc...) bichromatées, donnèrent naissance à un grand nombre de procédés d'impression photographique.

Il suffit de 1/25.000 de seconde pour impressionner la plaque au gélatino-bromure; aussi les mouvements les plus rapides peuvent-ils être fixés. Les travaux de Muybridge, de Janssen, de Marey, nous ont appris à faire l'analyse d'un mouvement par la photographie; l'invention du cinématographe a permis d'en faire la synthèse après en avoir fait l'analyse.

Quant aux couleurs des corps, les nombreuses recherches entreprises par Daguerre lui-même, par Edmond Becquerel, par Niepce de Saint-Victor, par Poitevin, par le poète Charles Cros, par Ducos du Hauron, par Gabriel Lippmann et par les frères Lumière nous ont donné le moyen de les reproduire.

Les procédés directs se divisent en deux catégories; d'une part ceux dans lesquels on produit des couleurs réelles, matérielles, dues aux phénomènes d'absorption : tels les procédés indiqués par Poitevin, perfectionnés par Vallot et qui consistent à employer des couches sensibles qui prennent précisément la couleur qui les a frappées; elles absorbent toutes les radiations du spectre, excepté celles dont elles prennent la coloration, et sont détruites par des couleurs qu'elles absorbent; les images ainsi obtenues n'ont jamais pu être fixées. D'autre part, ceux dans lesquels l'image obtenue ne renferme aucune couleur réelle : les couleurs dépendant de la structure de l'image, sont dues aux phénomènes d'interférence : tel est le procédé de G. Lippmann

(1891) qui est la solution la plus élégante du problème. Le principe du procédé Lippmann consiste à produire à l'intérieur de la couche sensible un dépôt d'argent ayant une structure analogue à celle de ces nacres aux vives couleurs qui sont formées d'une série de lamelles parallèles, séparées par des intervalles remplis d'eau ou d'air; ces intervalles et les lamelles ont une épaisseur si faible qu'un millimètre renferme des milliers de lamelles; c'est après avoir traversé de tels feuillets et s'être réfléchie sur la couche sous-jacente que la lumière parvient à l'œil de l'observateur avec ses magnifiques irisations; la couleur dépend de la grandeur de l'intervalle qui sépare deux lamelles consécutives.

Pour obtenir une telle structure à l'intérieur de la couche sensible, qui doit être continue, c'est-à-dire sans grain et transparente, Lippmann l'applique contre un miroir plan formé de mercure. La lumière qui arrive sur la surface sensible se réfléchit sur le miroir de mercure, et, traversant à nouveau la couche sensible, y rencontre la lumière incidente. C'est à cette rencontre, à cette interférence de la lumière incidente et de la lumière réfléchie, qu'est due la structure de l'image définitive. Les photographies en couleur obtenues par le procédé Lippmann doivent, pour l'examen, être éclairées obliquement, l'œil étant placé sur le trajet de la lumière réfléchie.

Le procédé indirect dû à Charles Cros et à Louis Ducos du Hauron (1869) est basé sur le fait bien connu que le mélange en proportions variables de trois couleurs convenablement choisies permet de reproduire l'infinie variété des couleurs que nous présente la nature. Théoriquement, le procédé consiste à obtenir trois phototypes négatifs de l'objet à reproduire, de dimensions identiques : le premier ne laissant agir sur la plaque que les radiations rouges émises par le sujet, dont on tire une image positive correspondante au rouge; le second impressionné uniquement par les radiations bleues; le troisième où le jaune seul a agi. Pour obtenir ces trois négatifs, on filtre la lumière émise par l'original au moyen d'écrans colorés convenables, et on emploie des plaques sensibles orthochromatisées spécialement par les radiations qui doivent les impressionner. L'analyse des couleurs de l'original étant faite, on peut en faire la synthèse, c'est-à-dire reproduire l'original avec ses couleurs soit temporairement (projections trichromes, chromoscopes), soit définitivement par les divers procédés d'impressions photochimiques et photomécaniques. Le procédé indirect ne fournit qu'une solution approchée du problème de la photographie des couleurs, mais il se prête à la multiplication des épreuves, tandis que le procédé direct ne donne qu'une image à chaque opération.

Historique. — C'est à Wollaston, Serbeck et Davy qu'il faut faire remonter les premières observations. Ils avaient remarqué qu'une même substance peut prendre des couleurs différentes dans les diverses régions du spectre solaire. On trouverait dans l'ouvrage de Croustet sur *la Photographie en couleur* d'intéressants détails sur ces travaux déjà lointains. Daguerre obtint ensuite quelques curieux résultats de photochromie par le mélange de diverses poudres phosphorescentes. Puis, en 1840, John Herschel remarqua qu'un papier revêtu de chlorure d'argent et noirci à la lumière, prenait ensuite, sous l'influence du spectre solaire, « des teintes variées mais sans éclat ». Hunt fait en 1845 des remarques analogues. En 1847, Edmond Becquerel reproduit des gravures coloriées, sans parvenir cependant à les rendre inaltérables. Niepce de Saint-Victor se livre à une série d'expériences analogues à celles de Becquerel sans pouvoir reproduire toutes les teintes avec leurs valeurs réelles. Ensuite, d'après les renseignements qui nous sont donnés par M. Croustet, nous voyons en 1864

Poitevin chercher à son tour la solution du problème, et réussir à reproduire des peintures sur verre après dix minutes d'exposition au soleil. Nous assistons plus tard au début de la trichromie. Maxwell a publié une théorie des couleurs qui sert de base à cette méthode. En 1865, Collen énonçait le problème sans le résoudre, et Ransonnet faisait des essais dans la même voie. Le 2 décembre 1867, Charles Cros déposait à l'Académie des sciences un pli cacheté qui ne fut ouvert sur sa demande que le 26 juin 1876. Il est intitulé « Procédés d'enregistrement et de reproduction des couleurs, des formes et des mouvements ». Puis ce sont les travaux de Ducos du Hauron, de M. de Saint-Florent en 1873, de Charles Cros, le 23 décembre 1878, et l'on ne rencontre plus aucune tentative digne d'être notée jusqu'au moment où Lippmann découvre la méthode interférentielle.

La même année (1892), Krone obtient des images interférentielles sans miroir de mercure. Le matériel se trouve simplifié, mais les couleurs sont moins vives. Puis Mac-Donough prend à Dublin son premier brevet relatif au procédé trichrome. L'année suivante, M. de Saint-Florent obtient des couleurs interférentielles sans miroir de mercure et sans émulsion spéciale. En 1894, John Joly fait breveter le procédé trichrome par éléments rectilignes juxtaposés. Quelques mois plus tard, Ducos du Hauron découvre une simplification intéressante. Puis ce sont les travaux d'Otto Wiener et de Colson. M. Croustet indique ensuite l'ordre chronologique suivant dans les innovations:

1896 Photochromie par dispersion spectrale prismatique découverte par Lanchester.
1899 Photochromie à l'aide des réseaux de diffraction (procédé Wood).
1902 Procédé par décoloration du Dr Neuhauss.

1902 Procédé analogue au précédent, de Karl Worel.

1903 Photochromie par dispersion spectrale (procédé Julien Rheinberg).

1904 Photographie des couleurs par éléments juxtaposés granulaires (procédé Lumière).

1905 Fixage des images interférentielles obtenues par M. Lippmann sur des couches de gélatine bichromatée.

1906 Photographie des couleurs par dispersion spectrale prismatique (brevet Chéron).

1906 Procédé analogue, de Lippmann.

1907 Procédé par dispersion simplifiée, par M. Raymond. Fabrication industrielle des plaques autochromes de MM. Auguste et Louis Lumière.

REPRODUCTIONS PHOTOMÉCANIQUES
MONOCHROMES

'EST à M. L.-P. Clerc, préparateur à la Faculté des Sciences de l'Université de Paris, que nous sommes redevables des renseignements qui vont suivre. On lui doit un traité très précis et très complet de cette difficile question. M. Clerc nous apprend « qu'on distingue sous le nom de procédés photomécaniques (ou quelquefois aussi phototirages) les divers procédés utilisant la photographie à la création d'un cliché, planche, type, ou matrice, permettant la multiplication, sans nouvelle intervention de la lumière et plus particulièrement sur presse mécanique, d'un document graphique quelconque : dessin, gravure, écriture, photographie, lavis, peinture, etc...

« On peut diviser, dit-il, en trois grandes familles les divers modes d'illustration utilisés avant l'introduction des procédés photomécaniques, ces trois familles correspondant, d'ailleurs, aux trois modes d'impression actuellement connus.

« La pantotypie (ou panotypie) comprend l'ensemble des méthodes d'impression typographique d'après dessins ou ornements fondus ou gravés en relief, parmi lesquelles se classe au premier rang la gravure sur bois ; l'encre grasse déposée par les rouleaux sur toutes les saillies du bloc typographique adhère au papier lorsque celui-ci est ultérieurement amené en pression contre ces mêmes saillies ; ce mode d'illustration est celui qui s'adapte le plus économiquement à l'illustration du livre et du journal, les planches gravées pouvant être intercalées au milieu des caractères mobiles utilisés à l'impression du texte, et imprimés en même temps qu'eux; il a, par contre, l'inconvénient de ne fournir, sur l'image définitive, que deux tonalités, l'une claire, constituée par le papier laissé à nu, l'autre foncée, constituée par le dépôt d'encre; on ne peut donc donner l'illusion des tonalités intermédiaires que par le travail d'interprétation du graveur qui traduit un gris plus ou moins foncé par des hachures ou des pointillés plus ou moins larges ou plus ou moins serrés.

« Les matrices pour l'impression typographique peuvent être multipliées par le clichage comprenant deux variantes d'exécution; dans la stéréotypie, un moule ou flan du cliché typographique est rempli d'alliage d'imprimerie; dans le clichage galvanoplastique un moule ou empreinte du cliché est, après que sa surface a été, s'il y a lieu, rendue conductrice de l'électricité, utilisée comme cathode dans un bain de cuivrage, de façon à y constituer progressivement un dépôt de cuivre, constituant la coquille, qui sera ensuite doublée par coulée d'alliage d'imprimerie, de façon à lui donner la solidité nécessaire.

« La planographie comprend l'ensemble des procédés dits lithographiques, dans lesquels une pierre ou une feuille métallique, généralement zinc ou aluminium, a reçu, après tracé d'un dessin au crayon gras ou à l'encre grasse une préparation, c'est-à-dire une transformation chimique de sa surface, grâce à laquelle les blancs de l'image sont aptes à retenir l'humidité et peuvent donc, après un mouillage qui n'a aucune influence sur le dessin proprement dit, repousser l'encre grasse utilisée à l'impression, cette encre grasse adhérant au contraire aux traits du dessin qui la céderont à une feuille de papier fortement pressée à la surface de la pierre ou du métal.

« La lithographie a, comme la typographie, l'inconvénient de ne donner que deux tonalités, le blanc du papier et le noir de l'encre : elle a, de plus, l'inconvénient de nécessiter une impression distincte, et ne peut donc être utilisée qu'en hors-texte à l'illustration d'un livre ou d'un journal ; elle présente, cependant, deux avantages appréciables : elle permet, en effet, à l'artiste de créer lui-même et sans grandes complications de «métier», la planche utilisée au tirage définitif et, par conséquent, d'éviter toute intervention étrangère, susceptible de dénaturer ou d'annihiler sa personnalité ; c'est, d'autre part, de tirer des procédés d'illustration celui qui se prête le plus économiquement à la multiplication des matrices par l'opération du report ; une épreuve à l'encre grasse, tirée de la pierre ou de la feuille métallique originale avec une encre spéciale dite « à report », et sur un papier enduit d'une couche soluble, est décalquée à la presse, sur pierre ou sur métal, puis ce papier est mouillé jusqu'à dissolution de la couche superficielle, le papier peut alors être séparé tandis que l'encre reste adhérente au nouveau support et constitue un duplicata qui, dûment « préparé », sera utilisé au tirage dans les mêmes conditions que la matrice originale.

« La chalcographie comprend enfin l'ensemble des méthodes d'impression en taille-douce d'après les planches gravées en creux par l'un des procédés connus sous les noms de gravure au burin, gravure à l'eau-forte, mezzotinte, aquatinte et leurs nombreuses variantes : l'encre grasse déposée dans le creux de la planche en quantité proportionnelle à la profondeur de la taille adhère au papier lorsque celui-ci est mis en contact avec la planche, sous la pression fournie par une presse dont les dispositions générales rappellent celles d'un laminoir.

« Malgré les tentatives nombreuses qui ont été faites par maints inventeurs, l'encrage et le tirage d'une planche gravée en creux ne peuvent être faits qu'à la main ; si donc ces procédés fournissent des estampes de toute beauté donnant à volonté toutes les gammes d'une échelle de gris, non plus par pointillés ou par hachures, mais par l'opacité variable d'une couche d'encre dont l'épaisseur varie dans des limites assez étendues, ils ne se prêtent qu'à l'exécution de tirages de grand luxe, à nombre restreint d'exemplaires.

« Les procédés photographiques peuvent, avec un égal succès, être appliqués à ces divers modes d'illustration; au classement ci-dessus correspond donc un classement méthodique des procédés photomécaniques.

« La phototypogravure, souvent aussi nommée photogravure en relief ou plus rapidement photogravure (bien que logiquement cette dernière dénomination comprenne aussi la gravure photographique en taille-douce) se subdivise elle-même en deux classes suivant que le document fourni ne comporte que des noirs et des blancs (dessin à la plume rehaussé éventuellement de teintes noires en à-plat, épreuves d'après gravures sur bois ou d'après lithographie) et pourra donc être reproduit tel quel en fac-similé (originaux dits au trait), ou suivant que l'original est à modelés continus, constitués par du gris s'étageant et se dégradant imperceptiblement du noir au blanc (photographies, lavis, dessins au fusain); un tel document (originaux en demi-teintes) ne peut être reproduit en vue de l'impression typographique qu'après transformation de ses modelés en un système de lignes ou de points, réguliers ou irréguliers, tous de même tonalité, mais de dimensions et d'espacement variables, et qui, vus à distance suffisamment grande, donneront l'illusion plus ou moins complète des valeurs du document original.

« La première de ces variantes de la phototypogravure est désignée sous le nom de photogravure de trait, photozinco-gravure, photochemigraphie, gillotypie ou gillotage (à noter cependant que ces deux dernières dénominations s'appliquent aussi au cas de la gravure à l'acide de planches métalliques après que celles-ci ont reçu une image non photographique constituant réserve, et notamment un report lithographique); la seconde variante est connue sous le nom de phototypogravure en demi-teintes, similigravure ou autotypie ; la « mise au trait » ou transformation de modelés continus en sections noires ou blanches d'étendue variable s'effectue automatiquement, par des moyens soit exclusivement photographiques, soit mi-mécaniques et mi-photographiques.

« Aux impressions planographiques correspondent les procédés photolithographiques et photométallographiques dans lesquels la photographie est utilisée à constituer, soit comme en phototypogravure et par les mêmes moyens, une image à la surface même de la pierre ou du métal (photolithographie directe) soit au contraire une épreuve à l'encre grasse sur papier jouant le rôle d'une épreuve de report qui sera ultérieurement décalquée sur pierre ou sur métal (photolithographie par transfert).

« On peut aussi rattacher aux impressions planographiques un procédé photomécanique particulier, la photocollographie ou phototypie (dite aussi gélatinotypie, gélatinographie, collotypie, héliotypie, albertypie); la planche d'impression est ici une couche de gélatine coulée à la surface d'un support rigide tel qu'une glace épaisse ; après sensibilisation de la gélatine et exposition à la lumière sous une pellicule photographique négative, la gélatine acquiert, dans celles de ses parties qui ont subi l'action de la lumière, la propriété de ne plus se mouiller, tandis que les régions protégées contre la lumière se mouillent comme la gélatine ordinaire : il s'établit donc entre les diverses régions de l'image des différences comparables à celles existant entre les régions « préparées » et les régions « non préparées » d'une planche lithographique, c'est-à-dire qu'après mouillage les régions mouillées refuseront l'encre qui se déposera au contraire sur les régions sèches pour être ensuite cédée à la feuille de papier pressée à leur contact; la particularité intéressante de la phototypie est de permettre, sans mise au trait préalable, la reproduction directe d'originaux à modelés continus; la rapidité et le coût peu élevé de l'établissement d'une « dalle » phototypique rendent fort avantageux l'emploi de ce procédé pour les éditions économiques à nombre relativement restreint d'exemplaires.

« Aux impressions chalcographiques correspond le procédé connu sous le nom de photoglyptographie, photogravure en creux, photo-taille-douce, ou, plus généralement, héliogravure; les opérations photographiques proprement dites ne fournissent en ce cas qu'une image généralement très imparfaite, aussi la planche est-elle presque toujours terminée par un graveur aquafortiste, le plus souvent même par un artiste de talent qui donne alors à ce mode de reproduction un caractère d'originalité et de personnalité qui lui permet de rivaliser avantageusement avec les procédés artistiques d'interprétation; les planches d'héliogravure s'impriment sur les mêmes presses et par les mêmes moyens que les planches gravées en taille-douce; les épreuves ainsi obtenues présentent une très grande analogie d'aspect avec celles exécutées par le procédé aquatinte.

« Aux impressions en taille-douce on peut aussi rattacher le procédé connu sous les noms de photoplastographie, Woodburytypie, hélioplastie, ou plus fréquemment photoglyptie : après obtention d'une épreuve photographique sur gélatine bichromatée par le procédé dit « au charbon » épreuve dans laquelle les diverses tonalités sont créées par des épaisseurs variables d'une mixtion colorée, une empreinte de cette image est prise à la presse hydraulique dans une plaque de plomb; celle-ci est alors utilisée comme moule et reçoit une mixtion gélatineuse, colorée, comparable à celle de l'épreuve originale; une feuille de papier est appliquée en pression modérée sur le plomb matrice, de façon à chasser l'excès de mixtion : si, après refroidissement, on soulève le papier, celui-ci entraîne avec lui la mixtion colorée, dont les épaisseurs variables constituent un fac-similé de l'épreuve originale. Après avoir joui d'une certaine vogue, très justifiée d'ailleurs par la beauté des résultats, ce procédé est tombé en désuétude, et n'est plus actuellement exploité que dans deux ou trois maisons, dont aucune d'ailleurs ne réside en France ; encore les impressions ainsi obtenues sont-elles le plus souvent présentées comme des épreuves « au charbon ». Étant donné le peu d'intérêt accordé actuellement à ces modes opératoires, nous nous abstiendrons de les décrire plus complètement.»

Historique. — Les premières tentatives faites en vue d'utiliser les actions chimiques de la lumière, à l'obtention de planches susceptibles d'être imprimées mécaniquement à l'encre grasse, sont antérieures de plusieurs années à la découverte de la photographie, et ont précisément mis sur la voie de cette découverte. C'est en 1814 que Nicéphore Niepce fit ses premières tentatives pour copier sur métal une gravure, par l'action de la lumière, sur le bitume de Judée, en vue de constituer à la surface du métal une réserve inattaquable aux acides, ne laissant le métal à découvert que dans l'image des traits de la gravure originale, et permettant ainsi l'obtention automatique d'une planche pour le tirage en taille-douce. Le célèbre *Portrait du Cardinal d'Amboise*, dont la planche originale, en étain, est conservée au musée de Chalon-sur-Saône, date de 1824.

L'essor donné à la photographie par la divulgation du procédé de Daguerre encouragea les chercheurs : Foucault et Fizeau parvinrent, vers 1840, à transformer l'image daguerrienne en une planche gravée en creux, et utilisèrent notamment ce procédé à l'illustration du *Cours de microscopie* de Donné. Ce sont ces méthodes qui, modifiées et perfectionnées successivement par Baldus et Nègre (1860), Fox Talbot (1853), Niepce de Saint-Victor (1853-1854), Garnier et Salmon (1855-1860), Karl Klic (1881), ont progressivement évolué vers les procédés actuels de l'héliogravure.

« Dans l'un des procédés décrits par Talbot, cet auteur divisait les tonalités de l'image en interposant entre le positif transparent et le métal sensibilisé un tissu à trame très fine : cette méthode de sectionnement devait, après maints perfectionnements, donner naissance à la simili gravure ; Berchtold brevetait en France, en 1857, le mode opératoire suivant : le métal enduit de bitume et exposé d'abord sous le négatif photographique était ensuite exposé à la lumière sous un écran portant un réseau de fines lignes parallèles obtenu en photographiant un grisé tiré lithographiquement d'après une pierre gravée à la machine ; après que la lumière avait agi sous cet écran ligné, celui-ci était retourné de façon à présenter ses lignes à angle droit de leur direction primitive, puis en cette nouvelle position, la planche était encore une fois soumise à l'action de la lumière. Ce même dispositif fut repris en Amérique par le baron F. W. von Egloffstein qui, en 1861, fonda à Philadelphie un établissement de gravure héliographique dans lequel il eut notamment à établir les planches des bank-notes du gouvernement des Etats-Unis. Les Anglais E. et J. Bullock exploitèrent de 1865 à 1880 un établissement de gravure photographique dans lequel ils disposaient, pour la première fois, la trame dans l'appareil photographique à quelque distance en avant de la couche sensible ; les fils du célèbre patriote hongrois Kossuth semblent avoir eu simultanément la même idée qu'ils utilisaient commercialement vers 1866.

« La première application pratique de la trame à la phototypogravure en demi-teintes est décrite dans un brevet anglais de Swan (1879) dont beaucoup d'idées se retrouvent dans le brevet allemand de la Compagnie Meisenbach (1882) : l'un et l'autre n'utilisaient cependant encore que des trames lignées et c'est seulement en 1866 que l'Américain F. Ives donnait à la simili gravure sa forme actuelle en créant la trame quadrillée et en suggérant l'emploi du diaphragme carré; peu après apparaissaient dans le commerce les premières trames quadrillées établies photographiquement par Wolf puis mécaniquement par Max Lévy (1893).

« Dans l'intervalle, les procédés de la phototypogravure au trait avaient été créés de toutes pièces en 1872 par Charles Gillot. Son père, Firmin Gillot, avait, en 1850, breveté et appliqué, sous le nom de *paniconographie*, un procédé de gravure sur zinc permettant l'impression typographique de tout dessin décalqué à la surface du métal par report lithographique, et rivalisant économiquement avec la gravure sur bois. Il reprit l'étude des procédés de Niepce et parvint à créer des clichés typographiques d'après dessins à la plume; c'est à lui que nous devons aussi un assez grand nombre de procédés de dessin, actuellement employés pour constituer les originaux destinés à la reproduction par la photogravure de trait.

« Bien que les actions chimiques de la lumière sur les mucilages bichromatés eussent été sommairement mentionnées par Mungo Fouton et Hunt, puis mises à profit par Fox Talbot, c'est à A. Poitevin que l'on en doit l'étude complète et l'utilisation rationnelle. Dès 1855, il appliquait l'albumine chromatée à un procédé de photolithographie qu'exploitait, en 1857, la maison Lemercier; peu après il créait la photocollographie, dont la découverte lui valait, en 1867, un prix mis, par le duc de Luynes, à la disposition de la *Société française de Photographie*. »

REPRODUCTIONS PHOTOMÉCANIQUES POLYCHROMES

'INSTINCT de la couleur, écrit M. Marius Vachon, est une manifestation du développement intellectuel et social, dans la race comme dans l'individu. La civilisation l'affine progressivement et lui donne cette sensibilité active qui constitue une des plus délicates jouissances de l'esprit, en même temps qu'un de ses besoins les plus impérieux. Les savants ne nous prouvent-ils pas qu'aux temps homériques, d'après l'*Iliade* et l'*Odyssée*, le nombre des couleurs perçues était limité à un très petit nombre, quatre ou cinq, qui s'accroît peu à peu dans les poèmes postérieurs, pour aboutir à la polychromie superbe de la peinture, de la statuaire, et de l'architecture, aux grands siècles de l'art antique? Notre race a toujours eu cet instinct très vif. Les œuvres artistiques du moyen âge, les descriptions des romans et des chansons de geste en sont des témoignages éclatants — dans les livres, il se traduit magnifiquement par la miniature, qui a créé des merveilles. L'imprimerie ne tuera point cet art exquis. Dans l'impuissance de l'industrie à faire de la polychromie mécanique, on continue à colorier à la main des estampes et des vignettes pour des ouvrages précieux, et même exécute-t-on encore très fréquemment des manuscrits auxquels les meilleurs artistes du temps mettent des ornements et des compositions d'une originalité et d'une grâce à rappeler parfois les productions des Godefroy, des Beauneveu, des Bourdichon et de Fouquet. La célèbre *Guirlande de Julie* en est, entre cent autres, une preuve

indiscutable. Mais ce n'est guère qu'au xviiiᵉ siècle que des
essais d'impression polychrome sont faits avec quelque succès.
Leblond, puis Gautier d'Azoly tentent d'appliquer à l'imprimerie la théorie de Newton sur les couleurs, de reproduire tous
les tons de la peinture, au moyen de la superposition de planches aux trois couleurs primaires : le jaune, le bleu et le rouge.
En y ajoutant, comme fond de dessin, une planche en noir,
Janinet et Debucourt tirent de fort belles estampes en couleurs,
par l'impression polychromique au moyen d'une série de planches gravées en creux. En 1817 le graveur sur bois Bréviaire
tentait l'impression xylographique en plusieurs couleurs. Senefelder eut la préoccupation d'appliquer sa nouvelle découverte
à la polychromie. Mais ce ne fut guère qu'en 1837, que Godefroy Engelmann réussit à surmonter les difficultés qui avaient
arrêté l'illustre inventeur : l'impression par juxtaposition.
Actuellement de nombreux artistes, aquafortistes, lithographes,
xylographes et burinistes restaurent avec succès les procédés
des maîtres du xviiiᵉ siècle, importent ceux des Japonais et
même en inventent de nouveaux. »

« On sait vanter les valeurs nuancées et le coloris des
estampes japonaises, dit à ce sujet M. Marty, mais l'importance du rôle de l'ouvrier qui les imprime est souvent oubliée.
Le graveur nippon ne dispose que d'un rudimentaire ciseau
emmanché dans un bambou. Le dessin, tracé sur pelure, est
collé sur une planche de cerisier, le recto adhérent au bloc.
Fendant du même coup le papier et le bois, il suit l'original
avec fidélité. Aucun n'a d'initiative personnelle. Au contraire,
le rôle de l'imprimeur est primordial. Armé, pour encrer sur
bois, d'un rond de carton enveloppé de filaments de bambou
« il manipule, dit M. Biry, la matière grasse de mille manières :
« fonce d'un côté, atténue de l'autre, gradue par endroits, de
« sorte que des effets et des modèles variés peuvent être obtenus

« par un seul tirage, de savants essuyages donnent parfois l'illu-
« sion de taches posées au pinceau. » Déjà fort séduisante dans
le maniement des blocs monochromes, cette adresse obtient,
dans les planches en couleurs, de prodigieux résultats. »

En somme, la couleur, en taille-douce, peut s'obtenir de trois
manières différentes : avec une seule planche gravée, en tirant
les épreuves à la poupée ; avec trois planches repérées des trois
couleurs primaires ; enfin par le moyen qui exige autant de
planches que de couleurs vives ou de tonalité atténuées.

« Le nom *d'épreuves à la poupée*, nous apprend M. Marty,
vient du tampon d'encrage, où des yeux complaisants ont cru
reconnaître la jupe et la tête rudimentaire d'un fantoche. Le
cuivre est peint en couleur comme un tableau. L'ouvrier dispose
d'autant de tampons que de tons, et, au besoin, de pinceaux.
Ces épreuves sont chères, inégales, et quelle que soit l'habileté
de l'opérateur, il faut, par surcroît, qu'il soit un coloriste. C'est
chimère d'escompter par ce moyen la reproduction fidèle d'une
peinture. La timidité de touche donnera des modelés vulgaires ;
le passage d'un ton à l'autre se trahira par des doutes ou des
mollesses. La poupée, au contraire, laisse toute sa fleur, toute
sa fraîcheur au coloris d'un dessin ou d'un ornement très simple,
et les chances de succès s'accroissent si on a eu la fortune d'être
guidé par l'artiste. »

« Qu'il s'agisse de chromogravure manuelle ou mécanique,
reprend M. Marius Vachon, à l'exception des systèmes à la
Congrève, à la poupée et au pinceau, la polychromie s'obtient
toujours par juxtaposition ou superposition de planches donnant
les diverses couleurs nécessaires à la reproduction de l'original.
L'artiste décompose lui-même suivant ses goûts et sa science
coloriste l'œuvre à traduire en polychromie, s'il crée un proto-
type, ou grave directement la planche dans les mêmes conditions.
Pour cette raison, il y a presque autant de procédés que de gra-

veurs ; tous les genres, burin, eau-forte, pointe sèche, roulette, aquatinte, lithographie, etc... étant souvent employés simultanément pour obtenir les effets désirés. En photogravure, les procédés moins nombreux se rapportent à deux catégories très distinctes : 1° la reproduction directe de peintures à l'huile, aquarelles, pastels, etc... ; 2° l'exécution d'une gravure d'après une composition faite dans ce but, avec la gamme seule des couleurs à reproduire. Dans la première catégorie, il est exécuté une photogravure qui sert de planche mère, ne devant, en vue de cet office, donner qu'une image légère, tirée généralement en gris ou en noir très peu profond. Des chromistes décomposent le coloris pour le restituer au moyen d'autant de planches qu'il est nécessaire à une copie fidèle ou approximative, suivant l'idéal poursuivi. Toutes les parties de la composition se rapportant à une couleur sont reportées au moyen de décalques sur une planche et gravées.

« On comprendra aisément que pour arriver à donner l'illusion relativement parfaite d'une œuvre d'art polychrome, d'une peinture par exemple, on soit obligé de graver un très grand nombre de planches, et que le repérage, leur mise en traits et leur impression constituent des tours de force extraordinaires et exigent des travaux d'une rare difficulté. A l'exposition universelle de 1889, l'Imprimerie Nationale montrait fièrement des planches de la description de l'Hôtel de Rohan exécutées au moyen de 25 clichés, des gravures de l'Imitation de Jésus-Christ qui avaient exigé 117 tirages en couleurs. Mais s'agit-il d'une gravure de la seconde catégorie, d'une polychromie par à-plats et non par superposition, on procède d'une manière plus simple, qui amène des résultats plus économiques et généralement fort satisfaisants, si l'artiste en a acquis une certaine pratique. Le dessin général de la composition est tracé sur du papier ou sur de la toile en ligne sommaire, au trait ou bien par grands partis pris d'effets de fond, destinés à former le cloisonnage et l'assiette de la couleur. La photographie réduit le dessin, pour lui donner plus de finesse, et le fixe sur la planche de métal. De cette première planche, on tire une épreuve que l'artiste met en couleur, suivant le nombre de tons qui lui a été fixé ; ou parfois même, s'abandonnant à sa libre inspiration, peint-il le dessin sans préoccupation de la chromogravure. Le chromiste, dans le premier cas, n'aura qu'à reporter sur chaque planche la couleur correspondante, et, dans le second, il procédera à une décomposition rendue relativement aisée par l'emploi déterminé de tons ; et il arrivera à rendre avec la certitude presque absolue d'une imitation parfaite, par des superpositions ingénieuses, et par des tours de mains spéciaux, toutes les délicatesses de nuances, toutes les harmonies de tons de l'œuvre originale. »

ous ceux qui se sont occupés des origines de l'imprimerie, écrit avec infiniment de raison M. Thépenier,
se sont étonnés que les peuples, dans l'antiquité, aient
approché si près de cette découverte et se soient
arrêtés si près du but.

Les Égyptiens, les Grecs, et surtout les Romains, gravaient
en relief des lettres, des chiffres, des légendes, qu'ils impri-
maient à chaud ou à froid sur des briques, sur le pain, les
monnaies, même sur le front de leurs esclaves fugitifs.

Les Chinois auraient connu l'impression xylographique plus
de huit cents ans avant Jésus-Christ. Quant aux Romains, on
sait qu'ils faisaient usage de lettres mobiles pour apprendre à
lire aux enfants. Nous lisons, en outre, dans Procope, qu'à
l'époque du Bas-Empire, l'empereur Justin employait une lame
d'or découpée, pour apposer son seing. Théodoric, dit-on,
faisait de même. Et c'est un procédé qui s'est perpétué durant
tout le moyen âge.

Or, n'est-il pas véritable, quand on se servait ainsi de lettres
isolées, qu'il s'en fallait de bien peu pour que l'imprimerie fût
découverte? Il faut attendre pourtant jusqu'au XVᵉ siècle pour
franchir ce pas.

Des essais avaient été tentés, pour la première fois, vers 1444
à Avignon, par un orfèvre de Prague, nommé Procope Vald-
fogel. Il avait apporté un secret que, dans un acte du temps,
on nomme *ars scribendi artificialia*. Ces essais ne donnèrent pas

les résultats attendus, et le matériel fut vendu à un serrurier, après dissolution de la société.

Vers la même époque, Gutenberg réalisait à Mayence son projet d'impression sur caractères mobiles, qu'il aurait conçu, s'il faut en croire la légende, à Strasbourg, où nous le retrouvons, s'occupant d'imprimerie avec André Dritzchen.

Gutenberg avait à réaliser un triple problème. Il lui fallait des caractères plus résistants que n'étaient les caractères en bois; une presse qui permît d'obtenir une empreinte d'une grande netteté; il fallait enfin que les feuillets du livre ne fussent plus *anopistographes*, c'est-à-dire imprimés seulement d'un côté. Fust mit une somme de 1.100 florins à la disposition de l'inventeur, mais les résultats ne furent guère satisfaisants.

C'est alors qu'un troisième acteur entra en scène : Pierre Schoeffer de Gernsheim. Il séduisit si bien Jean Fust et l'entraîna si résolument par sa jeunesse et son application, que ce dernier se décida à remettre de nouveaux capitaux dans l'affaire.

C'est à ce Pierre Schoeffer qu'il faudrait attribuer l'invention de la fonte des caractères. On sait qu'il imagina de graver un poinçon en acier de chaque lettre, d'enfoncer ce poinçon dans un bloc de cuivre pour en former une matrice, et de construire un moule pour y couler le métal, qui devait prendre ensuite la forme de la lettre frappée dans la matrice.

L'invention se répandit ensuite dans toute l'Europe : à Bâle en 1467, à Augsbourg, à Venise, à Milan, à Barcelone, à Tolède, à Londres et à Paris dès 1470.

C'est le nom de Jean de la Pierre, ancien recteur de l'Université, que l'on rencontre ensuite. Ce Jean de la Pierre ayant remarqué que l'on vendait en cachette des livres imprimés en Allemagne, sentit là un danger, et prévint la fraude en créant un atelier de typographes à Paris. Nous avons même les noms des premiers ouvriers qui arrivèrent dans ce but : Michel Friburger, Ulrich Gering, et Martin Crantz.

Nous voyons ensuite nos trois imprimeurs s'installer rue Saint-Jacques, à l'enseigne du *Soleil d'Or*. Ils se font naturaliser français. Puis, nous voyons Gering signer seul et reprendre d'autres associés. Il mourut le 23 août 1510, après un demi-siècle de travaux.

Le mouvement donné par la Sorbonne avait été promptement suivi. Dès 1472, dans la ville de Lyon, puis à Angers, à Caen, à Metz, à Troyes, à Besançon, ce sont des ouvriers français qui s'installent. Nous voyons ainsi Caesaris et Jean Stoll ouvrir un atelier rue Saint-Jacques, pendant que Gaspar et Russangis impriment à l'enseigne du *Soufflet vert*. Nous pouvons citer également les noms de Pasquier et de Jean Bonhomme, ainsi que celui de Jean du Pré, qui mérite une place d'honneur parmi les imprimeurs du xv siècle. Les noms de Guy ou Guyot Marchand, de Pierre Levet et d'Antoine Vérard doivent être également retenus. C'est enfin vers la fin du xv siècle que se lève la gloire de la grande maison des Alde. Elle se maintiendra pendant toute la durée du xvi, et pendant une partie du xvii siècle.

En 1500, Alde avait mis en usage le caractère dit *italique* ou *aldin* dont il avait commandé l'exécution à Jean de Bologne. Ce caractère parut pour la première fois sur le *Virgile* in-8°. On prétend qu'il aurait été copié sur l'écriture manuscrite de Pétrarque.

Vers le commencement du xvi siècle, nous trouvons en France un commerce énorme de librairie. Parmi les principaux imprimeurs de ce temps, il faut citer Gilles et Germain Hardouin, Jehan Trepperel, François Regnault, Pierre Sargent, Galliot Dupré, Christian Wechel, et les trois grands noms de Geofroy Tory, de Michel Vascosan et d'Estienne.

Geofroy Tory était un encyclopédiste, homme de génie subtil et de goût raffiné. Il avait pour marque une croix de Lorraine assez petite et perdue dans les ornements de ses planches. Il était à la fois imprimeur et graveur. Qui ne connaît ses *Heures de la Vierge*, dont il dessina les merveilleux encadrements, et son *Diodore de Sicile*, avec ses bois de premier ordre? Michel Vascosan, lui, était le beau-frère de Robert Estienne. Il acquit la plus haute réputation par la correction de ses textes, la solidité et l'éclat de son papier. Quant aux Estienne, ils vont remplir un siècle et demi de notre histoire, leurs établissements s'étant ouverts à Paris en 1502, et leur renom s'étant maintenu avec honneur, jusqu'en l'année 1664, qui vit paraître la dernière publication de Antoine Estienne.

Les Elzevier et les Plantin sont à peu près contemporains. Christophe Plantin est né à Tours en l'année 1514, tandis que Mathieu Elzevier, le fondateur de la maison et le premier du nom, s'est établi pour la première fois libraire et imprimeur à Leyde aux environs de 1580. Le 22 juin 1579, Plantin avait acheté cette partie de la maison de Lopez qui avait une sortie sur le marché du Vendredi, et lui donnait pour nom et pour enseigne le *Compas d'Or*. Il y demeura jusqu'à sa mort. Ses successeurs continuèrent son imprimerie jusqu'à ce que la ville d'Anvers achetât les bâtiments pour en faire le musée Plantin-Moretus. Quant aux Elzevier, ce n'est que sous la direction d'Abraham, c'est-à-dire au XVIIe siècle, qu'a commencé l'époque brillante de leur imprimerie. Nous ne pouvons la retracer ici, même brièvement. Nous rappellerons cependant la création de l'officine de La Haye en 1590, par Louis Elzevier, deuxième fils de Mathieu, et l'installation de son atelier dans une salle du Palais des Etats; puis la fondation de l'officine d'Amsterdam et d'Utrecht, et l'expansion de la famille à l'étranger, en Italie, en Angleterre, à Francfort, au Danemark et en France.

Nous pouvons à présent passer en revue l'histoire des principaux imprimeurs depuis le xviie siècle jusqu'à nos jours, en même temps que nous assisterons à la création de l'Imprimerie Royale, et aux bouleversements qu'elle a subis jusqu'au moment où elle a été transformée en Imprimerie Nationale.

Le commencement du xviie siècle ne manquait pas d'artistes. On pourrait en citer un grand nombre qui, s'ils avaient pu donner carrière à leur talent, se seraient montrés dignes de leurs ancêtres. Mais la liberté s'amoindrissait chaque jour et les libraires et imprimeurs étaient pendus ou brûlés à la moindre infraction aux bienséances politiques ou religieuses.

Une nouvelle mode s'était introduite en France dès la fin du xvie siècle : celle des associations de libraires pour des publications onéreuses. Citons celle du *Grand navire* (1600), et la seconde Compagnie du *Grand Navire* qui, dès 1603, imprima le *Saint Damascène*. Nous relevons dans cette Société les noms des deux Cramoisy, de Denys Béchet, de Jean Branchu et de Denys Moreau. A frais communs et à gains également partagés, ils éditaient d'importants ouvrages que chacun d'eux avait le droit de vendre en sa boutique, tout en pouvant en éditer d'autres. On pourrait citer encore les associations de *la Source* (1622) et du *Soleil* (1629). Une autre société, formée pour publier *les Pères de l'Eglise* aurait eu pour chef moral Sébastien Cramoisy. C'est le plus grand des éditeurs de livres grecs, latins et français de son époque. Il fut le premier auquel fut confiée, par le cardinal de Richelieu, la direction de l'Imprimerie Royale, établie au Louvre en 1640.

C'est Louis XIII qui la fonda, agissant sous l'inspiration du cardinal de Richelieu. Elle occupait la partie du palais qui servait d'orangerie, dans une série de chambres en enfilade, faisant un atelier sans rival au monde. Sublet des Noyers en fut nommé surintendant, Trichet du Fresne correcteur.

Le premier ouvrage publié fut l'*Imitation de Jésus-Christ* en 1640 (in-folio). C'est un assez beau livre, mais il est loin de pouvoir égaler une édition des Elzevier. On attribue les caractères de cet ouvrage à Claude Garamond, fondeur du XVIᵉ siècle, auquel on doit les types grecs de François Iᵉʳ.

L'Imprimerie Royale coûta beaucoup et rapporta peu. D'ailleurs, après Cramoisy, la direction en fut si peu sérieuse, qu'on installa une écurie appelée la « petite écurie du roi » à la place des ateliers.

En l'année 1575, nous voyons que l'Imprimerie Royale du Louvre est réunie à celle de Versailles. Elle était propriété mixte en 1793. Les poinçons et les matrices, à l'exception de la typographie dite « du Cabinet du Roi » appartenaient à l'Etat, ainsi que dix presses et dix milliers pesants de caractères, interlignes, cadrats, etc... Le surplus des machines, ustensiles et caractères, appartenant au directeur, M. Anisson, qui l'exploitait pour son propre compte.

Cette même année 1793, Anisson proposa au Comité de Salut Public de vendre à la nation la portion dont il était propriétaire, et une autre imprimerie qui lui servait de succursale. Mais le 25 avril 1794, Anisson, sous prétexte d'avoir imprimé un arrêt inconstitutionnel du département de la Somme, fut cité devant le tribunal révolutionnaire. Condamné, il mourut sur l'échafaud. Dès lors, l'Imprimerie Nationale exécuta les impressions pour le compte du gouvernement.

Un décret du 8 pluviôse an III (23 janvier 1793) réunit à l'Imprimerie du Bulletin des Lois tout ce qui appartenait à l'Etat dans l'ancienne Imprimerie Royale. Un autre décret du 18 avril lui donne le nom d'Imprimerie Nationale; et, par un décret du 29 mars, elle reçoit le nom d'Imprimerie de la République.

C'est en 1808 que l'Imprimerie de la République, devenue

l'Imprimerie Impériale, fut transférée dans l'ancien palais du cardinal de Rohan, rue Vieille-du-Temple. En 1811, Firmin Didot fut chargé de renouveler le matériel. C'est alors que l'Imprimerie s'enrichit de caractères orientaux.

En l'année 1814, lors de la Restauration, l'Imprimerie reprit le nom d'Imprimerie Royale, et cessa d'être régie pour le compte de l'Etat. Puis elle retombe sous sa tutelle en 1823. En 1830, nouveau changement. Elle redevient l'Imprimerie du Gouvernement. Puis, le 15 septembre 1830, Pierre Lebrun est nommé directeur de l'Imprimerie redevenue Royale. En 1832, on reprend les travaux de la collection orientale. En 1847, on acquiert une typographie complète. Après la révolution de 1848, l'Imprimerie devient à nouveau l'Imprimerie Nationale. Puis elle est rebaptisée Impériale, et enfin Nationale après 1870.

Revenons à présent à notre histoire de la typographie.

Vers ce début du XVIIe siècle, chaque année voyait le nombre des imprimeurs-éditeurs s'accroître. Antoine Vitré se trouvait parmi eux le plus illustre de la confrérie.

Nommé, en 1630, imprimeur du roi en langues orientales, puis imprimeur du clergé en 1635, syndic de la communauté en 1639, il fut élevé au rang de consul en 1664. C'est lui qui entreprit le projet de la fameuse *Bible polyglotte*. Il mourut en 1674. Sa devise était un Hercule avec ces mots : *Virtus non territa monstris*.

Le siècle qui suivit amena dans l'esprit et dans l'art français une réaction. A la fin du règne de Louis XIV, l'on était las de l'Olympe et des dieux, de la majesté et du soleil. On revint à un art plus léger, plus naturel. Le Livre suivit le mouvement et changea sa décoration. Dès lors, on voit les petits formats se multiplier ; les caractères prennent de l'élégance et de la finesse, les vignettes deviennent gracieuses et pimpantes ; les moindres plaquettes se parent de lettres ornées, de têtes de pages, de fleurons.

La production devient immense à Paris. Les principales boutiques étaient ouvertes rue Saint-Jacques et sur le quai des Augustins. Les plus importantes de ces maisons étaient en 1727 : les Coignard, les Barbou, les Cavalier, les Robustel, les Fournier, les Ballard, les d'Houry. Citons également les noms de Mariette, Jombert, Grégoire, Dupuis, Chardon, J.-F. Moreau, Josse, Debure et Prault.

Nous arrivons ainsi au début du XIXe siècle, Et là, ce sont les Didot qui marquent leur époque de la plus profonde empreinte.

La famille des Didot est très ancienne, car c'est à la fin du règne de Louis XIV, en 1713, qu'on voit paraître ce nom pour la première fois. François Didot est reçu libraire cette année-là. Son fils fit graver des caractères nouveaux, inventa une presse dont l'usage devint ensuite général, et il établit même une fabrique de papier à Annonay. C'est lui qui a imprimé l'importante collection des *Classiques français*, destinée à l'éducation du Dauphin.

Pierre-François Didot, frère du précédent, imprima également quelques beaux ouvrages. Mais Henri Didot, fils aîné de Pierre-François, fut surtout un très habile graveur, fondeur et mécanicien. C'est lui qui inventa le caractère microscopique. Pour en juger l'effet, il distribua à ses amis une épreuve du Testament de Louis XIV sur une seule page in-8° tirée sur papier de Chine. Puis il publia un *Horace* et les *Maximes* de la Rochefoucauld. Ses caractères étaient si minuscules qu'on dut les fondre au moyen d'un moule dont Henri Didot lui-même était le créateur et auquel il donna le nom de *polyamatype*, parce que cent lettres y sont fondues à la fois.

Nous citerons ensuite le nom de Didot Saint-Léger qui exécuta la première machine pour la fabrication du papier continu; de Didot jeune à qui l'on doit la belle édition in-4° du *Voyage du jeune Anacharsis*; de Pierre Didot qui imprima le fameux *Racine* que l'on peut admirer à la galerie Mazarine, et qui fit en outre graver les types de 18 caractères différents par Vibert; de Jules Didot; de Firmin-Didot, très habile artiste qui grava les caractères romains les plus parfaits qui ont servi pour les éditions dites du Louvre; de Ambroise Firmin-Didot, à qui nous devons le type de l'anglaise cursive, un caractère grec destiné à une édition de Tyrtée, et un grand nombre de types français et russes, et nous terminerons enfin par celui de Hyacinthe Firmin-Didot qui a perpétué un nom qui existe toujours florissant de nos jours, et dont la maison continue les glorieuses traditions qui l'ont placée dans le monde au premier rang des imprimeurs et des fondeurs.

Après les Didot, il faut faire une place à Molé, avec sa belle série de caractères, dont un type d'arabe; à Marcellin Legrand, avec ses caractères chinois, hindous, tamouls; à la maison Biesta-Laboulaye, qui fut la plus importante fonderie de la moitié du siècle; à la fonderie Derriey, dont le créateur inventa une machine à fondre et créa des vignettes à combinaisons. C'est à lui que l'on doit une tentative de fonte de ces vignettes sur le système métrique. Nous mentionnerons ensuite la maison Laurent et Deberny dont Balzac a été le créateur, qui occupe aujourd'hui la première place parmi les fonderies françaises, à qui nous devons récemment la création des beaux caractères Giraldon, et dont la grande innovation a été celle des lettres dites *latines*, dont toute la fin du XIXᵉ siècle aura été influencée. On sait que les oppositions entre les pleins et les déliés n'existent pour ainsi dire pas dans les lettres latines. Il y a juste ce qu'il faut pour faire vibrer davantage cette forme qui a été l'une des plus belles créations modernes. Nous terminerons enfin cette citation par la maison Peignot, à qui l'on doit l'*Auriol*, d'un joli usage pour les travaux de ville, et le *Grasset*, caractère mâle et plein, convenant aux ouvrages de force et d'impression sévère.

Si nous voulons maintenant résumer l'histoire de la typographie, du point de vue de la *lettre* elle-même, et non de ceux qui l'ont créée, nous pouvons discerner les périodes suivantes :

Les premières lettres dont les imprimeurs se soient servis s'appellent *lettres de forme*. « C'est, dit M. Thépenier, une gothique anguleuse hérissée de traits; et ce sont ces caractères qui furent gravés en premier lieu sur planche xylographique, ensuite isolément et en bois, et fondus grâce à Schæffer dans des moules et matrices.

« Puis vint une gothique plus arrondie et dépourvue de traits, appelée *lettre de somme*.

« Les premiers caractères de *forme latine* sont ceux de Sweinheim et Panartz, améliorés par Jenson. Les majuscules de son type de caractères semblent copiées sur d'anciennes inscriptions de la période d'Auguste; les lettres du bas de casse ou minuscules semblent une réminiscence de la forme manuscrite du XVe siècle. Mais ces caractères furent un peu délaissés malgré l'ampleur et l'élégance de la forme. L'on n'y revint qu'une quarantaine d'années après, et les caractères de forme gothique et semi-gothique furent presque exclusivement employés.

« Vers 1500, Alde Manuce fait graver par Jean de Bologne les premiers caractères *italiques*. C'est une sorte d'écriture à pans coupés ou traits anguleux, quelque chose comme une gothique penchée.

« En 1520, François Ier fait graver par *Garamond* ses types grecs et latins d'une grande beauté. Ils appartiennent aujourd'hui à l'Imprimerie Nationale, et constituent un des plus beaux joyaux de son trésor artistique. Ils étaient employés par les Estienne et les Elzévier.

« Nous voyons ensuite, en 1640, deux *bâtardes* ordinaires, une ronde et une bâtarde brisée, gravées par Pierre Moreau, maître écrivain.

« L'imprimerie ne devait pas non plus laisser Louis XIV indifférent. En 1693 il fait dessiner par Jeangeon et graver ensuite par *Grandjean* un nouveau type de caractères. Les traits obliques de certains jambages des lettres de Garamond sont remplacés par des traits horizontaux se prolongeant dans certaines lettres b, d, h, i, k, l, de la droite à la gauche.

« C'est de la forme des caractères de Grandjean que sont inspirés les types de *Didot*.

« Ces caractères sont d'une gravure impeccable ; ils sont peut-être même un peu froids en raison de leur régularité, de leur belle ordonnance. L'on n'y retrouve plus ces traits horizontaux dans les b, d, h, i, etc..., marque distinctive des types précédents de Grandjean.

« Les *normandes*, les *égyptiennes*, les initiales *éclairées* et *azurées*, font leur apparition. Didot remplit d'étonnement le monde de la typographie par la création d'une anglaise fondue avec de si ingénieuses combinaisons, pour dissimuler les jonctions des lettres entre elles, qu'il était bien difficile de les trouver. Ces caractères étaient fondus dans des matrices d'argent en raison de la grande fragilité des poinçons.

« Viennent enfin les *latines* de Laurent et Deberny et toutes les fantaisies qui ont été créées depuis et qui terminent l'histoire de la lettre typographique au XIXe siècle. »

LA RELIURE

'HISTOIRE de la reliure se rattache directement à l'histoire du livre carré ou *codex*, dont on ne saurait très exactement déterminer l'apparition. On sait qu'il vient des Grecs, passa ensuite chez les Romains, et qu'on en signale l'usage, au temps de Martial, pour les livres d'histoire et de littérature. Cette extension donna au livre carré une importance nouvelle, et la reliure devint de plus en plus nécessaire pour la conservation des ouvrages en même temps que pour leur embellissement.

L'ornementation de la reliure des *codices* n'était pas bien compliquée. Elle se composait de filets gaufrés sur le vélin naturel ou teint qui couvrait le volume. Un médaillon frappé au milieu du plat représentait l'Empereur régnant. Quatre clous cabochons et des coins de métal ornaient les angles.

L'Ecole d'art qui suivit, et qu'on appelle *byzantine*, est, selon l'opinion générale, celle qui marque le véritable point de départ de la reliure, et pour laquelle nous commençons à posséder des documents vraiment précis.

On distingue sous le nom de byzantines les reliures composées d'émaux cloisonnés, de bas-reliefs, de filigranes, et exécutées dans les treize premiers siècles de notre ère, mais ce n'est pas une expression géographique.

Ces livres sont cousus à doubles nerfs, sans mors, renfermés entre deux ais de bois et la plupart du temps recouverts de velours; mais la reliure n'est ici qu'un art secondaire, c'est plutôt l'art de l'émailleur et de l'orfèvre qui domine.

On appelle ensuite reliures *gothiques* celles qui ont été exécutées depuis Saint-Louis jusqu'à François Ier.

Pendant cette période, l'on n'a pas encore abandonné l'usage des reliures recouvertes en velours. On ne connaissait pas encore très bien l'emploi de la peau. Les reliures de veau ou de truie gaufrées n'étaient pas abondantes.

Jusque vers le XIIIe siècle, l'exécution des livres se faisait presque exclusivement dans les monastères. Vers cette époque, cet art commence à se répandre dans le monde séculier. L'Université de France a beaucoup secondé ce mouvement.

A mesure que l'on s'approche du XVe siècle, le nombre des reliures estampées à froid ou monastiques augmente.

Pendant le moyen âge ces reliures estampées à froid et portant le nom de l'artiste qui les a exécutées sont très rares. Les relieurs n'étaient pas érigés en corporations et ceux qui travaillaient au livre ne le faisaient d'ordinaire que pour le compte d'un libraire qui les tenait dans l'ombre. Ces reliures ont été exécutées par des hommes tels que Jehan Dupin, Edmond Boyeux, Jehan Norins, Théodore Richard, Hémon le Fèvre et André Boule qui eut quelque notoriété à la fin du XVe siècle. M. Gruel dit avoir trouvé deux spécimens relativement bien conservés des reliures de ce dernier à la Bibliothèque de Versailles. L'une date de 1497, l'autre de 1518. Il en existe également à la Bibliothèque Nationale, entre autres de 1794 et de 1530. André Boule serait l'ancêtre du fameux ébéniste de Louis XIV.

A la fin du XVe siècle et au commencement du XVIe siècle, les ouvriers allemands s'inspiraient, pour l'ornementation, des compositions de Dürer ou de ses contemporains; ils ornaient les reliures de portraits, de blasons, de heaumes, de lambrequins.

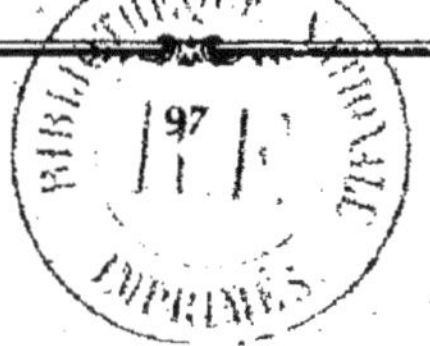

En France, les artistes reproduisaient les bordures et les miniatures dont Vérard, Simon Vostre, Petit, Pigouchet composaient leurs remarquables Livres d'Heures.

On faisait aussi des reliures en cuir ciselé. La peau presque toujours employée était le gros veau. Ce genre de travail comportait plus d'art que de métier, et ne pouvait être exécuté que par des artistes capables de dessiner et de ciseler.

A l'époque de Louis XII, le style gothique n'est pas tout à fait abandonné, mais l'on aperçoit déjà les premières lueurs de la Renaissance. Déjà l'or apparaît dans la décoration des reliures, les lignes s'adoucissent et prennent de l'élégance.

Le relieur ordinaire de Louis XII était Guillaume Eustache, libraire et relieur à la fois.

La reine Anne de Bretagne aimait également les livres, et il nous en est parvenu de très beaux, lui ayant appartenu. Par malheur, un grand nombre d'entre eux sont recouverts de vêtements d'emprunt. Son beau Livre d'Heures existe à présent relié en chagrin noir, à la mode de Louis XIV. Il ne reste de l'ancienne parure que les fermoirs d'argent doré, aux initiales couronnées de la reine. Plus rien de ce « velours cramoisy » qu'avait vendu, moyennant vingt sols tournoys, le marchand tourangeau, Guillaume Mesnager.

Avec le règne de François Ier enfin, nous entrons en pleine Renaissance française. On remarque dans le pays un grand courant bibliophilique. Tout d'abord le roi est amateur ; on reconnaît ses livres à sa marque, la salamandre, avec cette légende : *Nutrio et exstinguo.*

Puis, c'est le très célèbre amateur Jean Grolier. « Ses délicieuses reliures à compartiments, dit M. Gruel, revêtues de son nom et de sa devise, font preuve d'un grand génie de composition qui, sans doute, n'appartenait qu'aux maîtres peintres, graveurs, dessinateurs et architectes de son temps. »

A côté de Grolier, deux amateurs italiens se sont rendus célèbres au XVIe siècle : ce sont Thomas Maïoli et Canevarius.

Thomas Maïoli a vécu dans les premières années du siècle jusqu'aux environs de l'année 1549. Il composait lui-même ses dessins, dont il faisait exécuter la reliure par les Italiens. De même que Grolier, il glissait dans l'ornementation de ses livres la légende *Tho-Maïoli* et *Amicorum*, et souvent aussi sa devise : *Ingratis servire nephas*, ou encore l'énigmatique *Inimici mei, mea michi non me michi.*

Quant à Canevarius, il était médecin du pape Urbain VII en 1590. Recherchant les beaux livres, il avait adopté un genre de décoration presque uniforme, la couverture de maroquin brun, ornée de compartiments composés de filets et de fers aldins dans le genre de Grolier.

A côté de ces amateurs il faut citer Geofroy Tory, et comme relieur, nous devons nommer Philippe le Noir, qui publia *Les cent hystoires de Troyes*, par Christine de Pisan, en 1523. Ses reliures étaient généralement recouvertes en veau brun estampé à froid dans le style moyen âge, et Etienne Roffet, relieur du roi, dont on voit à la Bibliothèque Nationale un Décaméron traduit en 1545 par Antoine le Maçon.

Nous arrivons ainsi au règne de Henri II. Aucune époque n'a laissé autant d'importantes reliures. Celles de Henri II et de Diane de Poitiers sont à entrelacs et à fers à filets, ou bien à entrelacs et à fers azurés. « Particularité curieuse, remarque M. Marius Michel, tandis que dans les entrelacs de Grolier, empruntés aux Italiens, les combinaisons des droites dominent, les entrelacs de Henri II et du Grolier français sont presque entièrement formés de courbes ».

La reine Catherine de Médicis avait aussi une très belle collection de livres. Elle avait acquis, d'ailleurs, la plupart d'entre eux, sans bourse délier. C'est ainsi qu'elle s'était approprié les livres du maréchal de Strozzi, en promettant au fils dudit maréchal de les lui payer un jour. « Mais, dit Brantôme, jamais il n'en a eu un seul sol. »

A côté de sa bibliothèque, à Chenonceaux, il faut citer celle de Diane de Poitiers, à Anet. Elle a été dispersée en 1725 à la mort de la princesse de Condé, propriétaire d'Anet.

Sous François II et Charles IX, la tradition semble se rompre. Les grands relieurs quittèrent-ils la France pour échapper aux persécutions religieuses qui durèrent de 1562 à 1570? c'est possible. Toujours est-il que de la décoration de la Renaissance, il demeure l'usage des coins et des milieux azurés, ainsi que des grands cartouches. Ces dessins, exécutés par d'habiles ciseleurs du xvie siècle, pourraient être beaux, mais tirés à la presse sur de mauvais cartons qui ont fléchi, les épreuves sur cuir sont lourdes ; les plus fines sont sur vélin.

Sous le règne de Henri III, l'on garde le même genre de décoration que sous son prédécesseur. Puis, un genre nouveau commence à paraître : celui des reliures à branchages. C'est également l'époque des reliures dites *à la fanfare*. On les reconnaît à la présence de fers azurés dans les compartiments, fers semblables à ceux de l'école lyonnaise. On distingue encore une seconde manière de fanfare. Dans cette dernière, les entrelacs sont d'une grande richesse, les branchages ont des petites feuilles et sont plus importants.

A côté de la collection du roi, il faut citer la bibliothèque de sa sœur Marguerite et celle de sa femme Louise de Lorraine. Parmi les artistes qui ont travaillé pour ces beaux ouvrages, le nom de Nicolas Eve semble dominer. Ces reliures du xvie siècle, remarquons-le en passant, sont d'une étonnante solidité. Parfois, elles sont un peu grossières, car l'emploi du cuir laissant encore à désirer, il a fallu de longues années pour parvenir à la perfection.

Sous Henri IV, l'ornement de haut luxe est encore à la fanfare. A la même époque apparaissent les frises entourant les reliures et formées de tortillons renaissant les uns des autres. Le relieur le plus célèbre du temps paraît avoir été Clovis Eve, relieur du Roy, qui exerça sa profession sous Henri IV et Louis XIII. On sait par un volume paru en 1596 : *Le Thrésor des Prières*, portant en rubrique : *A Paris, pour Clovis Eve, relieur ordinaire du Roy, Au Mont Saint-Hylaire*, qu'il travaillait déjà à cette date. Il mourut vers la fin de 1634 ou au commencement de 1635.

Comme grandes bibliothèques de l'époque, citons celle de la reine Margot, celle d'Antoinette de Vendôme et surtout celle de Jacques-Auguste de Thou, sans oublier le nom de Marc Laurin de Bruges.

Les premières reliures de l'époque de Louis XIII sont bien peu différentes de celles de Henri IV. Le plus souvent elles sont aux armes, avec un semis de fleurs de lis, ou bien avec un semis composé de la lettre L alternant avec des fleurs de lis.

Vers la même époque, commencent à paraître les premières reliures à filets, soit droits, soit courbes. Le dernier des Eve se servit de ces premiers filets qui ouvraient la voie aux reliures rayonnantes de Le Gascon.

C'est ce dernier qui paraît avoir été le plus habile artiste du temps de Louis XIII, et même du règne de Louis XIV.

Sa première manière consiste à n'user que d'un petit nombre de fers pointillés, en les mélangeant avec des branchages Henri III et des fers du XVIIe siècle. A ce premier genre, appartiennent les premières reliures faites pour Louis XIII et Anne d'Autriche, et la reliure de Jean Talfin dans la collection James de Rothschild.

Puis nous le voyons créer ses dorures à filets droits et courbes aux coins pointillés, avec des milieux simples, trèfles ou étoiles d'où s'élancent des gerbes de fer pointillé.

Dans la dernière manière, enfin, les fonds sont entièrement recouverts de pointillés, et les entrelacs paraissent rouges.

A côté de Le Gascon, il faut citer encore, comme relieurs du temps, Macé Ruette, relieur du roi, et Anthoine Ruette, fils du précédent, qui exécutèrent de beaux ouvrages, encore qu'ils aient abusé un peu trop des roulettes. Également vers la même époque, l'on exécuta ces élégantes dentelles dont on prenait les modèles dans les broderies. Elles sont fort appréciées à présent, bien qu'on les ait trop souvent copiées.

Vers la fin du XVIIᵉ siècle, il se produisit une réaction contre ces dorures. On reconnaît les reliures jansénistes à l'absence de toute décoration, voire même de simples filets à froid. On se contente simplement de livres reliés avec solidité, ou avec une décoration intérieure comme celle de Boyet.

A côté de lui, nous mentionnerons aussi Florimond Badier, dont les reliures sont fort recherchées aujourd'hui, Joseph Dubois, ainsi que Bernard Bernache qui reliait pour la bibliothèque du roi.

On voit ensuite, dans les premières années du XVIIIᵉ siècle, les fers se transformer insensiblement. On remarque cette transition par la présence de fleurs et d'oiseaux, au milieu des rinceaux qui ne sont pas près de disparaître, mais qui iront s'alourdissant pour se confondre avec les fers Louis XV et Louis XVI.

Parmi les plus illustres relieurs de l'époque, il faut compter les Pasdeloup. Ils doublèrent beaucoup de leurs reliures en maroquin, et les ornèrent de dentelles dont les fers du XVIIᵉ siècle forment la base, et auxquels ils adjoignirent encore quelques petits fers. Nous pouvons citer à côté d'eux les Derôme, qui tirèrent de l'industrie de leur temps des éléments nouveaux de décoration, et triomphèrent dans les dentelles auxquelles ils donnèrent leur nom; et Pierre-Paul Dubuisson, l'auteur de la plus belle collection de fers du xviii' siècle. On a retenu également les noms de Louis Douceur, Étienne Boyet fils, Pierre Lemonnier et Pierre-Alexis Bradel, qui fut le successeur de Derôme dont il était le neveu, et exerça jusqu'au commencement du xixe siècle.

Parmi les plus belles collections du xviiie, citons celle du duc de La Vallière qui fut sans égale; celle du comte d'Hoym, de la comtesse de Verrue et de Mme de Pompadour.

La fin du siècle, pour la reliure, n'est que décadence. Les amateurs tombent de plus en plus dans l'indifférence, et le livre ne les intéresse plus. Il faut cependant tirer de l'oubli le nom de Jubert, qui passe pour avoir travaillé quelquefois pour la reine Marie-Antoinette.

Quant au xixe siècle, il est marqué au début par une sorte de période d'hésitation. On remarque un double courant : d'une part celui de la reliure ancienne genre Louis XVI, qui s'achemine chaque jour davantage vers la ruine, de l'autre, le nouveau style, avec ses reliures d'un corps d'ouvrage médiocre, en maroquin rouge ou vert, parfois aussi en veau fauve, et la nouvelle série de fers, des encadrements de plats faits d'une grecque, et des dos avec des cernes, des masques et des lyres.

En 1810, un nom : celui de Courteval, l'inventeur de la gaufrure et du papier granit. Puis celui des deux Bozérian, qui sont restés célèbres.

Nous pouvons citer également les noms de Simier et de Purgold, qui imitèrent les Bozérian. Leur dorure laissait à désirer, mais le corps d'ouvrage était bien fait. D'ailleurs, à mesure que l'on approche de la Restauration, on remarque qu'à cette époque le principal caractère de la reliure est la solidité.

Mais durant toute cette période, c'est l'école de l'imitation qui fait loi et qui occupe toute la faveur. On pointille comme Le Gascon. On compartimente comme Du Seuil. On double comme Pasdeloup. Avec Thouvenin qui succède à Bozérian, nous nous trouvons certainement en présence d'un maître. Mais Thouvenin, comme ses prédécesseurs, compose des reliures à compartiments. On y relève l'influence de Grolier, tandis que ses rinceaux à feuillage font songer naturellement à Clovis Eve. Quant aux reliures dites *à la Cathédrale* et dont Thouvenin est l'inventeur, elles sont obtenues presque toujours au moyen de plaques à froid et de fers poussés à la main. L'inspiration ne lui est pas personnelle.

La Restauration ne manque pas, d'ailleurs, de relieurs notables en dehors de Thouvenin, à savoir : Lefebvre, Larrivière, Bibolet, Vogel, Ledoux, Ginain, Duplanil, Meslant, Ducastin. Mais, comme l'a écrit M. Eugène Rodrigues, « ce ne fut alors qu'une épidémie de pastiche chronique, agrémentée d'exhumations triomphantes et d'adaptations héroïques ».

Et cependant, en l'année 1864, il y avait eu aux Champs-Élysées, une exposition nationale, où Gruel avait exposé toute une série d'ouvrages exécutés d'après les compositions de Rossigneux, et qui ouvrait à l'art de la Bibliophilie des destinées nouvelles.

Rossigneux avait posé en maître, dès cette exposition, tous les principes d'où la reliure moderne devait sortir : appropriation de la reliure au texte de l'ouvrage, création originale d'un style décoratif, dont les éléments, pour être plus ou moins inspirés de la Renaissance italienne ou allemande, n'en sont pas moins quelque chose de tout à fait nouveau, de tout à fait original ; emploi de la mosaïque, ou pour mieux dire, retour à la mosaïque du temps de Henri II et de François Iᵉʳ, appropriation à la reliure de l'ivoire, du bois sculpté, de l'émail, de la joaillerie. C'était là le germe d'où les chefs-d'œuvre de la reliure moderne devaient s'émanciper.

Une pareille conception de la reliure nécessitait en même temps des artistes spéciaux pour l'exécuter. Et à cette époque, il faut nettement le reconnaître, la maison Gruel était la seule qui fût capable d'exécuter des travaux d'une perfection si haute. Elle confia la dorure de ces reliures au célèbre Jean-Marius Michel, qui poussa jusqu'au miracle la légèreté de la main, la grâce infinie du travail.

En même temps qu'à Rossigneux, c'est à Amand qu'il faut faire remonter le point de départ de la reliure moderne, nous voulons dire de la reliure expressive, et pour ainsi parler, synthétique.

Amand n'a pas la perfection du corps d'ouvrage, c'est entendu. Il n'a même pas la qualité technique du bon doreur. Mais il est doué d'un sens tout à fait imprévu, tout à fait intéressant, de l'ornement et de la décoration. Il a trouvé dans l'art de la reliure des formes, des combinaisons, des couleurs, des inventions techniques qui lui appartiennent en propre et qui brisent définitivement avec les servitudes du passé.

A côté de ces deux artistes nous devons mentionner Trautz-Bauzonnet. Trautz est un merveilleux relieur. Ses plaquettes, surtout, sont uniques comme corps d'ouvrage. Puis, autour de Trautz, tout un groupe de relieurs doués de capacités à peu près pareilles, mais que le hasard de la fortune n'a pas également favorisés : Capé, Masson-Debonnel, Hardy, Bran dit Brany, Chambolle-Duru, Lortic, et Thibaron.

Il nous faut faire enfin une place à part à Marius Michel, Cuzin, Mercier, Kiéfer, et Meunier.

Le premier, fils de Jean Michel, dont nous parlions plus haut, a été l'élève de Rossigneux, mais un élève très inventif et très doué, qui a modernisé les formes qu'on lui a enseignées, bien que sa conception graphique découle du même principe. Il y a déployé un art tout à fait remarquable, beaucoup d'adresse et de haut goût.

Quant à Cuzin, il a été un relieur fort adroit, qui a eu surtout pour doreurs de merveilleux ouvriers tels que le père Maillard, auquel on doit les plus belles reliures qui aient été exécutées dans cette maison. Le point de départ de la décoration, chez Cuzin, vient des boiseries de salon, des plafonds de style Louis XV, parmi lesquels il a trouvé des décors d'un charmant effet.

Mercier et Kiéfer sont également d'excellents artisans, qui ont su déployer dans leur métier toutes les ressources, toutes les ingéniosités, tous les raffinements de l'art le plus délicat.

Quant à Meunier, son trait marquant, sa faculté maîtresse, c'est l'imagination. Ce qui distingue avant tout ses ouvrages, c'est la fantaisie, la recherche, la variété, l'abondance. N'étant lié par aucune formule, il se sent libre de chercher parmi une variété indéfinie de symboles l'expression de sa pensée. Et c'est lui qui doit être regardé comme le véritable créateur de la reliure emblématique ou synthétique. Pour traduire ses idées, il a eu recours à la fleur. Personne n'en a mieux connu que lui les ressources décoratives. Voyez plutôt l'admirable usage qu'il a su tirer de ses colorations, de ses violets si chauds, ou de ses pourpres, pour traduire les douleurs morales d'un Baudelaire, ou les rêves maladifs d'un Edgard Poë.

Avec de pareils maîtres, le nouveau siècle paraît s'ouvrir sur une période vraiment glorieuse, une véritable renaissance de l'art de la reliure. Ils ont ouvert la voie d'autant plus grandement sur l'avenir, que la fécondité de leur formule paraît vraiment inépuisable.

Il nous resterait, à présent, quelques mots à dire sur la reliure commerciale, où l'artisan, opérant sur de grandes quantités d'un même volume a besoin de produire vite et bon marché. La reliure commerciale comporte l'emploi pour l'ornementation du dos et des plats, soit d'impressions monochromes ou polychromes, soit de dorures appliquées à chaud, à l'aide de plaques dites *fers spéciaux*.

« Les machines employées le plus couramment pour la reliure commerciale, écrit M. Lucien Layus, sont les suivantes : presses hydrauliques à laminoirs destinés à remplacer le battage au marteau, machines à plier, peu employées en France en raison de l'habitude qu'ont les éditeurs d'imposer leurs volumes in-18 au lieu d'in-16; machines à coudre les cahiers au fil métallique et au fil de lin; machines à encoller les dos, à les arrondir, et à endosser ; machines à rogner, dites massicots ; machines à coller automatiquement les cartons sur la toile, encore peu employées en France; balanciers-presses servant à imprimer à froid ou en dorure, par estampage, les couvertures de volumes, à l'aide de plaques gravées dites fers spéciaux ; enfin, quelques machines destinées à des emplois secondaires, machines à épousseter l'or ou le cuivre ayant servi à la dorure, cisailles circulaires pour couper les cartons, machines à dorer sur tranches, à parer les peaux, à arrondir les coins, etc... La France produit dans des conditions de prix et de qualité sensiblement identiques à celles des pays voisins. La reliure commerciale et le cartonnage ont pris pendant ces dernières années une grande extension; à certains genres de reliure et de cartonnage se substitue depuis peu de temps la reliure simple en pleine peau, très séduisante et d'un prix de revient peu élevé. »

LA LIBRAIRIE

VANT l'invention de l'imprimerie, écrit M. Lucien Layus, le commerce des manuscrits est exercé par les libraires et les stationnaires. Le libraire vend ou loue les manuscrits existants lui appartenant ou déposés chez lui par leurs propriétaires. Le stationnaire a plus spécialement pour fonction de faire lui-même, ou de faire exécuter par ses clercs ou copistes, sous sa responsabilité, soit des copies de manuscrits anciens, soit des exemplaires d'œuvres nouvelles. »

Ces deux emplois sont souvent confondus et réunis sur une même tête, mais la profession de stationnaire correspond plus particulièrement à celle de l'éditeur actuel. L'Université, soucieuse de conserver la pureté de textes destinés à ses maîtres et à ses écoliers, exerce un contrôle sévère sur les libraires et les stationnaires. Ceux-ci sont, non seulement les auxiliaires de l'Université, mais de véritables fonctionnaires dont les droits et les obligations sont réglés avec le plus grand soin. L'exercice de la profession de libraire ou de stationnaire constitue un monopole dont jouissent quelques privilégiés. Le candidat doit, avant sa nomination, subir une enquête sur sa moralité et sa capacité, fournir caution, prêter serment et être agréé par l'Université. Les titulaires peuvent se faire assister par des clercs jurés, soumis, eux aussi, à une enquête et à la prestation du serment.

L'Université, non seulement surveille la qualité des copies

des manuscrits, mais elle règle les conditions de leur circulation, fixe la taxe de vente ou de location, établit le chiffre de la commission du libraire ou du stationnaire, et impose à ces derniers l'obligation de mentionner sur le livre le prix de vente et le nom du vendeur, et de ne l'acheter pour son compte qu'après l'avoir affiché pendant un délai déterminé. De plus, la vente du parchemin n'a lieu qu'à certaines époques de l'année et dans certains lieux déterminés, afin que l'emploi puisse en être contrôlé facilement.

Par contre, l'Université couvre de sa sollicitude les libraires et les stationnaires, et obtient pour eux les mêmes privilèges que pour ses maîtres et ses écoliers : l'exemption des impôts, la dispense du guet et de la garde des portes, et enfin le droit de faire porter leurs procès, tant comme demandeurs que comme défendeurs, devant une juridiction qui est d'abord celle des conservateurs des privilèges ; puis, plus tard, celle du prévôt de Paris.

Lorsque, vers la fin du XVe siècle, l'on eut imaginé les caractères mobiles qui, par la rapidité avec laquelle ils multiplient et répandent les productions des auteurs, conserveront jusqu'à la fin des siècles les pensées des hommes et leurs découvertes, les clercs libraires ne s'amusèrent plus, bien entendu, à transcrire les manuscrits. Les uns s'occupèrent à perfectionner cette découverte, d'autres à se procurer des manuscrits ou des livres déjà imprimés avec des planches en bois, ou avec des caractères mobiles aussi en bois, d'autres enfin à trouver les moyens d'empêcher que le temps ne détruisît ces nouvelles productions. Ces différentes occupations formèrent les fondeurs, les imprimeurs, les libraires et les relieurs.

Les livres commençant à se multiplier, et tous les libraires n'ayant pas la même capacité ni la même fortune, les plus savants travaillèrent sur les auteurs anciens qu'ils commentèrent, composèrent des ouvrages qu'ils imprimèrent et vendirent au public. Tels furent les Etienne, les Morel, les Corrozet et autres. Mais la fortune ne les favorisa pas autant que ceux qui, n'étant point auteurs, purent donner tous leurs soins à se faire des correspondances dans les différents pays, pour pouvoir écouler, soit en argent, soit en échange, les éditions des ouvrages qu'ils avaient entrepris. Cette industrie de commerce leur donna les moyens d'entreprendre des ouvrages plus considérables ; et comme il y avait peu de livres, qu'on les imprimait en petit nombre et que l'on ne craignait pas les contrefaçons, les risques étaient beaucoup moins considérables qu'ils ne le devinrent par la suite.

Le pouvoir royal, lui, ne tarda pas à s'immiscer dans la réglementation de la librairie. Et depuis le commencement du XVIe siècle les libraires et imprimeurs furent dans l'obligation de demander des permissions d'imprimer.

Le roi, le parlement et le prévôt de Paris les accordaient indifféremment, suivant qu'on s'adressait à l'un ou à l'autre pour les avoir. On ne vit point de permission accordée par les rois avant celles de Louis XII, de 1507, ni aucune obtenue du parlement avant 1508. Il y en a quelques-unes du prévôt de Paris depuis 1517.

On avait la liberté de prendre ou de ne pas prendre de permissions. Ce ne fut d'abord que pour éviter la jalousie, si ordinaire parmi les personnes de même profession, et qui excitait quelques imprimeurs à contrefaire les ouvrages de leurs confrères aussitôt qu'ils paraissaient, qu'on eut recours à l'autorité du roi ou du magistrat qui le représente, pour arrêter cet abus.

Ferdinand Brunetière a fort bien indiqué ce point de vue. « Il est bon de noter, écrit-il, que le privilège, à ses débuts, était si loin d'être ce que l'on a coutume encore aujourd'hui d'entendre sous ce mot, un instrument de règne, une mainmise du pouvoir sur les droits de la pensée, qu'il est antérieur, au contraire, de plusieurs années, à l'institution régulière de la censure. Lorsque la Convention mit fin, en 1793, au régime du privilège, elle affecta de croire, ou peut-être après tout, crut-elle, que le privilège en librairie, comme le privilège de monter dans les carrosses du roi, n'était et ne pouvait être qu'une dérogation arbitraire, inique et haïssable, au droit commun de tous les citoyens français. Il est pourtant bien évident que garantir aux auteurs, contre la piraterie des contrefacteurs, l'exercice de leur droit de propriété sur leur livre, c'est garantir à l'inventeur le droit de jouir de son invention, ce qui est si peu sortir du droit commun, que c'est justement y entrer. L'essentiel, en effet, pour ne pas dire le tout du privilège, à l'origine, était la clause finale qui frappait d'une amende, selon les cas, plus ou moins considérable, le contrefacteur de livres... On ne tarda pas ensuite à s'aviser que, puisque les auteurs et les libraires avaient besoin, vu la nature spéciale de leur propriété, que l'Etat les protégeât par un acte d'une nature spéciale, on pouvait, sans doute, leur imposer des conditions, et ne leur accorder ce privilège qui leur devenait indispensable, que sous certaines obligations qu'il restait à déterminer. Il est permis de comparer la nature de quelques-unes de ces obligations — comme d'imprimer sur du beau papier, en beaux caractères, avec de belles marges, sous la surveillance de correcteurs congrus en la langue latine — à ces conditions que plus tard les règlements de Colbert imposèrent à l'industrie française en général, et plus particulièrement à l'industrie de luxe. »

Mais l'importance vraiment politique du privilège ne date que des grandes controverses religieuses. Dès qu'on vit se répandre en France les livres de Luther et de Calvin, on songea à en arrêter le mouvement. Les premières tentatives n'ayant pas réussi, Charles IX donna enfin l'ordonnance du 10 septembre 1563, qui défend, sous peine de confiscation de corps et de biens, à toutes personnes, de faire imprimer aucun livre, lettre, harangue, etc... sans permission scellée de la Chancellerie et à tous libraires d'en imprimer sans pareille permission sous peine de la vie.

Cette injonction de prendre les Privilèges du grand sceau pour l'impression des livres, a eu besoin néanmoins que les rois successeurs de Charles IX l'aient souvent ordonnée de nouveau, par quantité d'édits, de déclarations et d'arrêts du Conseil. L'édit du 21 août 1686 et les arrêts du 2 octobre 1701 et du 13 août 1703 contiennent les règlements qui ont été observés en France dans la librairie sur le fait des privilèges.

Par l'article 66 de cet édit, il est défendu aux libraires d'imprimer ou de faire imprimer aucun livre sans lettres patentes du grand sceau, ou de les imprimer autre part qu'au lieu de leur résidence.

L'article 4 ordonne que les Privilèges ou extraits de Privilèges soient insérés à la fin ou au commencement des livres ; mais l'arrêt de 1701 ordonne qu'ils y seront imprimés tout au long et non par extrait : ce qui est confirmé par l'article CIII d'un règlement de 1703.

L'article 2 de ce règlement de 1703 veut parallèlement que les lettres patentes desdits privilèges et même leur cession soient enregistrées fidèlement et tout au long dans les registres de la communauté des libraires et imprimeurs, dans les trois mois du jour de l'obtention desdites lettres et dans pareil terme de la date de leur cession.

L'article 65 du même édit de 1686 défend à tous libraires et imprimeurs de contrefaire, vendre ni débiter les livres pour lesquels il aura été accordé des Privilèges ou continuation de Privilèges.

Enfin, l'article 68 explique les différents ouvrages d'imprimerie pour lesquels il n'est pas nécessaire, mais défendu d'obtenir des Privilèges, comme sont les factums, mémoires, requêtes, placets, billets, pardons, indulgences, monitoires, à la réserve néanmoins, des pardons et indulgences propres à chaque diocèse, qui peuvent être imprimés sur les Privilèges spéciaux qu'en auront obtenus les évêques.

Le règlement pour la librairie, arrêté au Conseil d'Etat du roi le 28 février 1723, a non seulement réuni dans le xv\ titre qui traite des Privilèges et de leurs continuations, tout ce que les anciens règlements donnés sur cette matière avaient de plus important, mais il y a encore ajouté quelques articles qui semblent avoir mis la dernière main à la police de la librairie sous l'ancien régime.

Les pénalités édictées contre les libraires coupables d'avoir publié des ouvrages prohibés ou d'en avoir introduit en France, étaient extrêmement sévères. Ces pénalités comportaient la roue, le gibet et le feu. Elles pouvaient même aller jusqu'à la peine de mort. « Cette rigoureuse pénalité, écrit M. Jules Andrieu, dans son ouvrage sur la *Censure des livres en France, sous l'ancien régime*, fut plusieurs fois appliquée. » Je n'ai pas à dresser ici un martyrologe biographique : qu'il me suffise de citer le malheureux Martin l'Hommet qui, en 1560 (arrêt du 13 juillet) fut pendu à Paris pour avoir imprimé et mis en vente un pamphlet contre les Guises : *Epistre envoiée au Tigre de la France*.

Richelieu, si faible pour les œuvres dramatiques, se montra terrible pour les livres. En 1626, la peine de mort fut à nouveau édictée à son instigation, contre les auteurs et distributeurs d'écrits contraires à la religion ou à l'autorité royale. C'était une addition au règlement de 1618, et que devait reprendre et minutieusement codifier Louis XIV en 1686 et 1688; c'était en somme un régime arbitraire, qui resta malgré tout impuissant et inefficace.

L'arrêt du Conseil du 6 décembre 1700 réglementa à outrance contre ce qu'il qualifiait de *mauvais livres*, désignation assez élastique pour légitimer tous les abus. On voulait surtout empêcher l'introduction en France des innombrables impressions étrangères qui affluaient sans cesse, en dépit de toutes les mesures répressives. Il fut heureux pour l'industrie nationale qu'un esprit plus libéral arrivât enfin au pouvoir.

L'ordonnance de 1723, due au chancelier d'Aguesseau, resta en vigueur jusqu'en 1789, mais non sans avoir été bien des fois modifiée, notamment en 1757, et par une foule d'arrêts du Conseil dont les plus importants sont ceux de 1777.

Le nombre des libraires devint peu à peu illimité, mais leur admission restait soumise à diverses conditions de religion, de mœurs, et de savoir. En dernier lieu, les privilèges étaient fixés à mille livres et le brevet d'imprimeur à quinze cents.

Ces dispositions furent abrogées par l'Assemblée Nationale, en 1791, qui décréta la libre concurrence.

La quantité des ouvrages affublés de noms de lieux mensongers ou inventés devint prodigieuse. La censure fermait les yeux. Il fallut qu'en 1758, le censeur Tercier laissât passer l'*Esprit* d'Helvétius, pour que cet incident vînt tout compromettre. L'ouvrage souleva un tolle général, et la sévérité, un moment écartée, fut remise à l'ordre du jour.

Dès l'année 1741, les censeurs royaux, alors au nombre de 79, avaient été classés en commissions spéciales. Le vice principal de cette organisation fut le mode de recrutement des titulaires, qui n'offraient ni la surface, ni la moralité, ni la garantie de savoir nécessaires. Crébillon fils fut censeur, l'auteur du

Sopha! On se souvient de son *imprimatur* épique : « J'ai lu, par ordre de Mgr le Chancelier, l'ouvrage intitulé Coran, par le sieur Mahomet, et n'y ai rien trouvé de contraire à la religion et aux bonnes mœurs. »

Vient ensuite la période de la Révolution, où l'Assemblée Constituante, par décret du 17 mars 1791, ordonna la suppression des brevets et des maîtrises : à partir de cette époque la profession d'imprimeur devint libre, et la librairie continua à jouir d'une indépendance à peu près illimitée, le seul acte législatif à signaler étant la loi du 28 germinal an IV obligeant les auteurs d'écrits périodiques à les signer, et rendant les imprimeurs responsables de ceux qui ne portent pas de signatures.

Nous relevons ensuite dans le *Traité de la Presse*, de Gustave Le Poittevin, les règlements suivants : décret du 5 février 1810. Le nombre des imprimeurs est de nouveau fixé pour chaque département : à Paris, il était de 60 et fut porté ensuite à 80. Tous les imprimeurs et libraires étaient brevetés et assermentés. Le ministre, le directeur général et le préfet avaient le droit de faire surseoir à l'impression de tout ouvrage. En ce cas, le directeur général envoyait cet ouvrage à l'un des censeurs, nommés par l'empereur; puis, sur son rapport, il indiquait à l'auteur les changements ou suppressions jugés convenables, et sur son refus de les faire, défense lui était faite de vendre l'ouvrage, les formes étaient rompues et les feuilles ou exemplaires déjà imprimés étaient saisis.

Les brevets de libraires étaient délivrés par le directeur général de l'imprimerie et de la librairie et enregistrés au tribunal civil du lieu de la résidence de l'impétrant. C'est aussi devant ce tribunal qu'ils prêtaient serment de ne vendre, débiter et distribuer aucun ouvrage contraire aux devoirs envers le souverain et à l'intérêt de l'État.

Du 21 octobre 1814 au 10 septembre 1870. La loi du 21 octobre 1814 reproduit à peu près les dispositions du décret du 5 février 1810 sur le brevet et le serment. Toutefois, le brevet pouvait être retiré à tout imprimeur ou libraire qui était convaincu par un jugement de contravention aux lois et règlements.

Toute imprimerie clandestine, c'est-à-dire non déclarée à la direction générale de l'imprimerie et dont le gérant n'était pas breveté, devait être détruite, et le possesseur ou propriétaire était puni d'une amende de 10.000 francs et d'un emprisonnement de six mois.

Tout libraire, convaincu d'avoir mis en vente un ouvrage sans nom d'imprimeur, était condamné à une amende de 2.000 francs qui était réduite de moitié s'il faisait connaître l'imprimeur — cette loi contenait en outre une série d'articles qui maintenaient, sauf quelques modifications de détail, les dispositions du décret de 1810 sur la censure, mais seulement pour les ouvrages n'ayant pas plus de 20 feuilles d'impression — toutefois, une ordonnance des 20-22 juillet 1815 décida que le directeur général de la librairie et les préfets n'useraient pas de la faculté qui leur était ainsi accordée de faire surseoir à l'impression et de soumettre les livres à l'examen préalable des censeurs.

Cette législation est restée en vigueur jusqu'en 1870 : durant cette longue période, nous ne trouvons que trois textes nouveaux : une ordonnance du 8 octobre 1817 exigeant le brevet et le serment de tout imprimeur lithographe ; l'article 7 de la loi du 27 juillet 1849 relatif au dépôt de tout écrit ayant moins de 10 feuillets d'impression au parquet du procureur de la République, enfin un décret du 22 mars 1852 relatif aux fabricants de presses et de matériel d'imprimerie.

Décret du 10 septembre 1870. Un décret du gouvernement

de la Défense nationale du 10 septembre 1870 abrogea toute cette législation, en déclarant : « Les professions d'imprimeur et de libraire sont libres » (art. 1er). Toutefois l'article 2 ajoutait : « Toute personne qui voudra exercer l'une ou l'autre de ces professions sera tenue à une simple déclaration faite au ministère de l'Intérieur. »

Législation actuelle. L'imprimerie et la librairie sont actuellement régies par la loi du 29 juillet 1881 qui a abrogé toute la législation antérieure, y compris le décret du 10 septembre 1870.

Toutefois la loi de 1881 a laissé encore en vigueur : 1° le décret du 7 germinal an XIII, qui défend l'impression des livres d'église, des heures et des prières, sans une permission de l'évêque du diocèse ; 2° le décret du 20 février 1809, qui défend d'imprimer des manuscrits des bibliothèques nationales, sans l'autorisation du gouvernement. Ces décrets étaient en effet compris, dans l'article 2 du projet, parmi les textes exceptés de l'abrogation générale.

N'omettons pas de mentionner que, le 5 mai 1847, s'était fondé le *Cercle de la Librairie*, association groupant des membres appartenant à toutes les professions qui concourent à la fabrication du Livre, et les industries qui s'y rattachent, tandis qu'en l'année 1892 se constituait le Syndicat des Éditeurs, fondation complétée la même année par la création de la Chambre Syndicale des Libraires de France, subdivisée elle-même en chambres syndicales régionales.

« L'histoire du livre depuis ses origines, écrit M. Lucien Layus, est intimement liée à celle de l'imprimerie. Depuis le remplacement de la xylographie par les caractères mobiles en métal jusqu'au xviie siècle, l'évolution du livre s'opère lentement et progressivement. Au xviiie siècle, l'aspect du livre recouvre son ancienne splendeur par l'emploi de caractères plus perfectionnés, par la recherche de la qualité du papier, par le soin extrême apporté à la forme et à l'ornementation. Une pléiade d'artistes et de graveurs de valeur s'adonne à l'illustration du livre et crée, sous l'inspiration de cette brillante génération d'éditeurs, qui s'étend jusqu'à Pierre Didot l'aîné, ce remarquable monument d'un art délicat et charmant qu'est le livre français au XVIIIᵉ siècle.

« Aux débuts du XIXᵉ siècle, le livre continue à être composé avec soin au point de vue typographique, mais le sentiment artistique s'atténue ; l'esprit public n'est pas aux choses de l'art, et le livre est plus recherché pour son fonds que pour sa forme. La production de cette époque se limite à la publication des ouvrages scientifiques, et à la réimpression à bon marché des grands auteurs français sur stéréotypes.

« La Restauration voit naître de grandes collections d'œuvres complètes de Voltaire, de Jean-Jacques Rousseau, de Diderot, de Buffon, des traductions des œuvres complètes de Byron et de Walter Scott et des classiques grecs et latins.

« A l'avènement de la monarchie de Juillet, la librairie traverse une crise terrible : le gouvernement est obligé d'intervenir, et un prêt de 10 millions, fait par l'État aux éditeurs sur nantissement des livres, permet seul d'éviter des cataclysmes irréparables. Mais peu à peu, grâce à cette intervention, la confiance revient, et à ce moment s'ouvre l'ère brillante des œuvres d'imagination, romans et poésies. A cette époque, le roman est publié en format in-8° ; chaque volume est imprimé avec de grandes marges et composé avec un caractère assez fort ; l'ouvrage comprend souvent plusieurs volumes, tel le *Monte-Cristo* de Dumas, dont la première édition est en vingt volumes à 4 fr. 5o. Beaucoup de volumes sont cotés 7 fr. 5o et 10 francs. Tous ces volumes sont surtout publiés en vue de la clientèle des cabinets de lecture. Dans ces conditions le public achète peu en raison du prix élevé, et se contente de louer l'ouvrage dans les cabinets de lecture. La clientèle se trouve ainsi limitée, et les ouvrages se tirent à un nombre restreint. En 1838, une révolution s'opère par le lancement du format Charpentier, in-18, à 3 fr. 5o le volume, qui met le roman à la portée de tous.

« Peu à peu, l'engouement romantique se calme, et le goût se porte sur les belles publications illustrées. C'est l'époque des belles éditions de Curmer. L'art de la gravure sur bois a fait de rapides progrès, et vient partager avec la gravure sur acier les faveurs du public. Puis successivement, jusqu'à la fin du Second Empire, paraissent les recueils de jurisprudence, les grands ouvrages d'histoire naturelle, le dictionnaire de la conversation, les encyclopédies.

« Sous la troisième République de grands progrès s'accomplissent dans l'édition des livres. La substitution, dans l'illustration, des procédés photo-zincographiques à la taille-douce et à la gravure sur bois, permet d'augmenter l'illustration des livres sans créer de trop lourdes charges; tels ouvrages qui eussent été, il y a trente ans, ornés de dix ou quinze planches hors texte, sont maintenant illustrés de cinquante vignettes hors texte ou dans le texte, moyennant une dépense matérielle sensiblement égale. Par suite, l'illustration a pris, ces dernières années, une grande extension.

« Les éditions de luxe paraissent arrivées à leur apogée, tant par le choix du papier que par le soin de la composition, la perfection des tirages et la richesse de l'ornementation.

« La librairie médicale et la librairie scientifique ont fait des progrès considérables : de grandes publications ont été entreprises dans des conditions qui font le plus grand honneur à leurs éditeurs.

« La librairie classique a subi une transformation complète, notamment en ce qui concerne l'enseignement primaire. Les méthodes nouvelles ont dépouillé la sécheresse et l'aridité d'antan; le maître doit aujourd'hui chercher à se mettre entièrement à la portée de l'enfant, à frapper son imagination, à l'intéresser pour développer sa curiosité et l'inciter au travail. L'éditeur classique a apporté sa pierre à l'édifice de ces méthodes nouvelles en facilitant à l'enfant la compréhension du texte par des dispositions typographiques ingénieuses et par des illustrations descriptives.

« Si nous examinons dans quelles conditions économiques se meut la fabrication du livre, nous sommes amenés à considérer l'influence exercée par les fluctuations du papier. Les papiers de chiffon ont été remplacés par des papiers de pâte de bois; le prix du papier a, pour cette raison, sensiblement baissé. Les papiers d'alfa sont d'un prix très abordable : les papiers couchés sont employés pour le tirage des vignettes. Quoi qu'il en soit, le prix du papier paraît arrivé à son minimum. La suppression de l'impôt sur le papier est venue encore dégrever les frais de fabrication. Si nous examinons la question de l'impression, nous constatons que les tarifs des imprimeurs sont plus bas qu'il y a quelques années. Il semblerait donc que la situation de l'éditeur se soit améliorée : il n'en est rien. En effet la nécessité de lutter contre les publications périodiques, de se défendre contre la concurrence, de chercher à conserver la clientèle, a amené l'éditeur à baisser les prix de vente des ouvrages, et le public a été seul à profiter des améliorations. Tels ouvrages illustrés publiés il y a trente ans à cinquante francs, devraient être publiés aujourd'hui à dix francs pour avoir quelques chances de succès. Les romans ont vu surgir des collections à trois francs, deux francs, un franc, quatre-vingt-quinze centimes, et même récemment, quarante-cinq centimes.

« En dehors de Paris, les principaux centres de production sont : Tours, Lille, Nancy, Lyon, Limoges, Bordeaux, Rouen et Avignon. Par rapport aux autres pays, la France tient le second rang pour la production. »

HISTOIRE DU JOURNAL

C'EST avec raison que, dans son excellente *Histoire du Journalisme*, M. Dubief remarque que si la presse date à peine de trois siècles, il y eut, du moins, des journalistes avant le journalisme. Et, à l'appui de cette assertion, il cite les *Philippiques* de Démosthène, dont le célèbre orateur fit transcrire et répandre des copies dans toute la Grèce. A Rome, ajoute-t-il, il existait de véritables journaux, les *Acta diurna*, petites affiches sur parchemin que l'on collait dans les carrefours, sous les portiques, ou qu'on donnait en lecture chez les barbiers. Plus tard, on vit se produire des *Acta publica* qui donnaient le procès-verbal des assemblées du Sénat et du Peuple, et qui peu à peu devinrent quotidiens. « On y relatait, écrit M. Leclerc, les prodiges, les nominations des magistrats, les édits, les spectacles, les succès ou la chute des acteurs, etc...

« Journalisme, encore, ces sortes de rapsodies du moyen âge, qui portaient le titre de Bible : la *Bible Guyot*, la *Bible Hugues de Brégi*, et journalisme, toujours, le fameux roman du *Renard*, ou le roman de *la Rose*. « N'était-ce pas là, dit M. Dubief, un moyen d'agir vite et fort sur les masses? Et que furent, dans un genre plus sévère, nos vieilles chroniques et nos vieux chroniqueurs? Qu'est-ce que les *Commentaires* de Montluc et les *Histoires* de d'Aubigné? Et le cardinal de Retz, et Mme de Lafayette, et Gourville, et Bussi, et tant d'autres? Quels tempéraments de journalistes que Rabelais, la Boëtie, Erasme! Et la Ménippée, qu'est-ce donc sinon une série de discours et d'articles? »

Rien n'est plus vrai; mais à quelle date parut le premier journal? L'Allemagne, l'Angleterre, la Hollande, Venise, se disputent l'honneur d'en avoir été les initiatrices. Et M. Eugène Hatin, qui a étudié ce problème, l'a démêlé avec beaucoup de sagacité.

Il a montré qu'avant le journalisme imprimé, il y eut long-temps en Europe, une sorte de journalisme clandestin, qu'on se passait sous le manteau, en un mot un journalisme manuscrit. Le spécimen le plus ancien du genre serait les *Notizie scritte* que la République de Venise adressait à ses ambassadeurs pour les tenir au courant de la situation européenne. Il existait, paraît-il, une association analogue en Allemagne; et l'on voit encore aujourd'hui, à Leipzig, un très ancien exemplaire de ces nouvelles, portant la date de 1494.

Le succès de ces notes manuscrites fut très vif jusqu'au début du XVIIe siècle. « Beaucoup de grands seigneurs, nous apprend M. Dubief, entretenaient à leurs frais un nouvelliste. Il existait même des bureaux où, moyennant quelques deniers, Monseigneur Public était admis à son tour à entendre ces coureurs de rues et de ruelles quand ils venaient faire leur rapport. Ce journalisme clandestin continua de vivre même quand le journalisme imprimé eut été inventé. »

Comment passa-t-on de ces journaux manuscrits aux journaux imprimés? S'il faut en croire le même auteur, il y eut trois genres de transition. D'abord l'Almanach, sorte de journal annuel : puis des recueils historiques rédigés jour par jour; tel fut le *Mercure françois*, publié à partir de 1611, auquel Riche-lieu et Louis XIII communiquèrent des documents et qui se continua jusqu'en 1638; enfin des papiers-nouvelles, ce qui se fait encore aujourd'hui sous forme de récits, de chansons, de complaintes. Parfois même la gravure s'en mêla. Ce qui manque, en somme, à ces papiers-nouvelles pour en faire un journal, c'est une appellation commune et une filiation.

On est à peu près d'accord pour établir que la première réalisation d'un journal a été innovée à Anvers, dans le courant de l'année 1605, tandis que dix ans plus tard, un libraire de Francfort nommé Egenolph Emmel lançait une idée similaire. Le succès dut être considérable, car nous voyons aussitôt les premières gazettes de Hollande apparaître à Amsterdam, Leyde, et La Haye, tandis qu'en l'année 1662 paraissaient en Angleterre les *Weekley News*, et en France, en 1631, la célèbre Gazette de Théophraste Renaudot. Ce n'est qu'aux approches du XVIIIe siècle, en l'année 1701, que la Russie vit naître son premier journal.

Ainsi donc, ce fut le 30 mai 1631 que parut en France le premier numéro de la Gazette de Renaudot. Louis XIII, à la date du 14 octobre 1612, avait accordé par brevet à Renaudot le privilège exclusif d'ouvrir un *Bureau d'adresses*, sorte d'agence de publicité et de placement. Cette fondation fut consacrée définitivement par l'octroi des lettres de confirmation du roi, le 13 février 1630. Renaudot devait faire renouveler son privilège tous les six ans.

La Gazette parut d'abord dans un format de 21 cm. 1/2 sur 15. Les premiers numéros sont de quatre pages. La seconde année ils furent portés jusqu'à douze.

Des concurrences naquirent sous la Fronde : *Courrier du Temps*, *Courrier burlesque*, et *la Muse historique*, ou gazette en vers burlesques de Loret. « Mais, comme le fait remarquer M. Dubief, la Muse de Loret n'ayant pas de débit commercial, Renaudot sortit de la Fronde comme il y était entré : avec l'intégrité de son monopole. La gazette demeura, dans tout le XVIIIe siècle, la propriété de la famille, et fut l'organe officieux du gouvernement. Le 1ᵉʳ janvier 1762, elle en devint l'organe officiel. En 1787, le privilège en fut donné à bail au libraire Panckoucke. »

Le privilège de traiter les questions scientifiques, littéraires et artistiques est concédé au *Journal des Savants*, fondé le 5 janvier 1665 par Denis de Sallo. Ce journal parut d'abord en une feuille et demie in-4°. Il ne dura pas trois mois, tué par l'excessive sincérité de son concessionnaire, qui osait dire la vérité à ses amis eux-mêmes. Repris par l'abbé Gallois le 11 janvier 1666, sur l'ordre de Colbert, il reparut illustré de gravures et de planches tirées à part. Puis, après plusieurs changements de propriétaire, nous le voyons passer en 1701, dans les attributions du chancelier de France; interrompu en 1793 il ressuscite vers la fin du siècle; puis nous le retrouvons, en 1816, placé de nouveau sous la direction du garde des sceaux. Sous la troisième République, enfin, il a été publié par le ministère de l'Instruction publique.

Citons encore *le Journal de Paris*, premier quotidien français, fondé par le poète François Colletet, et qui parut en juin 1676; puis les premiers journaux commerciaux, *le Journal ecclésiastique*, en 1680; *le Journal chrétien* en 1685. Mais la difficulté d'obtenir un privilège et la lutte que les feuilles nouvelles ont à soutenir pour se défendre est si vive, que le développement de la presse en est comme paralysé. « La preuve, écrit M. Lucien Layus, c'est que de 1631 à 1789, il n'a pas été créé en France plus de 300 à 400 journaux. »

Notons qu'aux approches de la Révolution, la presse se fait comme l'asile du principe de la souveraineté populaire. Tout ce qu'il y a de hardi, de frondeur, d'indépendant dans la littérature et la philosophie, collabore au mouvement qui emporte les esprits. Voltaire, Diderot, d'Alembert, Turgot sèment dans les journaux leur verve, leur satire caustique, leur esprit, leur solide bon sens. Tous ceux qui jouèrent un rôle dans la Révolution, passent par le journalisme : Marat, Robespierre, Mirabeau, Saint-Just et Rivarol.

Puis, la Révolution arrive, et elle supprime les entraves qui arrêtaient l'essor de la presse ; et de 1789 à 1800, le nombre des journaux s'élève à près de 1.400. C'est à Mirabeau que la presse doit sa liberté. Il fonda, comme l'on sait, *le Journal des États généraux*, supprimé, par arrêt du Conseil, dès l'apparition du second numéro. On voit paraître ensuite *le Patriote français*, de Brissot, *le Courrier de Provence*, *la France libre*, *la Gazette universelle*, etc. ; dans le nombre prodigieux de feuilles nouvelles qui paraissent de toute part, il faut mentionner *l'Ami du Peuple*, et le fameux *Père Duchesne*.

Avec le Directoire, la presse connaît de nouveau les difficultés, la censure et les suppressions. Après le Consulat, *le Moniteur* subsiste seul, ou à peu près. Les frères Bertin ont acheté *le Journal des Débats*, en 1799 ; ils y ont ajouté un feuilleton, et le format est agrandi. Mais Napoléon confisque en 1811 aux frères Bertin leur propriété, et ils durent attendre la chute de l'Empire pour rentrer dans leurs droits.

Sous Louis XVIII, on voit paraître *le Conservateur* avec Chateaubriand. Il est même assez piquant de rappeler à ce propos que l'auteur du *Génie du christianisme*, qui a été un admirable journaliste, a porté sur la presse un jugement des plus sévères. Sans aller aussi loin que Thiers estimant que « la presse est une mauvaise denrée, et que la meilleure ne vaut pas le diable », ou que Proudhon, écrivant « que le journalisme sera la folie de notre temps », Chateaubriand disait : « Si les journaux m'accusaient d'avoir assassiné mon père, je n'essayerais pas de le nier aujourd'hui, parce que demain ils me démontreraient, de quelque façon, que je me suis défait de ma mère aussi, et sur ma seconde protestation, ils feraient entrevoir, en outre, que j'ai bien un peu guillotiné M. de Malesherbes. » En même temps que *le Conservateur*, on voit paraître *la Minerva* avec Benjamin-Constant, *le Globe* avec Jouffroy, Sainte-Beuve, Ampère. Le rétablissement de la Censure en 1822, sous Charles X, n'empêche pas plusieurs journaux nouveaux de se fonder : *le Figaro, le Siècle, le Semeur*. M. Dubief écrit qu'à ce moment-là la presse parisienne comptait environ 60.000 abonnés, dont 45.000 pour l'opposition.

Avec les ordonnances du ministère Polignac parues le 26 juillet 1830, le journalisme entre dans une de ses plus glorieuses périodes. C'est le moment où Thiers, Mignet, Guizot, Henri Martin, Rémusat, écrivent leurs plus brillants articles. Mais une réforme des plus importantes est introduite à la même époque, dans le régime du journalisme par le directeur du *Siècle*, M. Dutacq, et par celui de *la Presse*, Émile de Girardin. Nous voulons parler de l'abaissement considérable du prix d'abonnement. Si nous examinons, en effet, le prix de vente des journaux, nous constatons que le numéro de la Gazette de Théophraste Renaudot se vendait 1 sou parisis. En 1750 l'abonnement est de 18 livres par an ; en 1762, de 12 livres ; à la fin du XVIIIe siècle, de 18 à 20 francs ; au début du XIXe de 80 francs ; et nous le voyons tomber à 40 francs en 1836. Cette modification ne se fit pas sans émouvoir profondément l'opinion. On sait qu'une polémique de presse en naquit, et que le très distingué et très galant homme qu'était Armand Carrel y trouva la mort, frappé par une balle d'Émile de Girardin. Si le prix du journal était abaissé, le tirage était augmenté, ainsi que le prix des annonces. C'est l'époque où l'on commence à donner des romans-feuilletons signés de noms célèbres. Alexandre Dumas se fait payer sa prose jusqu'à douze sous la ligne. Et le journalisme devient une des industries les plus importantes du monde moderne.

Cette diminution dans le prix du journal se fait sentir encore progressivement pendant le second Empire. De 15 centimes, le numéro tombe bientôt à 10. Puis *le Petit journal* est fondé en 1863, et voit aussitôt de nombreux concurrents s'établir au même prix que lui à 5 centimes. La France en l'année 1866 possède 1.600 journaux, dont 330 politiques. Paris figure à lui seul dans ce nombre pour 700 feuilles, dont 65 politiques. Un décret du gouvernement de la Défense nationale des 5-10 septembre 1870, écrit M. Lucien Layus, abolit le timbre des journaux : un autre décret du 10-12 septembre 1870 rétablit la liberté de la presse sous réserve d'une simple déclaration remplaçant l'autorisation préalable.

La loi du 29 juillet 1881 exige qu'avant la publication de tout journal ou écrit périodique, il soit fait, au parquet du procureur de la République, une déclaration contenant :

1º Le titre du journal et son mode de publication;

2º Le nom et la demeure du gérant;

3º L'indication de l'imprimerie où il doit être imprimé.

La loi exige encore qu'au moment de la publication, deux exemplaires signés du gérant soient déposés, soit au ministère, soit à la préfecture, sous-préfecture ou mairie, selon les localités.

C'est en grande partie aux dispositions bienveillantes de la loi de 1881, que la presse doit d'avoir acquis, sous la troisième République, le développement considérable qu'elle a aujourd'hui. En effet, le nombre des journaux parisiens politiques et divers, passe successivement de 900 en 1880 à 1.600 en 1883 et à 1.800 en 1889, pour rester presque stationnaire depuis cette époque, car le nombre en est de 1.880 en 1898. Si la presse parisienne ne s'est pas sensiblement accrue depuis 1889, il n'en est pas de même de la presse départementale qui passe, de 3.670 journaux en 1889, à 4.370 en 1898; et à 4.762 en 1914.

Les publications qui ont pris le plus d'extension pendant ces dernières années sont celles qui traitent d'agriculture, de beaux-arts, d'économie politique, d'instruction et éducation, de médecine, de modes, de politique, et enfin les journaux illustrés et les recueils littéraires. Par contre, le nombre des journaux d'annonces a sensiblement diminué.

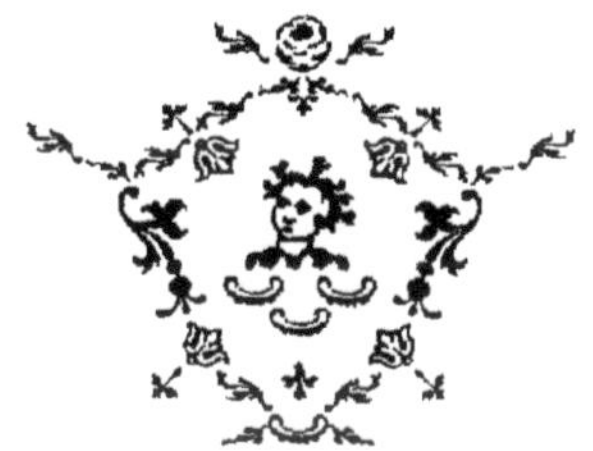

LES BIBLIOTHÈQUES

OUS ne parlerons que pour mémoire des premières bibliothèques publiques dont l'histoire ait gardé le souvenir : celles que fondèrent, par exemple, Pisistrate à Athènes, Ptolémée à Alexandrie, et Eumène à Pergame. Les renseignements que nous possédons, en effet, sur ce sujet, sont assez vagues, de même que nous connaissons mal les vastes collections réunies par les empereurs Auguste, Tibère, Vespasien ou Trajan.

Peut-être sommes-nous mieux informés sur les bibliothèques particulières. Plutarque, par exemple, dans sa vie de Marc-Antoine, nous a laissé des renseignements précis sur la collection célèbre de Lucullus. Cicéron, dans ses lettres à Atticus, nous a longuement parlé de ses livres. Sénèque, de son côté, nous a légué quelques préceptes utiles sur la manière de les acheter, et sur l'emploi de nos lectures. Enfin, les deux Pline ont également traité cette question ; et nous trouvons, chez l'un comme chez l'autre, d'intéressants détails sur les bibliothèques à Rome. Les poètes latins sont également une source d'informations précieuses. On trouverait dans Catulle quelques renseignements bibliophiliques. Il y en a dans Horace. Il y en a chez Martial. Ce dernier nous apprend, entre autres choses, que les boutiques de libraires se trouvaient dans le quartier de l'Argilète, au pied du mont Palatin, et sur les bords du Tibre. « D'un récit de Diogène Laërce, écrit à ce sujet M. Albert Cim, on peut conclure qu'il y avait à Athènes au IVe siècle avant Jésus-Christ, des espèces de cabinets de lecture; et l'on y constate, à peu près vers le même temps, l'existence de boutiques de librairie servant de lieu de rendez-vous et de conversation aux amateurs. Les devantures des librairies étaient, des deux côtés de l'entrée, couvertes d'inscriptions indiquant les ouvrages en vente et les noms de leurs auteurs; les murs intérieurs étaient garnis de rayons disposés en casiers, comme nos magasins de papiers peints. »

Il y avait, paraît-il, au temps de Constantin, vingt-neuf bibliothèques à Rome. C'est M. Giraud qui l'affirme. La Palatine et l'Ulpienne étaient les plus considérables. Une bibliothèque, ajoute-t-il, était regardée dans une maison comme un ornement nécessaire; aussi en trouvait-on jusque chez les gens qui savaient à peine lire; et certaines étaient si considérables que la lecture des titres des livres aurait seule rempli la vie du propriétaire.

Au moyen âge, l'amour des livres se maintint, même au milieu des pires bouleversements politiques. Nous pouvons citer à cet égard, parmi les bibliothèques les plus célèbres, celle de Sidoine Apollinaire, celle du professeur Simagre, celle de l'évêque Rurice et la fameuse collection de livres du préfet Tonance Ferréol, que Sidoine a comparée à la bibliothèque d'Alexandrie. C'est à la même époque que le pape Hilaire établissait à la basilique de Saint-Jean-de-Latran la bibliothèque que Nicolas V fit transférer plus tard au Vatican.

Naturellement, c'est dans les couvents que se réfugie à cette époque toute la culture et tout l'amour des livres. « Une abbaye, écrit Augustin Thierry, n'était pas seulement un lieu de prière et de méditation, c'était encore un asile ouvert contre l'envahissement de la barbarie sous toutes ses formes. Ce refuge des livres et du savoir abritait des ateliers de tout genre. » Il ne faudrait pas croire, cependant, que l'Église envisageât toujours avec indulgence ce goût pour la littérature profane. Sainte-Beuve nous rappelle qu'il est rapporté dans la vie de saint Jérôme que ce saint fut battu de verges par un ange, qui lui reprochait, en le frappant, de lire avec plus d'ardeur Cicéron que l'Évangile.

Toutefois, à partir du IXe siècle, nous allons voir les bibliothèques capitulaires s'ajouter aux bibliothèques des monastères. M. Albert Cim, qui a écrit sur ces matières le plus intéressant volume, nous apprend que « parmi les principales de ces bibliothèques, on citait en France celle (encore existante) de la cathédrale de Chartres, celles des cathédrales de Lyon, de Laon, de Reims, de Cambrai, de Rouen, de Clermont, etc...

« Charlemagne qui ne négligeait rien de ce qui concernait les livres, avait accordé à l'abbé de Saint-Bertin un diplôme l'autorisant à se procurer par la chasse les peaux nécessaires pour relier les volumes de son abbaye. Les soins qu'il prenait de sa propre bibliothèque sont consignés dans une lettre de Leidrard qui nous apprend que cet empereur avait choisi le monastère de l'île Barbe, près de Lyon, pour y placer ses livres. Il avait aussi fondé une bibliothèque au monastère de Saint-Gall.

« Saint Louis s'applique, comme Charlemagne, à fonder des écoles et à accroître le nombre des livres. Il avait même conçu l'idée de réunir, en un lieu accessible à tous, des copies des divers manuscrits existant en France, et ce projet de bibliothèque publique, dont la mise à exécution fut seulement tentée, et qui eût exercé une si grande influence sur les progrès de la civilisation, il l'avait emprunté aux Orientaux. »

Durant la première moitié du XIVe siècle fut composé un opuscule latin, *Philobiblion, Tractatus pulcherrimus de amore librorum,* tout entier consacré à la louange du livre, et qu'on peut considérer comme le plus ancien ouvrage de bibliophilie que nous ait légué le moyen âge. Ce petit livre est de Richard de Bury, le fondateur de la bibliothèque d'Oxford.

Les livres ont aussi trouvé à cette époque, dans le grand poète Pétrarque, qui était lié d'amitié avec Richard de Bury, le plus enthousiaste apologiste. Pétrarque tombait dans l'hypocondrie quand il cessait de lire ou d'écrire, nous apprend M. Alfred Mézières. C'est lui qui a posé les premiers fondements de la bibliothèque de Saint-Marc. On montre encore à la bibliothèque Laurencienne à Florence un manuscrit des lettres de Cicéron, *Ad familiares*, copiées par Pétrarque, gros recueil à épaisse couverture de bois garnie de cuivres, qui faillit coûter cher à son maître. Pétrarque l'avait mis debout contre la porte de sa bibliothèque. Mais en passant par là, il renversa plusieurs fois le livre qui vint chaque fois le frapper à la jambe gauche et à la même place. Il en résulta une blessure qu'il négligea d'abord, qui le fit ensuite beaucoup souffrir, et le mit en danger de perdre la jambe.

Mais c'est la librairie de Charles V qui fit surtout rapidement oublier tout ce qu'on avait vu en France sous les règnes précédents. Christine de Pisan, qui l'avait admirée, a porté sur elle ce témoignage : « Ne dirons-nous encore, de la sagesse du roi Charles, le grand amour qu'il avait à l'étude et à la science. Et qu'il soit ainsi, bien le démontrait par la belle assemblée de notables livres et belle librairie qu'il avait de tous les plus notables volumes. »

En effet, Charles V avait une véritable passion pour les livres. Raoul de Presles lui disait : « Vous avez toujours aimé la science et honoré les bons clercs et étudié continuellement ces divers livres et sciences ; et vous n'avez eu d'autre occupation. » — « Les livres de Charles V, écrit M. Léopold Delisle, étaient primitivement déposés au palais. Ce fut en 1367 ou 1368 qu'on les installa dans une tour du château du Louvre, la tour de la

Fauconnerie, qui venait d'être restaurée ou peut-être même reconstruite à neuf, sous la direction de Raimond du Temple. On affecta d'abord à cette installation deux étages ; un troisième fut bientôt jugé nécessaire. Les murailles du premier étage furent entièrement recouvertes avec du bois d'Irlande, qui avait été donné au roi par le sénéchal de Hainaut ; la voûte fut garnie de bois de cyprès. L'entrée de chaque pièce était fermée par une porte haute de sept pieds, large de trois et épaisse de trois doigts. Le maître des œuvres avait essayé d'approprier au nouveau local les bancs et les roues de l'ancienne librairie du palais. Je laisse de côté les trente petits chandeliers et la lampe d'argent qui, au dire de Félibien et de Sauval, étaient suspendus à la voûte et permettaient de travailler le soir et même la nuit. Ce système d'éclairage paraît avoir été établi non pas dans la tour de la Fauconnerie, où se trouvaient ces livres, mais bien dans la grosse tour aux joyaux. »

On sait qu'en 1429 le duc de Bedford s'empara de cette bibliothèque et l'enleva. Il en est rentré en France quelques volumes, et l'on peut les admirer à la Bibliothèque Nationale.

Mais la bibliothèque du roi de France ne fut reconstituée que sous Louis XI. « C'est lui, dit M. Albert Cim, qui réunit au Louvre les collections éparses dans les résidences royales et y joignit les livres de son frère le duc de Guyenne, puis une partie de ceux du duc de Bourgogne. »

Charles VIII et Louis XII puisèrent largement dans leurs expéditions d'Italie, et purent rassembler au noyau principal plusieurs éditions rares, surtout Louis XII qui trouva à Pavie, chez les Sforza, des merveilles innombrables. Cependant, écrit M. Henri Bouchot, « réunie à Blois, sous la garde de Jean de Labarre, la librairie royale n'occupait point encore une grande place, en dépit de ses accroissements. Sous Charles V le nombre des livres était de mille environ ; vers 1500 ou 1510 il était à peine doublé, et les imprimés n'y comptaient pas pour plus de deux cents volumes.

François Ier transporta la bibliothèque du roi, de Blois à Fontainebleau. Et ce fut le célèbre Guillaume Budé qui reçut la charge de maître de la librairie. Avec lui commence le système des acquisitions et des agrandissements continus. Mais comme le fait remarquer le savant historien dont nous venons de citer le jugement, les livres placés à plat les uns à côté des autres ne donnaient en aucune façon, à cette époque, l'idée d'une bibliothèque moderne. C'est pourquoi les plats de la reliure avaient seuls de l'importance, à cause de leur place sur les rayons.

Le même écrivain nous apprend encore que sous Henri II, le dépôt de Fontainebleau fut un peu mis au pillage pour Diane de Poitiers. « Mais, comme correctif de cette dilapidation, le roi prit le parti d'une mesure, conservée depuis, et qui allait substituer aux acquisitions de rencontre un apport régulier et ininterrompu. C'est la remise par les éditeurs à la bibliothèque d'un exemplaire sur vélin et relié de tous les ouvrages imprimés avec privilège. L'ordonnance était de 1566, les successeurs de Henri II n'eurent que ce moyen de continuer les accroissements de leur fonds de volumes.

« Henri III, qui n'avait point pour Fontainebleau la prédilection de son grand oncle, ordonna le transport à Paris des ouvrages enfouis dans le château. Il y joignit ceux de la reine Catherine de Médicis, provenant du maréchal Strozzi, et comme le collège de Clermont était devenu vacant par la dispersion des jésuites, il logea, en 1599, la bibliothèque dans une des salles de cet établissement, sous la garde de Jacques-Auguste de Thou, maître de la librairie.

« Voilà donc le dépôt royal venu à Paris ; mais avant son installation définitive, avant qu'il fût rendu public, il allait se passer plus d'un siècle, durant lequel les agrandissements se firent, les achats se multiplièrent et le nombre des manuscrits et des imprimés s'augmenta dans des proportions énormes.

Nous aurons ensuite à parler de Richelieu et de Mazarin. C'est au premier que nous devons la création de la bibliothèque de la Sorbonne. Sa collection, échue à la maison de Sorbonne, a été dispersée pendant la Révolution. Quant à Mazarin il nomma à la direction de la librairie le célèbre Gabriel Naudé, celui qui dans son *Advis pour dresser une bibliothèque*, approuve hautement la maxime de Richard de Bury, « que tous les moyens ou à peu près sont bons pour se procurer des livres. » A la fin de l'année 1643, la bibliothèque de Mazarin renfermait douze mille imprimés et quatre cents manuscrits. Elle fut ouverte pour la première fois au public au mois d'octobre de la même année. Installée dans son magnifique hôtel de la rue de Richelieu, où devait plus tard se loger définitivement la Bibliothèque Royale, elle était accessible aux érudits tous les jeudis de huit heures à onze heures, et de deux à cinq.

« Tandis que la Bibliothèque Mazarine se prêtait libéralement aux besoins du public, écrit M. Henri Bouchot, celle du roi demeurait fort à l'étroit dans les pièces exiguës de la rue la Harpe. Colbert, préoccupé de cet état de choses, offrit au roi deux maisons à lui situées rue Vivienne, où les volumes alors réunis trouveraient un emplacement plus convenable, sans compter des réserves pour les accroissements. L'émigration se fit en 1666; le dépôt du roi allait pendant cinquante-cinq ans habiter à quelques pas seulement de sa demeure définitive : l'hôtel de Nevers. On appelait ainsi à la fin du XVIIe siècle, la splendide demeure de Mazarin, sise près de la porte de Richelieu, dans la rue du même nom.

« Grâce à l'administration de Colbert et aux libéralités du roi, la collection s'était augmentée du triple environ. Nicolas

Clément qui travaillait au classement et au catalogue comptait 35.000 volumes, au moment du transport de la rue Vivienne. Quand on dressa le nouvel inventaire, en 1714, les cotes portaient sur 43.000 volumes imprimés.

« Quand la banque de Law, qui avait été logée quelque temps à l'hôtel de Nevers, disparut avec la ruine du système, l'abbé Bignon comprit l'importance que ce palais délaissé pouvait avoir pour y installer commodément les collections royales. On était en 1721. Le dépôt venait d'être subdivisé en quatre sections, ou, comme on disait alors, quatre départements distincts : manuscrits, imprimés, titres, planches gravées. Le maître de la librairie poussa le régent à profiter de l'occasion, ce qui fut accordé. Dès le mois de septembre, le déménagement commença, et de la rue Vivienne la bibliothèque du roi resta dans l'ancien palais Cardinal, qu'elle ne devait plus quitter jamais. »

Nous savons ensuite qu'à la Révolution, le nombre des imprimés atteignait déjà le chiffre considérable de 300.000, et que les projets d'agrandissement allaient bientôt commencer.

De nos jours, la Bibliothèque Nationale occupe à peu près la même surface qu'à cette époque, bien que de grandes modifications à l'aménagement aient été apportées pour ainsi dire chaque année. Et comme le nombre des livres ne cesse de s'accroître, comme il dépasse sensiblement deux millions, tandis que les estampes s'élèvent à plus de deux millions et demi, que l'on compte cent mille médailles, et à peu près autant de manuscrits, il est certain que la Bibliothèque se trouvera avant peu débordée, et ne pourra plus suffire à absorber cette effrayante production. Elle reçoit environ trente mille pièces chaque année. Il arrivera donc forcément un moment où l'on se verra contraint, ou de construire ailleurs une annexe, ou de rendre à des bibliothèques particulières, celles de l'École de Droit, par exemple, ou de la Faculté de Médecine, une partie du dépôt, pour faire de la

Bibliothèque Nationale ce qu'elle doit être, en somme par définition même : le plus beau musée du Livre de Paris.

Nous citerons encore, parmi les bibliothèques les plus importantes de la capitale, la *Bibliothèque Sainte-Geneviève*, qui doit son origine à la célèbre abbaye des Génovéfains, dont le lycée Henri IV occupe les anciens bâtiments, ou du moins ce qu'il en reste; la *Bibliothèque de l'Arsenal*, fondée par le marquis Paulmy d'Argenson, ancien ambassadeur, achetée en 1786 par le comte d'Artois, qui y joignit une partie de la bibliothèque du duc de La Vallière. Elle renferme 18.000 manuscrits, 500.000 volumes, environ 100.000 estampes, les papiers de la Bastille, le fameux *Bréviaire de Saint-Louis*, le *Renaud de Montauban*, le *Livre des canons de Salazar*, archevêque de Sens, diverses reliures uniques et de nombreuses curiosités et documents historiques : la *Bibliothèque Mazarine*, provenant en partie de celles que Mazarin avait fait réunir lui-même, et considérablement enrichie par la Révolution : la *Bibliothèque de l'Opéra*, et la *Bibliothèque de la Ville de Paris*, occupant l'hôtel Le Peletier de Saint-Fargeau, construit sur les dessins de Pierre Ballet, à la fin du XVIIᵉ siècle. Cette bibliothèque est riche d'environ 180.000 volumes, et de plus de 30.000 manuscrits. Sa collection topographique est une des plus considérables qui existent. Elle comprend environ 20.000 pièces ou plans.

L'AFFICHE

Dans l'antiquité, les prescriptions de l'autorité, ses règlements et ses lois étaient gravés sur des tables de pierre, de marbre, de bois, ou d'airain. Le texte des lois de Solon avait été inscrit sur des tables de bois peintes en blanc et placées d'abord sur l'Acropole, puis dans le marché d'Athènes.

« Les lois romaines, depuis la loi des XII tables, étaient gravées sur des tables d'airain fixées avec des clous de métal aux murs des temples, ou exposées sur les places publiques. Sur le forum était placé l'*Album prætoriæ*, affiche par laquelle le préteur faisait connaître, au début de sa magistrature, le mode suivant lequel il rendrait la justice. Le mot *Album* désignait, d'une manière générale, des écriteaux, des portions de murs couverts d'un enduit blanc sur lesquels étaient inscrites en caractères rouges, quelquefois noirs, les annonces courantes : actes de l'autorité judiciaire, ventes d'immeubles ou d'esclaves, etc... Des professions de foi, des avis aux électeurs, et même des affiches de candidatures officielles patronnées par la curie, ont été retrouvés sur les murs de Pompéi. »

S'il faut en croire les chroniqueurs, les Romains faisaient déjà usage de l'affiche pour leurs spectacles. Etait-elle peinte ou manuscrite? C'est ce que nous ne saurions dire. Quant aux modernes, ils la tiendraient de Cosme d'Oviedo, poète dramatique espagnol, successeur de Cervantes, qui l'aurait mise le premier en usage. M. Arthur Pougin croit que les théâtres en France l'employèrent dès le XVIᵉ siècle. L'affiche, dit-il, se bornait à faire connaître le titre de l'œuvre représentée, qu'elle accompagnait d'un petit commentaire en matière d'éloge. Mais elle ne disait rien des auteurs ni des acteurs. Ce n'est qu'à partir du XVIIᵉ siècle qu'on voit nommer les premiers sur l'affiche, et il faut arriver jusqu'en 1789, pour que les comédiens consentent à laisser exposer leur nom.

« C'est le succès éclatant remporté à l'Hôtel de Bourgogne par une tragédie de Théophile : *Pyrame et Thisbé*, qui vainquit à cet égard les répugnances de nos poètes. » Le conseiller d'Origny, dans ses *Annales du Théâtre italien*, le constate en ces termes : « On ne sera pas fâché d'apprendre qu'avant l'année 1617, les poètes ne voulaient pas laisser mettre leurs noms sur les affiches des comédiens, et que la tragédie de *Pyrame et Thisbé* par Théophile, est l'époque à laquelle l'origine de cet usage doit être rapportée. »

« A la fin du XVIIᵉ siècle, continue M. Arthur Pougin, où l'on voyait briller l'Opéra au Palais-Royal, la Comédie-Française à la rue Mazarine, et la Comédie-Italienne à l'Hôtel de Bourgogne, on jugea utile d'adopter pour les affiches de chacun d'eux une couleur particulière : *rouge* pour l'Hôtel de Bourgogne, *verte* pour l'Hôtel de la rue Mazarine, *jaune* pour l'Opéra. » Aujourd'hui, le public est devenu plus exigeant.

Quant aux affiches de libraires, elles datent du commencement du XVIIᵉ siècle. Les placards ne contiennent à l'origine aucune vignette. Seules, les affiches officielles sont ornées des armes royales. L'illustration fait seulement son apparition dans les affiches de confréries; puis, un peu plus tard, dans les thèses à images, placards par lesquels le candidat porte à la connaissance du public le sujet de sa thèse et la date de sa soutenance; ces thèses, généralement bien gravées et ornées de sujets allégoriques, sont souvent de véritables œuvres d'art.

L'une d'elles, intitulée *Conclusiones physicae*, portant la date de 1625, est une superbe composition à l'eau-forte de Jacques Callot.

« Pendant la Révolution française et l'Empire, écrit M. Lucien Layus, les affiches abondent, mais ce sont des placards politiques ou relatant les grands événements militaires, imprimés en hâte et sans souci artistique. L'ornementation a disparu de l'affiche, et elle n'y reparaîtra qu'à l'époque romantique. Vers 1828 s'ouvre l'ère des affiches de librairie, affiches lithographiées et tirées en noir. L'exécution laisse beaucoup à désirer au début ; mais, peu à peu, les procédés se perfectionnent, et toute une pléiade d'artistes de valeur ne dédaigne pas de signer ces œuvres éphémères : Eugène Devéria, Célestin Nanteuil, Raffet, Gavarni, Tony Johannot, Horace Vernet, Nadar, Henri Monnier, Grandville, Daumier, Gustave Doré, Grévin, André Gill, etc. »

Vers 1846, l'affiche en couleur fait son apparition, tantôt imprimée en chromolithographie, tantôt coloriée au patron. Mais pendant vingt années, elle ne fournit, à part de rares exceptions, que des spécimens sans aucun intérêt.

C'est de 1866, époque de l'invention des machines à imprimer permettant l'emploi des pierres lithographiques de grandes dimensions, que date la rénovation de l'affiche française. C'est à Jules Chéret que revient l'honneur d'avoir créé de toutes pièces cet art charmant de l'affiche illustrée, qui est la joie des murs.

« Nous sommes aujourd'hui dans l'âge du papier, écrit à ce sujet M. Louis Morin ; la dispersion de la fortune le veut ainsi, il faut que la vapeur et l'électricité collaborent.

« Le peintre peint en trois couleurs, ou simplement en noir et blanc, et la machine se charge de répandre son œuvre aux quatre coins du monde, la rue et le journal recueillent sa pensée : le papier sur le mur de la rue remplace la fresque, le papier dans le journal remplace le tableau, c'est la démocratisation complète, l'œuvre d'art à un sou. Le merveilleux virtuose de la couleur qu'est Chéret fait tous les jours le tour de force d'exécuter les plus savantes harmonies sur un instrument à trois notes : une note rouge, une note jaune, une note bleue. Quant au dessin, il ne perd rien non plus à ces procédés de vulgarisation, lui qui est la partie intelligente, mâle, de l'œuvre d'art. »

L'art de l'affiche, sous l'impulsion donnée par Chéret, s'est développé au point de donner naissance à une industrie nouvelle aujourd'hui très florissante. Des essais d'affiches en chromotypographie ont été faits, mais n'ont généralement pas été goûtés à cause de la sécheresse du rendu ; la chromolithographie a monopolisé la fabrication des affiches illustrées. Signalons néanmoins de curieux essais d'affiches faites à l'aide de découpages de bois et imprimées typographiquement ; ce retour aux vieux procédés xylographiques a donné des résultats originaux.

Un grand nombre d'artistes modernes ont signé des affiches illustrées ; nous citerons notamment : Anquetin, Bastard, Firmin-Bonisset, Boutet de Monvel, Cappiello, Caran d'Ache, Charpentier, Alfred et Léon Choubrac, Cros, Detaille, Fernand Fau, de Feure, Forain, Fraipont, Gallice, Gerbault, Gorguet, Grasset, Gray, Grün, Guillaume, Hugo d'Alesi, Ibels, Aman Jean, Jeanniot, Jossot, Alfred Le Petit, Lucas, Lunel, Mauron, Mayet, Métivet, Meunier, Mucha, Noury, Ogé, Orazi, Pal, Puvis de Chavannnes, Réalier-Dumas, Redon, Frédéric Régamey, Steinlen, Tamagno, Toulouse-Lautrec, Valloton, Willette, etc.

En dehors de l'affiche proprement dite, nous signalerons d'intéressantes estampes murales publiées dans le cours de ces dernières années par Besnard, Duez, Fillon, Luc-Ollivier Merson, Moreau-Nélaton, Puvis de Chavannes, Henri Rivière et Rochegrosse.

HISTOIRE DE LA GRAVURE EN MUSIQUE

E tout temps, on s'est préoccupé de conserver la notation du chant, qui est né avec la poésie et les danses, le plus souvent rituelles, dont la tradition faisait partie de la religion. Aussi dans les fouilles de Delphes, dans les hypogées de Karnac, dans l'Inde et en Chine, a-t-on trouvé des airs et des rythmes gravés sur des pierres. Cependant, tout porte à croire que l'enseignement se faisait surtout par tradition orale.

Partout, nous retrouvons la gamme de sept notes. Le nom de gamme vient d'ailleurs de *gamma*, qui, dans la notation latine, est la septième lettre. Nous le voyons cité comme point extrême dans Rabelais au chapitre XIX du *Quart Livre des Faits et Dicts héroïques du bon Pantagruel* : « Nous sommes au-dessus de *F la*, hors toute la gamme... A ceste heure, sommes-nous au-dessous de *gamma ut*. »

Ce fut le pape saint Grégoire le Grand (540-604) qui emprunta aux latins cette notation dite grégorienne qui représentait les notes par les sept premières lettres de l'alphabet. On conserve parfois encore cette notation en Allemagne, et les facteurs de pianos s'en servent pour numéroter leurs cordes. Ce fut au début du moyen âge que les lettres furent remplacées par des points. Ceux-ci affectaient la forme de carrés et de losanges. Quand le chant comportait des fioritures, on employait les *neumes*, signes collectifs qui représentaient nos trilles, arpèges, grupetti, etc... Ils sont devenus à peu près inintelligibles, faute d'entente générale sur leur forme. Une ligne de couleur voyante, le plus souvent rouge ou jaune, traversait la phrase musicale. Elle portait la lettre de la note tonique et servait à mesurer les intervalles, à déterminer la hauteur absolue des tons.

Les noms actuels des notes leur furent donnés par Guy d'Arezzo (975-1050), d'après la première syllabe des hémistiches dans la première strophe de l'hymne à saint Jean : *Ut queant laxis resonare fibris* où le chant monte d'un ton à chaque hémistiche. La septième lettre portait le nom de *Sanc* : *Sancte Joannes*. Vers 1550, le musicien Waelraut trouvant ce mot de prononciation difficile, le transforma en *si*, de même *ut* devint *do*, au XVIIe siècle, ainsi nommée par le musicien italien *Doni*.

Les *accidents* furent indiqués à des dates fort diverses. Le *bémol* date de 930, le *dièze* de la fin du XIIIe siècle, le *bécarre* de 1650 et seulement pour supprimer le bémol. La diversification des notes *par valeur* fut faite au XVe siècle par Guillaume Dufay. Les barres séparant les mesures ne furent indiquées que vers 1530.

Orlando de Lassus, le premier, indiqua le *mouvement* en tête des morceaux de musique, et *Mezzo Ferrato*, peu après, notait les nuances entre les portées.

Le texte fut imprimé pour la première fois par *Jean de Spire*, à Venise, en lettres italiques. Ces lettres furent modifiées vers 1500 par *Alde Manuce*. *Les Elzevier*, en 1583, créèrent aussi des caractères spéciaux que l'on emploie encore pour le texte et les titres. On emploie également le caractère dit *antique*, créé vers 1850; il ne sert que pour les titres.

Le premier ouvrage musical connu est le *Psautier*, des presses de Schæffer, en 1490, qui donne le chant.

Nous trouvons après lui *Ottaviano Petrucci*, de Fossombrone, dans les États du pape, qui imprimait d'abord les portées, puis les notes. *N. Wellink*, de Cologne, usa le premier de caractères mobiles (1501). En 1525, *Pierre le Haultin*, de la Rochelle, inventa un caractère qui donnait la note et la partie de portée correspondante. En 1529, *Pierre Attaignant* publiait le premier recueil de chansons. Les principaux imprimeurs de musique du xvi⁰ siècle furent *Guillaume Le Bé* (1540), de Troyes, *Robert Grandjon, N. Duchemin*, de Provins, *Philippe d'Anfric* et surtout *Jacques de Sanlecque* (1573). En 1551, *Robert Ballard* reçut ses lettres patentes d'imprimeur du roy pour la musique. Ce privilège resta dans sa famille. Nous trouvons, en 1752, le brevet décerné à son dernier descendant : *Christophe-Jean-François-Ballard*. Il semble que cette continuité ait été défavorable aux progrès de l'art, et que les Ballard n'aient rien fait pour l'améliorer. Ils sont, en cela, le contraire des *Didot*. En 1766, *Fournier* employa pour la musique le point typographique, fixé en 1780 par F. A. Didot, à o mm. 3739, comme il l'est encore. En 1834, Duverger inventa le procédé stéréotypique, ou plutôt l'appropria à la musique. Ce procédé eut pour plus grand avantage de remplacer à volonté les portées qui s'écrasaient très promptement au tirage.

C'est pour obvier à cet inconvénient que l'on commença à appliquer au xvii⁰ siècle la gravure en taille-douce à la copie de musique. Le premier artiste que nous connaissons en ce genre est le graveur de Lulli, *H. de Baussen* (1650 environ). Il gravait sur cuivre et employait encore les notes en losange.

Au xviii⁰ siècle, la gravure de musique prit une grande extension; les femmes artistes y trouvaient un gagne-pain élégant. Mme de Pompadour joua un moment à ce jeu, comme elle toucha à tous les arts. Nous voyons également en 1720 Louise Roussel graver les œuvres de Rameau; et les sonates de *T.-H. Le Clair* sont gravées par sa femme. En 1730, et par la suite, on employa des planches en étain. On y gravait d'abord les notes, puis les clefs, puis les portées, et enfin le texte.

A la fin du XVIIIe siècle, on ne grave plus que les barres de mesure, les queues de notes, les liés et les croches. Les notes et le texte étaient imprimés. *Hue, Petit* et *Mme Leroy* font la transition du XVIIIe au XIXe siècle.

La période romantique fut néfaste pour la gravure en musique. Elle tombe en désuétude et les éditeurs français font graver en Allemagne. C'est de là que vinrent ceux qui, à la fin du XIXe siècle et au début du XXe, rénovèrent en France la gravure en musique. Ce sont des Français qui rapportèrent les types et les procédés d'outre-Rhin : Viel-Cazal, Leblond, Montpeur.

Le travail de gravure d'un manuscrit comporte de nombreuses opérations.

Disposer le manuscrit, c'est-à-dire compter combien il nécessite de planches.

Pointage des portées. — Repérer leur plan sur le métal. Il faut en compter deux de moins à la première planche, à cause du titre.

Tirage des portées. — Elles se font avec la règle à T et un tire-ligne spécial qui fait les cinq lignes à la fois.

Ébarbage. — Avec un grattoir, on nettoie les bavures produites par l'opération précédente.

Pointage. — Séparer les mesures.

Pointage de l'armature. — Indiquer en tête des portées la place de la clef et des accidents.

Pointage des notes. — Situer chaque note sur la portée.

Tout ceci n'est que la préparation. Ensuite vient la frappe. On porte la planche ainsi préparée sur une pierre lithographique de 40 centimètres sur 30, on l'y place bien à plat, et soi-même étant placé bien d'aplomb, on frappe les signes avec des poinçons appropriés. Le poinçon doit être tenu de la main gauche et la massette de la main droite.

Planage. — Au moyen d'un marteau spécial, on aplanit les boursouflures produites par la frappe.

Coupe. — C'est le nom donné à la véritable gravure en taille-douce en ce qui concerne la musique. La coupe se fait au burin. On fait ainsi : Les queues de notes, les têtes ou notes qui sont au-dessus ou au-dessous de la portée, les croches liées ensemble, les barres de mesure, les liés et les coulés. Pour les têtes, on ajoute les petites lignes en se repérant avec le compas à la ligne correspondante de la portée, à la première pour le *la*, la seconde pour le *do*, etc...

Rengrenage. — Refrapper ce qui a pu être rebouché au planage.

On efface ensuite, avec un brunissoir, les raies et défauts qui gâteraient la planche. On y applique ensuite la raclette, lame large et tranchante qui, bien passée sur le tout, donne du vif à l'ensemble.

Correction. — Elles se font en frappant sur l'envers de la planche le caractère à effacer, de manière à remettre le métal en état. Cette opération est plus aisée sur l'étain que sur le cuivre.

Le *tirage* se fait comme pour la taille-douce.

Les *poinçons* sont en acier, de dix types :

3 Pour la musique de piano ; 4 pour le piano et grand orchestre ; 5 piano et chant, orchestre ; 6 chansonnettes, partition ; 7 gros militaire ; 8 partie de violon ; 9 militaire ; 10 catalogue ; 11 et 12 catalogue ; ouvrages de fantaisie.

Les types les plus usités sont : 4, 6, 7, 9 et 11.

On a essayé de détrôner la gravure par l'*autographie* reproduisant la copie originale sur une planche d'étain. Ce genre nouveau ne présente guère d'avantages :

1° Il demande le même temps et une main-d'œuvre égale ;

2° La lettre et la musique ne pouvant être tirées sur la même planche, cela nécessite des frais;

3° L'encre, au dernier moment, peut détruire tout le travail;

4° L'autographie se faisant par décalque, le manuscrit original est perdu et il faut une nouvelle copie à chaque tirage.

Léon Thévenin.

LE CERCLE DE LA LIBRAIRIE DE PARIS
SYNDICAT CENTRAL DES INDUSTRIES DU LIVRE

LA suppression, en 1791, de la Chambre syndicale de l'ancienne communauté des imprimeurs et libraires de Paris priva, jusqu'au milieu du XIXᵉ siècle, l'imprimerie et la librairie parisiennes de toute association chargée de veiller à la défense de leurs intérêts généraux. Vers 1830, une première tentative pour constituer une société qui grouperait les diverses professions ressortissant à la fabrication du livre était restée infructueuse; mais l'idée ne fut point abandonnée; et, au commencement de 1847, sur l'initiative de M. Hébrard, un nouvel appel fut adressé dans une lettre signée de MM. Jean-Baptiste Baillière, Debure et Hingray; il fut cette fois entendu. Le 1ᵉʳ avril 1847, avait lieu, dans la salle de la mairie de l'ancien XIᵉ arrondissement (1) (aujourd'hui le VIᵉ), une réunion qui accueillit la fondation d'un *Cercle de la Librairie, de l'Imprimerie et de la Papeterie,* dont elle vota les statuts. La première assemblée générale des membres adhérents, qui se tint le 5 mai, proclama président M. Ambroise Firmin-Didot.

L'Association eut d'abord son siège au nᵒ 5 de la rue des Petits-Augustins, devenue plus tard la rue Bonaparte, puis, à partir du 1ᵉʳ juillet 1856, au nᵒ 1 de la même rue. Elle ne tarda pas à prouver l'utilité de son existence et prit surtout un sérieux développement après l'acquisition, en octobre 1856, de

(1) A cette époque, rue Garancière, nᵒ 8, dans l'hôtel occupé actuellement par la maison Plon-Nourrit et Cⁱᵉ.

la *Bibliographie de la France, journal général de l'Imprimerie et de la Librairie*, qui depuis 1811, date de sa création, était la propriété de la famille Pillet. Aussi M. L. Hachette, appelé à la présidence du Conseil d'administration le 26 février 1864, songea-t-il à l'avantage que présenterait l'installation des services du Cercle, déjà organisés ou susceptibles d'être créés, dans un immeuble qui pourrait un jour lui appartenir. La mort prématurée de M. L. Hachette et les événements qui survinrent retardèrent les démarches nécessaires à la réalisation de ce projet; il put enfin être mis à exécution après la formation, en 1877, de la Société civile des Propriétaires de l'Hôtel du Cercle de la Librairie.

C'est le 22 février 1878 que le fils de l'ancien président, M. Georges Hachette, président en exercice, posa la première pierre de l'hôtel que le Cercle occupe actuellement au numéro 117 du boulevard Saint-Germain, œuvre de Garnier, originale et logique tout à la fois dans son élégance sobre, qui fut complétée en 1893, sous la présidence de M. H. Belin, par M. Cassien-Bernard, digne élève et successeur du grand maître architecte français.

Le Cercle de la librairie est, en quelque sorte, à la fois une association professionnelle d'industriels du livre et un ministère corporatif dont les services sont gérés selon les méthodes commerciales.

Franchissons le seuil du boulevard Saint-Germain et gravissons les deux étages de l'escalier de marbre à double rampe qui porte si bien l'empreinte du talent de Garnier. Nous trouverons à notre droite la salle du Conseil d'administration avec sa très belle cheminée supportant une horloge, ses très hautes fenêtres ouvertes sur le boulevard Saint-Germain, sa décoration ingénieuse, empruntée aux « marques » des anciens imprimeurs et ses deux grandes bibliothèques chargées de livres précieux.

Elle communique avec le salon en forme de rotonde et deux autres salles de fêtes en enfilade, qui peuvent contenir plus de six cents personnes et qui servent tour à tour aux usages les plus divers, selon les phases que traverse l'existence de la corporation.

On y donne des conférences, des bals, des fêtes : on y tient chaque année l'assemblée générale des membres du Cercle de la librairie et celle d'un certain nombre des grands syndicats professionnels autonomes qui ont leur siège au Cercle de la librairie. De la seconde des deux salles de fête, particulièrement séduisante et claire avec son plafond vitré et ses fines boiseries, ses tonalités discrètes de rose et de blanc, on aperçoit à travers la baie que forment plusieurs loggias, les volumes de la *bibliothèque technique du Cercle de la librairie*, à laquelle nous parvenons par un des trois escaliers de l'immeuble. C'est là que sont classés, sous la direction et le contrôle de M. Paul Delalain, ancien président du Cercle de la librairie, des milliers de volumes de tous formats et de tout ordre relatifs à l'histoire des diverses industries du livre, des répertoires professionnels d'un caractère pratique et de nombreuses publications périodiques, françaises et étrangères, spéciales à la reliure, aux impressions, etc.

Si nous redescendons au premier étage de l'hôtel, nous y trouverons des locaux moins brillants, certes, que ceux que nous venons de visiter, mais affectés à des usages indispensables. Le cabinet du président du Cercle, le secrétariat de la *Bibliographie de la France,* journal de la librairie dont le centenaire a été fêté le 1ᵉʳ novembre 1911, la direction des services du Cercle, la direction et les bureaux du service de la propriété littéraire et artistique et plusieurs salles de réunion s'y trouvent installés côte à côte et reçoivent tous les jours de nombreux visiteurs. Chacun connaît la *Bibliographie de la France,* organe publié sur les documents fournis par le ministère de l'Intérieur et comprenant trois parties :

1° La bibliographie proprement dite, relevé complet des fiches du dépôt légal;

2° La chronique, rédigée au Cercle, et rendant compte des événements qui intéressent la corporation;

3° Le feuilleton commercial, qui n'est pas la partie la moins importante du journal, car il constitue comme une sorte de coopérative de publicité, grâce à laquelle les éditeurs peuvent, à des prix très accessibles, encore abaissés pour les membres du Cercle, faire connaître chaque semaine à tous les libraires, à toutes les bibliothèques de quelque importance, non seulement les dernières nouveautés qu'ils ont éditées, mais celles qu'ils se proposent de mettre en vente.

La *Bibliographie de la France* insère aussi les offres et demandes d'ouvrages d'occasion formant une rubrique spéciale, laquelle paraît deux fois par semaine.

La direction du Cercle, sous la surveillance du président, fournit aux membres du Cercle et au public des renseignements sur tout ce qui touche aux industries du livre : usages de la librairie, exportation, importation, douanes, questions relatives au travail, lois et projets de loi concernant nos industries, tarifs postaux, patentes, etc. Elle assure également le contrôle du bureau de *timbrage des estampes*, prépare les travaux et fait exécuter les décisions des *commissions* composées de membres du Cercle et spécialisées dans chaque question. Le service des *arbitrages* permet de solutionner sans frais bien des conflits. Le service de *placement*, à l'usage des membres du Cercle de la librairie, est d'une croissante utilité.

Son bureau de la propriété littéraire et artistique a pour mission de suivre, tant en France qu'à l'étranger, le mouvement législatif et conventionnel en matière de protection des œuvres littéraires et artistiques et de faciliter aux intéressés l'accomplissement des formalités exigées par certaines législations pour assurer la protection des œuvres dont ils sont propriétaires.

Il est chargé, en outre, des secrétariats du Syndicat des Éditeurs, du Syndicat pour la protection de la propriété intellectuelle et de la délégation française du Congrès international des éditeurs.

Cet office fournit gratuitement aux membres du Cercle de la librairie des consultations sur des matières relatives à la propriété littéraire et artistique, tant au point de vue national qu'en ce qui concerne les rapports avec l'étranger, lois, conventions, jurisprudence, etc.

En redescendant au rez-de-chaussée, nous trouvons encore une grande salle affectée aux *cours pratiques de librairie* institués en 1909 et qui réunissent chaque année, de mars à juin, deux fois par semaine, le mardi et le jeudi dans l'aprèsmidi, les jeunes commis-libraires que leurs patrons y envoient compléter leurs connaissances professionnelles. L'enseignement, absolument gratuit, est donné par cycles dont chacun comprend deux années d'enseignement consécutives, la première année étant affectée à l'étude de la fabrication et de l'édition, la deuxième année à l'étude du commerce de la librairie et de la littérature française appliquée à la librairie. Ces cours qui rendent d'appréciables services jouissent d'une vogue croissante ; ils sont subventionnés par le ministère du Commerce et de l'Industrie.

Dans les autres locaux de l'hôtel sont installés les secrétariats permanents des Syndicats des Papetiers, de la Chambre syndicale des Imprimeurs typographes, de l'Union des Maîtres imprimeurs de France, de la Société de secours mutuels des Employés en librairie, du Syndicat du mobilier et du matériel d'enseignement, de la Caisse Syndicale des retraites des industries du papier, etc., etc.

C'est encore au Cercle de la librairie que sont centralisés les envois à destination des diverses expositions internationales.

Le Cercle de la librairie a en effet organisé, pour ses membres, des expositions collectives à Vienne (1873), à Philadelphie (1876), à Paris (1878), à Melbourne (1880), à Londres et à la Nouvelle-Orléans (1884-1885), à Melbourne et à Barcelone (1888), à Anvers (1890), à Moscou (1891), à Amsterdam (1892), à Chicago (1893), à Anvers (1894), et la même année une exposition spéciale du livre à Paris; à Amsterdam (1895), à Paris (1900), à Glasgow (1901), à Hanoï (1902-1903), à Saint-Louis (1904), à Liège (1905), à Milan (1906), à Bucarest (1907), à Saragosse et à Londres (1908), à Copenhague (1909), à Bruxelles et à Buenos-Ayres (1910), à Turin (1911), à Londres (Exposition anglo-latine, 1912), à Gand (1913), à Leipzig (1914).

A la suite de ces diverses expositions, le Cercle a été mis hors concours ou il a reçu les plus hautes récompenses, diplômes d'honneur et grands prix.

Si le Cercle de la librairie, en réunissant, comme en un faisceau, toutes les industries qui concourent à la création du livre, se trouve amené à accroître sensiblement leur influence collective, il coopère en outre, avec l'Alliance française, avec les agents consulaires français et avec tous les groupements constitués hors de France, à la *propagation du livre et de la pensée française*. Les Suppléments de rentrée des classes et d'étrennes, les Tables de la *Bibliographie de la France* constituent en effet les *répertoires les plus complets* à l'usage de tous ceux qui veulent trouver réunis les titres des publications nouvelles.

ANCIENS PRÉSIDENTS DU CERCLE

MM. Baillière (J.-B.), président du Comité d'organisation, 1847.

Firmin-Didot (Ambroise), membre de l'Institut, premier président, 1847-1848.

Pagnerre, membre du Gouvernement provisoire, 1849-1854.

Thunot (E.), 1855.

Langlois, 1856-1857.

Delalain (Jules), 1858-1860.

Roulhac (E.) 1861-1863.

Hachette (L.), 1864.

Bréton (L.), 1865-1867.

Laboulaye (Ch. de), 1868-1871.

Masson (Georges), 1872-1874.

Basset (Jules), 1875-1877.

Hachette (Georges), 1878-1883.

Plon (Eugène), 1884-1885.

Delalain (Paul), 1886-1889.

Templier (Armand), 1890-1892.

Belin (Henri), 1893-1895.

Hetzel (Jules), 1896-1898.

Fouret (René), 1889-1901.

Doin (Octave), 1902-1904.

Mainguet (Pierre), 1905-1907.

Gauthier-Villars (Albert), 1908-1910.

Layus (Lucien), 1911-1913.

CONSEIL D'ADMINISTRATION

Président :

M. HACHETTE (Louis), libraire-éditeur.

Vice-présidents :

MM. BASCHET (René), directeur de *l'Illustration*.
    LEFRANC (Émile), fabricant d'encres d'imprimerie.

Secrétaire :

M. MARCHAL (Ferdinand), libraire-éditeur.

Trésorier :

M. LECÈNE (Hippolyte), libraire-éditeur.

Conseillers :

MM. BAILLIÈRE (Georges), libraire-éditeur.
    BOURRELIER (Henri), libraire-éditeur.
    DARRAS (Charles), papetier.
    DELAGRAVE (Max), libraire-éditeur.
    DUBREUIL (Paul), imprimeur-typographe.
    ENGELMANN (Robert), imprimeur-lithographe.
    LECOURSONNOIS (Eugène), fabricant de papier.
    MASSIN (Charles), libraire-éditeur.
    MICHAUD (Léon), libraire-éditeur.
    VOIRIN (Jules), fabricant de machines à imprimer.

Conseillers honoraires :

MM. ALCAN (Félix), libraire-éditeur.
    BELIN (Henri), libraire-éditeur.

SYNDICATS PROFESSIONNELS
SOCIÉTÉS ET ASSOCIATIONS
AYANT LEUR SIÈGE SOCIAL AU CERCLE DE LA LIBRAIRIE

Depuis :

1847. Syndicat du Cercle de la librairie, de l'imprimerie, de la papeterie, du commerce de la musique, des estampes, etc., etc.

> *Président* : M. HACHETTE (Louis), boulevard Saint-Germain, 79.
>
> *Secrétaire* : M. MARCHAL (Ferdinand), place Dauphine, 27.
>
> *Trésorier* : M. LECÈNE (Hippolyte), rue Saint-Sulpice, 29.

1877. Société civile des Propriétaires de l'hôtel du Cercle de la librairie.

> *Président* : M. FOURET (René), boulevard Saint-Germain, 79.
>
> *Trésorier* : M. LECÈNE (Hippolyte), rue Saint-Sulpice, 29.

1892. Syndicat des Éditeurs.

> *Président* : M. HACHETTE (Louis), boulevard Saint-Germain, 79.

Secrétaire : M. GILLON (André), rue du Montpar-
nasse, 13.
Trésorier : M. LECÈNE (Hippolyte), rue Saint-
Sulpice, 29.

1898. Chambre syndicale des Libraires de France.
Président : M. MICHAUD (Léon), à Reims, rue du
Cadran-Saint-Pierre, 19.
Secrétaire : M. MIGNARD, 38, rue Saint-Sulpice.
Trésorier : M. FEUILLATRE, boulevard Denain, 8.

1905. Syndicat des Libraires de la région de Paris.
Président : M. REY (Eugène), boulevard des Ita-
liens, 8.
Secrétaire : M. VAILLANT (Georges), rue de Rotrou, 4.
Trésorier : M. BLAIZOT, rue Le Peletier, 26.

1898. Chambre syndicale des Éditeurs de musique.
Président : M. HEUGEL (H.), rue Vivienne, 2 *bis*.
Secrétaire-Trésorier : M. SCHŒNAERS, rue Gam-
bey, 15.

1900. Chambre syndicale des Éditeurs d'annuaires et de pu-
blications similaires.
Président : M. PUEL DE LOBEL, rue Lafayette, 53.
Secrétaire : M. MENDEL (Charles), rue d'Assas, 118.
Trésorier : M. A. LA FARE, chaussée d'Antin, 55.

1897. Chambre syndicale des Éditeurs et Fabricants d'articles
de religion.
Président : M. LECLÈRE (Paul), rue de Turenne, 129.

> *Secrétaire général* : M. BOUMARD fils, rue Garancière, 15.
>
> *Trésorier* : M. PEAUCELLE-COQUET, rue Bonaparte, 64.

1887. Syndicat de la presse périodique.

> *Président* : M. BASCHET (René), rue Saint-Georges, 13.
>
> *Secrétaire* : M. TALLANDIER (Jules), rue Dareau, 75.
>
> *Trésorier* : M. FOURET (Edmond), boulevard Saint-Germain, 79.

1912. Association syndicale de la presse technique.

> *Président* : M. BLUYSEN (Paul), rue Portalis, 7.
>
> *Secrétaire* : M. CARPENTIER, boulevard Richard-Lenoir, 90.

1895. Union des Maîtres Imprimeurs de France.

> *Président* : M. SIRVEN (Henry), rue de la Colombette, 76, à Toulouse.
>
> *Secrétaire général* : M. BOURDEL (J.), rue Garancière, 8.
>
> *Trésorier* : M. DOUMENC (Henri), rue de Rivoli, 144.

1880. Syndicat patronal des Imprimeurs typographes.

> *Président* : M. RENOUARD, rue des Saints-Pères, 19.
>
> *Secrétaire* : M. DUMOULIN (J.), rue des Grands-Augustins, 5.
>
> *Trésorier* : M. TOURNON, rue Saint-Honoré, 257.

1880. Chambre syndicale des Imprimeurs lithographes de Paris.

> *Président* : M. ENGELMANN (Robert), rue Nansouty, 16.
> *Secrétaire* : M. BAST (E. de), cité Nys, 1 *bis*.
> *Trésorier* : M. GARJEANNE, boulevard du Temple, 21.

1907. Syndicat des Imprimeurs phototypeurs.

> *Président* : M. LONGUET (D. A.), rue du Faubourg-Saint-Martin, 250.
> *Secrétaire* : M. CATALA, rue Bellefond, 31.
> *Trésorier* : M. E. LÉVY, rue Letellier, 44.

1880. Syndicat professionnel de l'Union des Fabricants de papier de France.

> *Président* : M. CHAUVIN, à Poncé (Sarthe), et à Paris, rue de la Planche, 11 *bis*.
> *Trésorier* : M. MAUBAN, rue de Reuilly, 73.
> *Secrétaire administratif* : M. LEMOINE, boulevard Saint-Germain, 117.

1880. Chambre syndicale du commerce des papiers de France.

> *Président* : M. MARTIN (Gaston), rue de la Verrerie, 69.
> *Secrétaire* : M. ÉTIENNE, rue de l'Échiquier, 12.
> *Trésorier* : M. BÉNARD (René), rue du Jardinet, 5.

1894. Syndicat des Marchands et Fabricants papetiers de France (Région de Paris).

> *Président* : M. DARRAS, rue des Petits-Champs, 59.
> *Secrétaire général* : M. BIHOURD, avenue Trudaine, 17.

Trésorier : M. MELLERIO, rue du Faubourg-Saint-Denis, 78.

1898.   Syndicat patronal de la reliure et de la brochure.
Président : M. MAGNIER, rue de l'Estrapade, 7.
Secrétaire : M. BEAUMONT, rue des Mathurins, 62.
Trésorier : M. GRUEL (Paul), rue Saint-Honoré, 418.

1895.   Syndicat de la photogravure.
Président : M. FERNIQUE (Louis), rue de Fleurus, 31.
Secrétaire : M. DEMICHEL rue de Rennes, 76.
Trésorier : M. MAZEAU, boulevard du Montparnasse, 104.

1898.   Chambre syndicale des Maîtres fondeurs typographes.
Président : M. DUREY, rue Boissonnade, 21.
Secrétaire : M. PEIGNOT (Lucien), rue Cabanis, 14.
Trésorier : M. GIRARD (R.), rue d'Hauteville, 58.

1899.   Syndicat des Clicheurs et des Galvanoplastes.
Président : M. BOUDREAUX, rue Hautefeuille, 8.
Secrétaire-Trésorier : M. ROUSSET, rue Visconti, 13.

1899.   Syndicats des Fabricants de machines à imprimer.
Président : M. VOIRIN (J.), rue Mayet, 17.
Secrétaire : M. BRISSARD, rue Colonel-Oudot, 11.
Trésorier : M. BOFERDING, avenue de Paris, 249, à la Plaine-Saint-Denis (Seine).

1898. Syndicat du mobilier et du matériel d'enseignement.
>
> *Président* : M. Delagrave (Ch.), rue Soufflot, 15.
> *Secrétaire* : M. Massiot (G.), boulevard des Filles-du-Calvaire, 15.
> *Trésorier* : M. Ulmann, rue Malebranche, 5.

1908. Union des Syndicats patronaux justiciables des Conseils de prud'hommes.
>
> *Président* : M. Jouet (Paul), rue des Archives, 80.
> *Secrétaire-Trésorier* : M. G. Lemoine, boulevard Saint-Germain, 117.

1902. Association amicale des Commis-libraires français.
>
> *Président* : M. Becker (Jules), Librairie Mame et fils.
> *Secrétaire* : M. Guinchard (Émile), *Revue des Deux-Mondes*.
> *Trésorier* : M. Tienes (Julien), Libraire Émile Blanchard.

1880. Société fraternelle des Protes des imprimeries typographiques de Paris et du département de la Seine.
>
> *Président* : M. Bourge (P.), rue de Vaugirard, 152 (impasse Ronsin, 12).
> *Secrétaire* : M. Lefort (J.), quai des Grands-Augustins, 55.
> *Trésorier* : M. Guernier, rue Saint-Sauveur, 52.

1913. Société amicale des Protes et Correcteurs d'Imprimerie de France.
>
> *Président* : M. Lefèvre (Théotiste), Le Mesnil-sur-l'Estrée (Eure).

Secrétaire général : M. Duval (Charles), Le Mesnil-sur-l'Estrée (Eure).

Trésorier : M. Benoist (Delphin), rue de l'Horloge, 23, à Evreux (Eure).

1912. Caisse d'appui mutuel des membres du Cercle de la librairie.

    Président : M. Hachette (Louis), boulevard Saint-Germain, 79.

    Secrétaire : M. Marchal (Ferdinand), place Dauphine, 27.

    Trésorier : M. Lecène (Hippolyte), rue Saint-Sulpice, 29.

1900. Œuvre de l'Orphelinat du livre.

    Président : M. Bourdel (J.), rue Garancière, 3.

    Secrétaire : M. Gautier (Henri), quai des Grands-Augustins, 55.

    Trésorier : M. Gabalda, rue Bonaparte, 90.

1880. Société de secours mutuels des Employés en librairie de Paris.

    Président : M. F. de Pachtere, rue des Prêtres-Saint-Séverin, 2.

    Secrétaire : M. Hefflin (Gaston), rue des Feuillantines, 15.

    Trésorier : M. Martin (Henri), rue Falguière, 8.

1898. Société de secours mutuels de l'Imprimerie typographique.

    Président : M. Nourrit, rue Garancière, 8.

    Secrétaire : M. Dauvergne, rue Chapu, 10.

    Trésorier : M. Villain, rue Dussoubs, 22.

1912. Caisse syndicale des retraites des Industries du papier.

> *Président* : M. FAILLIOT (René), avenue Malakoff, 134.
>
> *Secrétaire* : M. MARTIN (Gaston), rue de la Verrerie, 69.

1882. Syndicat pour la protection de la propriété intellectuelle.

> *Président* : M. HACHETTE (Louis), boulevard Saint-Germain, 79.
>
> *Secrétaire général* : TAILLEFER (André), boulevard Saint-Germain, 215 *bis*.
>
> *Trésorier* : M. CHAMPENOIS, boulevard Saint-Michel, 66.

1906. Association littéraire et artistique internationale.

> *Président* : M. MAILLARD (Georges), boulevard Saint-Germain, 258.
>
> *Secrétaires généraux* : M. LOBEL (Jean), boulevard Saint-Germain, 117 ; M. TAILLEFER (A.), boulevard Saint-Germain, 215 *bis*.
>
> *Trésorier* : M. MACK, rue de Londres, 50.

1906. Association internationale pour la protection de la propriété industrielle (Groupe français).

> *Vice-président* : M. ARMENGAUD (J.), boulevard de Strasbourg, 23.
>
> *Rapporteur général* : M. MAILLARD (G.), boulevard Saint-Germain, 258.
>
> *Secrétaire général adjoint* : M. TAILLEFER (A.), boulevard Saint-Germain, 215 *bis*.

1906.   Association internationale pour la protection de la propriété industrielle.

> *Président* : Lord ALVERSTONE, à Londres.
> *Vice-président* : OSTERRIETH (Albert), professeur à Berlin.

1900.   Société française de bibliographie.

> *Président* : M. PICOT (Emile), avenue de Wagram, 135.
> *Secrétaire* : M. STEIN (Henri), rue Gay-Lussac, 38.
> *Trésorier* : M. GAUTHIER-VILLARS (Albert), quai des Grands-Augustins, 55.

1898.   Société de propagation des livres d'art.

> *Président* : M. GUIFFREY (J.), membre de l'Institut, boulevard Bonne-Nouvelle, 34.
> *Secrétaire général* : M. SANDOZ (G. Roger), rue Royale, 10.
> *Trésorier* : M. LESEUR (Félix), rue Lafayette, 18.

1898.   Société artistique des Aquafortistes français.

> *Président* : M. FOCILLON, rue de l'Estrapade, 17.
> *Secrétaire* : M. BOUROUX, rue Denfert-Rochereau, 40.
> *Trésorier* : M. THÉVENIN, rue Gazan, 13.

1890.   Société des Artistes graveurs au burin.

> *Président* : M. JAMAS (Abel), rue Sarrette, 27.
> *Secrétaire* : M. BOUCHERY (O.), avenue d'Orléans, 62.
> *Trésorier* : M. MARCADIER (Louis), avenue Perrichont, 15.

1905.   Société « le Burin ».

> *Président* : M. BULAND (Emile), rue des Écoles, 18.
> *Secrétaire-Trésorier* : M. BOURGEAT (Charles), rue
> Le Regrattier, 28.

1910.   Société de la gravure sur bois.

> *Président* : M. RUAZ (E. de), rue Gager-Gabillot.
> *Secrétaires* : M. CLÉMENT, boulevard du Montpar-
> nasse, 106; M. BORNET (Paul), rue Adolphe-
> Focillon, 5.
> *Trésorier* : M. BRAUER, rue Boyer-Barret, 7.

1901.   Société des Amants de la Nature.

> *Président* : M. GAUTIER (Charles), rue Cassette, 22.
> *Secrétaire-Trésorier* : M. PARENT (G.), boulevard
> Saint-Michel, 83.

1898.   Société artistique des Peintres de montagne.

> *Président* : M. NOZAL (Alexandre), quai d'Auteuil,
> 17.
> *Secrétaire* : M. CLERMONT (R. de), avenue de
> l'Observatoire, 13.
> *Trésorier* : M. MARCHANDISE, rue Daru, 18.

1913.   Association amicale et professionnelle des Graveurs à
l'eau-forte.

> *Président* : M. SALLES (Léon), rue Ganneron, 9.
> *Secrétaire général* : M. DULNARD (Léon), rue Fran-
> çois Iᵉʳ, 52.
> *Trésorier* : M. DALLEMAGNE (Aimé), rue d'Assas, 36.

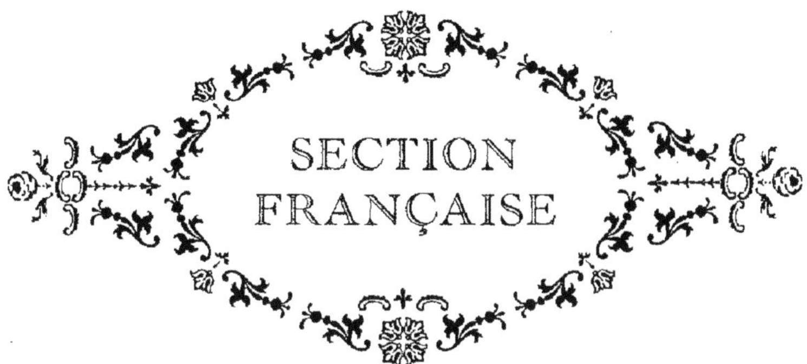

SECTION FRANÇAISE

'Exposition internationale du Livre et des Arts graphiques a été organisée pour commémorer le 150e anniversaire de la fondation de l'Académie Royale des Arts graphiques et du Livre.

Dès le début de l'année 1912, le Comité de direction de cette Exposition invita le Gouvernement français, par l'intermédiaire du département des Affaires étrangères, à y participer officiellement.

Après avoir reconnu l'intérêt qu'il y avait pour nos industries graphiques, à figurer à l'Exposition du Livre, le Gouvernement français souscrivit à la proposition qui lui était adressée. Il accepta l'invitation du Gouvernement allemand. Le Ministre du Commerce se préoccupa immédiatement des moyens de réaliser une participation en rapport avec l'importance de nos industries graphiques et avec la place qu'elles tiennent tant dans notre commerce intérieur que dans nos échanges avec l'étranger.

L'exemple de la France fut d'ailleurs suivi par de nombreuses nations qui ont elles-mêmes un glorieux passé dans les Arts graphiques. C'est ainsi que l'Angleterre, la Hollande, l'Autriche, l'Italie, la Russie, la Belgique, la Suisse, le Japon, etc. ont organisé une participation officielle à Leipzig.

Les crédits nécessaires à l'organisation de la Section française furent accordés par le Parlement : ils firent l'objet d'une loi du 7 août 1913.

Le Gouvernement français confia le soin de le représenter, tant auprès des autorités allemandes qu'auprès du Comité d'organisation de la Section française et des exposants, à M. Roger Fighiéra, sous-directeur au ministère du Commerce et de l'Industrie.

Le *Comité français des Expositions à l'étranger* fut — comme de coutume — chargé de l'organisation de la Section française. Mais, étant donné le caractère spécial de l'Exposition, c'est au *Cercle de la librairie* qu'a été délégué le soin de procéder, sous le contrôle du Comité français, aux mesures d'exécution nécessaires.

En conséquence, à côté d'un Comité d'honneur et de patronage dont la présidence appartenait à M. Emile Dupont, Sénateur, Président du Comité français des Expositions à l'étranger, et qui comprenait les notabilités les plus hautes du monde de la Librairie et de l'Edition, un Comité d'organisation fut constitué avec, comme Président, M. Lucien Layus, Président du Cercle de la librairie et comme Secrétaire général de la Section française, M. Henri Pichot, Vice-Président du Cercle de la librairie.

C'est ce double organisme chargé, l'un de la préparation de l'Exposition et appelé à ce titre à recruter et à admettre les exposants, à les installer dans leurs groupes et classes, à veiller à tous les détails de l'organisation, l'autre de représenter le Gouvernement français et le ministère du Commerce et de l'Industrie dans les questions de tous ordres que soulève l'organisation d'une exposition, qui a eu le soin de constituer et d'organiser la Section française à l'exposition de Leipzig.

L'administration du Pavillon Français est dirigée par M. Edouard Telle, délégué permanent du Comité d'organisation à Leipzig. Le service intérieur est assuré par le personnel du Cercle de la librairie, sous les ordres de M. J. Lobel, directeur du Cercle. MM. Cère et de Brévans s'occupent, au siège du Comité français des Expositions à l'étranger, du service général.

Tout d'abord le Comité d'organisation de la Section française et le Délégué du Gouvernement français se sont préoccupés d'établir la classification de la Section française.

La graphique artistique, ainsi que la graphique appliquée et l'Art du Livre, qui forment le groupe I (lequel est international), ont été placés sous la présidence de M. Eugène Grasset, artiste d'une valeur éprouvée, auquel le Comité d'organisation a confié le soin d'exécuter l'affiche de la Section française.

Les groupes suivants ont été ainsi constitués :

Groupe   III. — Enseignement.
  —   IV. — Fabrication du papier.
  —   V. — Produits du papier — papeterie.
  —   VI. — Fabrication des encres et couleurs.
  —   VII. — Photographie.
  —   VIII. — Technique de la reproduction.
  —   IX. — Gravure et fonderie de caractères, stéréotypie, galvanoplastie.
  —   X. — Procédés d'impression.
  —   XI. — Reliure et brochure.
  —   XII. — Édition, librairie d'assortiment et de Commission.
  —   XIII. — Journaux. — Service de la presse. — Publicité.

Groupe XIV. — Bibliothèques, bibliographie, bibliophilie,
collections.
— XV. — Machines, matériel et outillage.
— XVI. — Protection et bien-être des ouvriers.

En outre, conformément aux précédents déjà créés à l'occasion d'expositions antérieures, notamment de l'Exposition Universelle et Internationale de Gand en 1913, le Comité d'organisation de la Section française a constitué une Commission des Congrès, Auditions et Conférences. Cette Commission a pour mission de déterminer parmi les Congrès qui se tiendront au cours de l'Exposition de Leipzig, ceux auxquels la France doit prendre une part effective. Elle préparera également un choix de conférences en langue française qui auront lieu pendant la durée de l'Exposition et qui sont de nature à intéresser, tant par le choix des sujets que par la qualité des conférenciers, le public étranger qui pratique la langue et la littérature françaises. Elle a été également chargée d'élaborer un programme d'auditions musicales qui, mieux que les partitions exposées dans la classe de l'impression, permettront aux visiteurs de l'Exposition de Leipzig de pénétrer le charme des œuvres de nos compositeurs.

Enfin, par les soins de la même Commission, il sera fait, pendant la durée de l'Exposition, dans la salle spécialement affectée aux Conférences, un ensemble de projections cinématographiques rappelant, notamment, les sites les plus pittoresques des régions françaises.

Pour abriter la Section française, il était nécessaire de lui affecter un pavillon de dimensions suffisamment vastes pour contenir tous les exposants recrutés par le Comité d'organisation et pour permettre à chacun des groupes de présenter, dans le cadre le plus approprié, leur exposition respective.

Le soin de dresser le plan de ce pavillon a été confié à MM. de Montarnal, architectes de la Section française ; la construction et les aménagements intérieurs sont l'œuvre de MM. Hutsebaüt, Palmeiro et Steiner ; les frises et les décorations ont été exécutées par MM. Duthoit et Plumereau.

Sur l'espace très vaste et fort bien situé, mis à la disposition du Comité d'organisation de la Section française par l'Administration allemande de l'Exposition de Leipzig, MM. de Montarnal ont édifié un vaste palais de style Louis XVI, dont les lignes gracieuses laissent subsister, néanmoins, le caractère imposant.

Le pavillon de la Section française, de forme rectangulaire, occupe une surface totale de 2.500 mètres carrés. Il comporte deux façades, l'une sur l'allée centrale de l'Exposition, l'autre, d'une longueur de 71 mètres, sur la rue des Nations.

Indépendamment de l'emplacement réservé à chacun des groupes qui ont tenu à avoir une décoration et un aménagement spéciaux, le pavillon de la Section française comprend deux entrées principales sur les deux façades les plus en vue. Ces entrées monumentales, encadrées de hautes colonnes, conduisent l'une au groupe de l'Édition, l'autre à l'exposition de la Ville de Paris composée des travaux des élèves de l'École municipale Estienne, préparée avec un goût très sûr par M. Georges Lecomte, directeur de cet établissement, à l'exposition du département de la Seine, au Salon d'honneur et à l'exposition du Livre d'Art préparée par M. Carteret.

Le Salon d'honneur, dans lequel eut lieu l'inauguration de la Section française, a été décoré dans le style Louis XVI. Deux merveilleuses tapisseries des Gobelins, représentant l'une l'*Ecole d'Athènes*, l'autre l'*Incendie du Borgo*, d'après les tableaux de Raphaël, de la série des Loges du Vatican, ornent les faces latérales de ce salon qui contient, en outre, des meubles d'une grande richesse, prêtés gracieusement par MM. Braquenié et Cⁱᵉ, Jémont, Albert Pruneau et des échantillons remarquables de ce que produit en pièces décoratives la Manufacture nationale de porcelaine de Sèvres.

A l'intérieur du pavillon de la Section française, a été aménagée une salle de conférences, pouvant contenir environ 3oo personnes. C'est là qu'auront lieu les conférences en langue française, les auditions musicales et les projections cinématographiques, exécutées par les établissements Gaumont.

Autour du pavillon, un jardin français a été dessiné. Il comporte sur la façade principale de gracieux massifs, parfaitement décorés, qui encadrent deux statues reproduisant les Arts graphiques, prêtées par la Ville de Paris.

En dehors du pavillon national, la France occupe un emplacement de 3oo mètres carrés dans la Galerie internationale des machines et un salon de 3oo mètres carrés dans le Palais des Beaux-Arts.

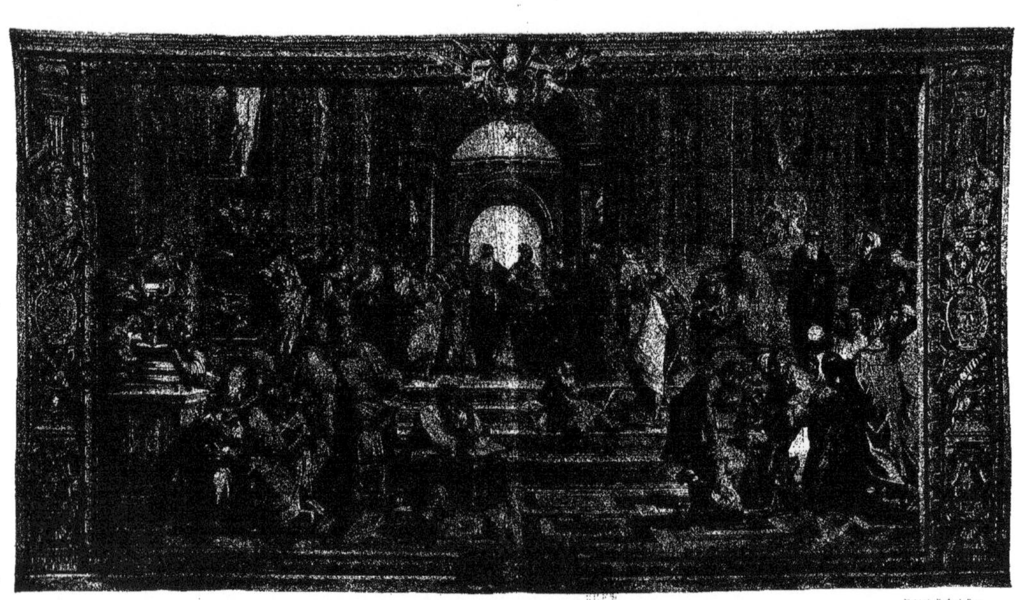

L'ÉCOLE D'ATHÈNES

Tapisserie appartenant aux Collections du Mobilier National, et faisant partie de la série des *Chambres du Vatican* de Raphaël.

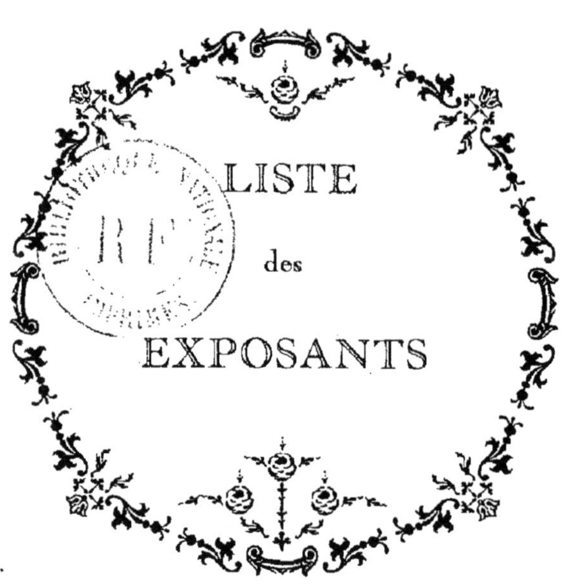

LISTE
des
EXPOSANTS

GROUPE I

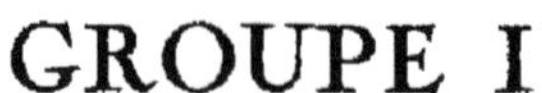

Graphique artistique.
Graphique appliquée

et

Art du Livre.

Président :

M. Eugène GRASSET

CLASSE 3

Graphique artistique (gravures originales à l'eau-forte. ⋅ Lithographies originales et autres en une ou plusieurs couleurs. ⋅ Calligraphie. ⋅ Gravures sur bois originales. ⋅ Art de la gravure.

1. ACHENER (Maurice), *15, avenue de Villars, Paris.* — 12 illustrations pour Théodelinde de Waldner. (Gravure sur bois, épreuve à la main sur Japon ancien). — Sienne. — Vico Alto. — Anvers. (Eaux-fortes).

2. ALLEAUME (Ludovic), *80, boulevard Saint-Germain, Paris.* — Beethoven. — Minaret à Jérusalem, Phalène et Feux follets. (Lithographies).

3. AUGER (Raymond), *9, rue Couche, Paris.* — Maisons normandes. — Paysage à la barque — Paysage au petit pont. (Eaux-fortes originales).

4. AURIOL (George), *44, rue des Abbesses, Paris.* — Selim. (Estampe). — « Bucoliques » (couverture du catalogue Enoch et Cie). (Lithographies). — Albert Bernard. (Couverture, typographie).

5. BELLANGER (Camille), *17, rue Delambre, Paris.* — Une fin. — A la Maternité. — Vierge consolatrice. (Lithographies originales).

6. BELTRAND (Camille), *8, square Delambre, Paris.* — Le Hameau au clair de lune. — Le Poirier. — Portraits de J.-J. Rousseau, Lamennais et G. de Nerval. (Gravures sur bois, au canif, en couleurs).

7. BERNARD (Émile), *15, quai de Bourbon, Paris.* — Illustrations pour les « Fleurs du mal », de Baudelaire. — Illustrations pour « Les Amours » de Pierre de Ronsard. (Gravures sur bois).

8. BERTON (Armand), *86, rue des Petits-Champs, Paris.* — L'Espiègle. — Étude de torse de dos. — Femme nue s'essuyant. — La Petite à la pantoufle. — Souvenir de Giorgione. — La Coiffure. — Fin de séance (effet de contre-jour). — Séduction ou Les Deux Sœurs. — Sous la feuillée. — Portrait de l'Artiste. — Matinée d'été. — Soir d'avril. (Eaux-fortes).

9. BOUROUX, (Paul-Adrien), *40, rue Denfert-Rochereau, Paris.* — Saint-Nicolas du Chardonnet à Paris. — Notre-Dame de Paris. — La place de la Madeleine à Genève. (Eaux-fortes originales).

10. BROUET (A.), *4, rue Camille-Tahan, Paris.* — Convoi de Romanichels. — Marchande de Légumes. — La Proxénète. Chanteuse de Caf-Conc. (Eaux-fortes). — La Parade. (Planche à la roulette).

11. BRUNET-DEBAINES

(Louis-Alfred), villa des Pervenches, *avenue de Beauregard, Hyères (Var)*. — La Haute Vieille Tour à Rouen et le portail de la calende (cathédrale). — Le Mont Saint-Michel. — Les « Cagnards » de l'Hôtel-Dieu à Paris. (Eaux-fortes originales, épreuves sur parchemin).

12. CHAHINE (Edgard), *39 bis, rue de Châteaudun, Paris*. — Avenue de Clichy. — Le Timonier tombé. — La soupe (grande planche). — Petite fête aux fortifications. — Saint-Ouen vu des fortifications. — Le Tombereau. (Eaux-fortes).

13. COLIN (Paul-Émile), *24, rue Latérale, Bourg-la-Reine (Seine)*. — Le Parc aux moutons (Provence). — Bois originaux pour la Terre et l'Homme d'Anatole France (Édition Ed. Pelletan). — Bois en camaïeu pour « Germinal » d'Émile Zola (Édition des Cent Bibliophiles). (Gravure sur bois originale).

14. COPPIER, (Charles-André), *1, rue de Pontoise, Paris*. — Les Pins sur la Riviera. — Homère et les Bergers. — La femme adultère. (Eaux-fortes originales).

15. COUSSENS (Armand), *4, place Questel, Nîmes*. — Pont Saint-Bénezet, à Avignon. (Vernis mou en couleurs.) — Petit marchand. (Vernis mou.) — Le Boniment. (Eau-forte).

16. DALLEMAGNE (Aimé-Edmond), *35, rue d'Assas, Paris*. — La rue de la Beau-

drairie à Vitré. — La rue Malpala à Rouen. — Le Cloître Saint-Trophime à Arles. (Eaux-fortes originales).

17. DARBOUR (Gaston), *Borybrut, par Périgueux (Dordogne)*. Parc Borghèse, Rome : Les Cyprès. — Parc Borghèse, Rome. Les Pins. — Campagne romaine. (Eaux-fortes).

18. DEVILLE (Henry), *39 bis, rue de Châteaudun, Paris*. — Coal works Edison (n° 15). — Une échappée sur New-York (2ᵉ état). — Le Parc à Charbons (n° 5). (Eaux-fortes).

19. ELIOT (Maurice), *37, boulevard de Clichy, Paris*. — Souvenir de Gavarni (Éventail). — Les Compagnes de Nausicaa. (Lithographies).

20. FOCILLON (Victor-Louis), *17, rue de l'Estrapade, Paris*. Hommage à Delacroix, d'après Fantin-Latour. — Les Communiantes, d'après Breton. — Cour de ferme, la nuit, d'après Millet. (Eaux-fortes.)

21. FRITEL (Pierre), *63, rue Moulon-Duvernel, Paris*. — Bellone triomphante. (Burin libre original). — Les Conquérants, (Eau-forte originale).

22. GÉRY-BICHARD (Alphonse), *89, boulevard de Port-Royal, Paris*. — Suzanne. — Les amoureux. — Le baiser. (Eaux-fortes).

23. GIRARDOT (Louis-Auguste), *68, rue d'Assas, Paris*. — Aïssaoua. — La plage de Tanger. (Eaux-fortes originales). — Mauresque sur sa terrasse. (Pointe sèche originale).

24. GOBO (Georges), *1, rue de Fleurus, Paris*. — Les Tanneurs. — La Cave peinte (Chinon). — Le pardon de Saint-Guénolé. (Eaux-fortes).

25. GRASSET (Eugène), *65, boulevard Arago, Paris*. — Jeanne-d'Arc. — Masques. (Lithographies). — Faunesses. (Dessin). — La Seine en hiver. — Le Vitriol. (Épreuves typographiques).

26. GREUX (Gustave), *51, rue Chanzy, Asnières, (Seine)*. — Spécimen d'une flore artistique. — Les sept structures de la plante. (Dix planches. Eaux-fortes).

27. GROUILLER (Robert-Pierre), *28, rue Le Regrattier, Paris*. — A Rothenburg. — Le Jardin de l'Evêché de Chartres. — Le portail de Saint-Nicolas-des-Champs à Paris. (Eaux-fortes).

28. GUSMAN (Pierre), *22, boulevard Edgar-Quinet, Paris*. — Les Pins du Vésuve. — Le Bain. (Compositions décoratives pour le « Nouvel Imagier». (Bois camaïeu).

29. HERMANN (Paul), *Tour de Villebon, Meudon (Seine-et-Oise)*. — L'infirmier. — Le Peintre. — Le Gantier. — (Encre de Chine.)

30. HOUDARD (Charles), *9, rue Marguerilté, Paris*. — Les Laveuses. — Le Sentier. — Après l'Averse. (Eaux-fortes).

31. JACQUIER (Mlle Ivy), *31, avenue de Noailles, Lyon*. — Boxeurs. — Concerto de Viotti (à l'encre). — Tête de Jeune fille, (Lithographie).

32. JOURDAIN (Henri), *80, rue de Passy, Paris*. — Décembre. (Eaux-fortes originales en couleurs pour l'illustration de La « Maison du Péché » de Mme Marcelle Tinayre. — 8 Eaux-fortes originales en couleurs. pour l'illustration de « Madame Bovary » de G. Flaubert. (Éditions de la Société des Livres d'art).

33. LANGEVAL (Jules-Laurent), *Villiers-sur-Morin (Seine-et-Marne)*. — L'appel aux armes (d'après un bronze de M. Auguste Rodin). — Portrait de Jacob Müffel (d'après Albert Dürer, Musée de Berlin). — (Gravures sur bois).

34. LATENAY (Gaston de), *147, avenue de Villiers, Paris*. — Les Dunes. — La Pluie. — La Mare. — Les grands Arbres. (Eaux-fortes).

35. LEBLOND (Etienne), *22, rue Nationale, Dunkerque*. — L'Averse. — Moulin flamand. — La Toilette. (Bois originaux).

36. LEGRAND (Louis), *51, rue Le Peletier, Paris*. — 24 Eaux-fortes pour « Poèmes à l'eauforte ». — Les Amants. — Charles VI. — Beau soir. — Joie maternelle. — Maîtresse. — Au bal. — Petite Ballerine. — (Eaux-fortes). — 8 Pointes sèches pour « Les Bars ». — Le Jaloux. — Digestion. — Réalisme. (Pointes sèches). — Une loge. (Eau-forte en couleurs).

37. LEHEUTRE (Gustave), *39 bis, rue de Châteaudun, Pa-*

ris. — La Cathédrale de Chartres. — L'Eure au pont des Saint-Pères, à Chartres. — La pointe de Guilben, à Paimpol. — Kernoa, à Paimpol. — Maison de la Belle Camille, à Pontrieux. (Eaux-fortes).

38. LEPÈRE (Auguste), *39 bis, rue de Châteaudun, Paris.* — Le Paysagiste. — Le Chemin. — Fin de journée. (1ᵉʳ état, en couleurs.) — Théocrite. — Le port de Nantes. — Cathédrale de Rouen. (4ᵉ état.) (Bois). Bucolique moderne. — La Rafle. — Les vagues déferlent. (Bois en couleurs.) — Retour du Troupeau. — Le pommier renversé. — La Seine au Pont National. — Le Bout-Genêt. — La Mare de la prairie. — Souvenir de Saint-Denis. — Le Moulin à Lidor. — Promenade du Dimanche. — Pommier mort. — La route de La Houssoye. (Eaux-fortes).

39. LE PETIT (A.-M.), *71, rue du Cardinal-Lemoine, Paris.* — La Bourrasque. — Le Vieux Ménage. — La Rouleuse. (Eaux-fortes).

40. LE RICHE (Henri), *198, rue de Courcelles, Paris.* — Tête de Vieille Femme. — Tête de Paysanne. (Eaux-fortes).

41. LUNOIS (Alexandre), *1, rue de Poissy, Paris.* — Danses marocaines. — Les Tziganes (Constantinople). — Fantaisie Indo-Persane. — Faneuses (Pyrénées). — Les Repasseuses. — La Sortie de bain de la Mariée Juive. — Les concerts de Mirepoix. Printemps norvégien à Lofthus. — Séville : la toilette. — Repos des danseuses. — Intérieur de paysans. — Toilette de la dame turque. — Séance de modèle. — La toilette, femme assise. — La raquette, ou la partie de volant. — Pénombre. (Lithographies et Eaux-fortes).

42. MORIN (Louis), *Varennes-Jarcy (Seine-et-Oise).* — Montmartre s'en va!... (Eau-forte et aqua-teinte originale.) — Frontispice de l' « Humour à Paris » (Revue trimestrielle éditée par l'auteur). — Masques vénitiens (Hors texte pour la Revue des quat'saisons. (Eaux-fortes originales).

43. PINET (Charles), *126, rue d'Alésia, Paris.* — Rue Grasmanant, au Puy. — Cour du Musée de Cluny. — Intérieur de Saint-Etienne-du-Mont. (Eaux-fortes).

44. RAFFAELLI (Jean-François), *1, rue Chardin, Paris.* — Le Grand Prix de Paris. — Le Boulevard des Italiens. (Eaux-fortes en couleurs imprimées sur deux planches). La Seine à Paris (appartient à la ville de Paris). — Les deux Amis. — Le Quai de la Tournelle (commandé par les Amis de Paris). (Eaux-fortes en couleurs imprimées sur quatre planches).

45. REDON (Odilon), *129, avenue de Wagram, Paris.* — Brünehilde. — A la Vieillesse. — L'Aile. — Lumière. — Tête d'enfant avec fleurs. — Serpent-Auréole. — Oannès. — Il tombe dans l'abîme. — A

l'horizon, l'Ange des certitudes. — Saint Antoine. — Je vis le contour d'une forme humaine. (Lithographies). — Perversité. — Mauvaise Gloire. — Caïn et Abel. — La peur. (Eaux-fortes).

46. RODIN (Auguste), *182, rue de l'Université, Paris.* — Portrait de M. Antonin Proust. (Gravure).

47. ROTH (Paul), *30, place Denfert-Rochereau, Paris.* — Le Semeur. — Les Vieux Pêcheurs. (Gravures sur bois).

48. ROUSSEAU (Jean-Jacques), *6, rue du Colonel-Moll, Paris,* Petit Taureau blanc. (Gravure en couleurs.) — Vache et son Veau. — Nuit d'octobre. — Vache à l'Herbage. — Nuit d'été. (Eaux-fortes).

49. ROUX (Émile), dit E. ROUX-FABRE, *23, rue Morère, Paris.* — A mon Grand-père, J.-H. Fabre, l'entomologiste de Sérignan. — Vers l'abime! — En retraite. (Eaux-fortes originales).

50. STEINLEN (Th.-A.), *39 bis,* rue de Châteaudun, Paris. — Gamines sortant de l'école. — Les Trois Compagnons. — Les Amoureux. — Femme nue assise de 3/4 à droite. — Baigneuses en plein air. — L'honnête ouvrier. — Été : Chat sur une balustrade. — La sortie de la mine. (Lithographies).

51. TINAYRE (Julien), *82, rue Dareau, Paris.* — Chaumières à Grosrouvre. (Gravure sur bois originale.) — Portrait de Carrière (d'après Carrière). (Lithographie, 50 exemplaires).

52. TRUCHET (Abel), *4, rue Caroline, Paris.* — Venise. — La Salute. — La Voile Jaune. — La Piazzetta. (Eaux-fortes en couleurs).

53. VEBER (Jean), *149, boulevard Pereire, Paris.* — Les demoiselles à la mode. — Le Philosophe. — L'Arracheuse de dents. — La Soirée Bourgeoise. — Chez Durand. — Les cinq doigts de la main. — A la Fenêtre. (Lithographies en couleurs).

CLASSE 4

Graphique pour la reproduction.

1. ELIOT (Maurice), *57, boulevard de Clichy, Paris.* — Étude de femme. (Dessin).

2. ROTH (Paul), *30, place Denfert-Rochereau, Paris.* — Le Vagabond. (Dessin).

3. TINAYRE (Julien), *82, rue Dareau, Paris.* — Vieille-Rue, à Montfort-l'Amaury. (Dessin).

GROUPE III

Enseignement.

Installation d'Établissements d'Enseignement,
d'Écoles pour Industrie du Livre,
pour l'Enseignement de la Photographie
et des Arts Graphiques.

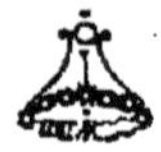

BUREAU

Président : M. Jules MARCADET
Vice-Président : M. Léon RIOTOR
Secrétaire : M. Fernand NATHAN
Trésorier : M. Max DELAGRAVE

COMITÉ

MM. Jean Paul BELIN   MM. Alban CHAIX
A. BROQUELET   Jules HETZEL
M. Alexis LAHURE

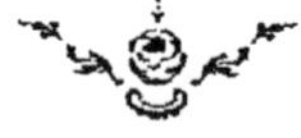

CLASSE 9

Universités et académies : Programme d'enseignement et horaires. ◦ Dessins, modèles et autre matériel d'enseignement de ce genre. ◦ Travaux d'écoliers,

1. ÉCOLE CENTRALE DES ARTS ET MANUFACTURES, *1, rue Montgolfier, Paris.* — Vues de l'École. Travaux d'élèves.

2. ÉCOLE FRANÇAISE DE PAPETERIE, *Université, Grenoble (Isère).* — Échantillons de papier. Photomicrographies. Cours professés à l'École.

3. MINISTÈRE DU COMMERCE, DE L'INDUSTRIE, DES POSTES ET DES TÉLÉGRAPHES, *101, rue de Grenelle, Paris.* — Carte de France donnant la situation géographique des Écoles, des Cours professionnels et des Bibliothèques techniques.

CLASSE 10

Écoles des Arts et Métiers : Programme d'enseignement et horaires. ◦ Dessins, modèles et autre matériel d'enseignement de ce genre. ◦ Travaux d'écoliers.

1. ÉCOLE NATIONALE D'ARTS ET MÉTIERS, *Aix-en-Provence.* — Vues d'ateliers. Travaux d'élèves.

2. ÉCOLE NATIONALE D'ARTS ET MÉTIERS, *Angers.* — Vues d'ateliers. Travaux d'élèves.

3. ÉCOLE NATIONALE D'ARTS ET MÉTIERS, *Châlons-sur-Marne.* — Vues d'ateliers. Travaux d'élèves.

4. ÉCOLE NATIONALE D'ARTS ET MÉTIERS, *Cluny.* — Vues d'ateliers. Travaux d'élèves.

5. ÉCOLE NATIONALE D'ARTS ET MÉTIERS, *Lille.* — Vues d'ateliers. Travaux d'élèves.

6. ÉCOLE NATIONALE D'ARTS ET MÉTIERS, *157, boulevard de l'Hôpital, Paris.* — Vues d'ateliers. Travaux d'élèves.

CLASSE 11

Écoles industrielles et professionnelles : Écoles professionnelles pour apprentis et ouvriers.

1. ASSOCIATION POUR L'ENCOURAGEMENT DES ÉTUDES GRECQUES, *44, rue de Lille, Paris.* — Travaux obtenus dans les concours typographiques organisés par l'Association.

2. ASSOCIATION SYNDICALE DES TYPOGRAPHES DE BORDEAUX, *Bordeaux.* — Travaux des élèves des Cours professionnels.

3. BORGEAUD, *41, rue des Saints-Pères, Paris.* — Un fichier pour catalogues.

4. BROQUELET (Jean), *40, rue d'Hauteville, Paris.* — Technique du livre.

5. CERCLE DE LA LIBRAIRIE, *117, boulevard Saint-Germain, Paris.* — Tableau des Cours professionnels.

6. CERCLE D'ÉTUDES TYPOGRAPHIQUES, *Besançon.* — Travaux des membres du Cercle.

7. CHAMBRE SYNDICALE PARISIENNE DES IMPRIMEURS DE JOURNAUX QUOTIDIENS — École de linotypistes, *37, rue de Châteaudun, Paris.* — Graphique.

8. CHAMBRE SYNDICALE DU PAPIER, *10, rue de Lancry, Paris.* — Tableau des services. Travaux d'élèves.

9. CHAMBRE SYNDICALE TYPOGRAPHIQUE, *Limoges.* — Travaux des Cours professionnels.

10. CHAMBRE SYNDICALE TYPOGRAPHIQUE PARISIENNE, *5, rue Séguier, Paris.* — Travaux des Cours, Publications techniques; bulletins.

11. DUNOD ET PINAT, *49, quai des Grands-Augustins, Paris.* — Livres sur la fabrication du papier.

12. ÉCOLE MUNICIPALE ESTIENNE, *18, boulevard Blanqui, Paris.* — Travaux d'élèves.

13. ÉCOLE NATIONALE PROFESSIONNELLE, *Armentières.* — Travaux d'élèves.

14. ÉCOLE NATIONALE PROFESSIONNELLE, *Nantes.* — Travaux d'élèves.

15. ÉCOLE NATIONALE PROFESSIONNELLE, *Vierzon.* — Travaux d'élèves.

16. ÉCOLE NATIONALE PROFESSIONNELLE, *Voiron.* — Travaux d'élèves.

17. ÉCOLE PRATIQUE DE COMMERCE ET D'INDUSTRIE, *Angoulême.* — Échantillons de papier. Chiffons. Feutres servant aux cours.

18. ÉCOLE PRATIQUE D'IN-DUSTRIE, *Lille.* — Travaux d'élèves. Typographie. Photogravure.

19. ÉCOLE PRATIQUE DE COMMERCE ET-D'INDUSTRIE, *Nîmes.* — Travaux d'élèves : lithographie.

20. ÉCOLE PROFESSION-NELLE D'ALEMBERT, *Montevrain (Seine-et-Marne.)* — Département de la Seine, service des enfants assistés. Travaux d'élèves.

21. ÉCOLE TYPOGRA-PHIQUE LYONNAISE, *7, place des Terreaux, Lyon.* — Travaux d'élèves.

22. FÉDÉRATION TYPO-LITHOGRAPHIQUE INDÉPENDANTE, *19, rue des Gravilliers, Paris.* — Impressions lithographiques.

23. GAUTHIER-VILLARS et Cie, *55, quai des Grands-Augustins, Paris.* — Volumes sur la technique du livre.

24. GRUEL (Léon), *418, rue Saint-Honoré, Paris.* — Volumes sur l'art de la reliure.

25. HETZEL (J.), *18, rue Jacob, Paris.* — Volumes sur la technique du livre.

26. HEUER, *21, rue Baudin, Paris.* — Livres sur l'apprentissage et les rouleaux d'imprimerie.

27. IMPRIMERIE CHAIX, *20, rue Bergère, Paris.* — Travaux d'élèves des Cours professionnels annexés à l'Impriprimerie.

28. IMPRIMERIE LAHURE, *9, rue de Fleurus, Paris.* — Récompenses obtenues aux concours organisé par l'Association pour les études Grecques et travaux d'élèves.

29. IMPRIMERIE ET LI-BRAIRIE BERGER-LEVRAULT, *18, rue des Glacis, Nancy.* — Volumes sur la technique du livre.

30. LIBRAIRIE DELAGRAVE, *15, rue Soufflot, Paris.* — Volumes sur la technique du livre.

31. MULO (Mlle Louise), *12, rue Hautefeuille, Paris.* — Volumes sur la technique du livre.

32. NATHAN (Fernand), *16, rue des Fosséo-Saint-Jacques, Paris.* — Volume sur l'adaptation décorative.

33. SOCIÉTÉ FRANÇAISE DE L'ART A L'ÉCOLE, *26, quai de Béthune, Paris.* — Estampes; récompenses scolaires; bulletins.

34. SYNDICAT PATRONAL DE LA RELIURE, *7, rue Coëtlogon, Paris.* — Travaux d'élèves.

35. THIBAUDEAU (Francis), *4, avenue Reille, Paris.* — Croquis-calque. Ouvrages sur la typographie.

GROUPE IV

Fabrication du Papier.

BUREAU

Président : M. André NAVARRE
Vice-Président : M. E. FAUCHIER-DELAVIGNE
Secrétaire-Trésorier : M. G.-A. CARON

COMITÉ

MM.
Jules CAHEN
Henri René CHAUVIN
Mme Antoine DURIF

MM.
Armand GEISMAR
P. H. G. MAUNOURY
Denis RIVAGE

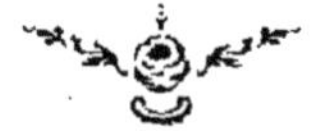

CLASSE 15

Papiers en feuilles et en rouleaux. ◦ Cartons. ◦ Papiers à dessin. ◦ Papier d'aquarelliste. ◦ Papiers préparés pour usages divers. ◦ Papiers de couleurs.

1. BANQUE DE FRANCE, *1, et 3, rue de la Vrillière, Paris.* — Papiers filigranés.

2. BOLLORÉ (R.), *Odet, près Quimper (Finistère).* — Papiers à cigarettes.

3. BRETON (J.) et Cie, *245, rue Saint-Martin, Paris.*—Papiers couchés.

4. CHAUVIN (Henri), *Poncé (Sarthe).* — Papiers minces et à cigarettes.

5. DURIF (A.) et fils, *Ponts et Marais, Eu (Seine-Inférieure).* — Papiers divers.

6. FAILLIOT et fils, *145, rue de la Chapelle, Paris.* — Papiers divers.

7. GEISMAR, LÉVY et Cie, *187, 189 quai Valmy, Paris.* — Papiers d'impression, d'édition et d'écriture. Journaux.

8. LACOSTE et Cie, *au Pénitent, près Saint-Léonard (Haute-Vienne).* — Papiers couchés, 1 et 2 faces pour impression de luxe. Couché mat vernissable pour impression lithographique.

9. MAUNOURY et Cie, *10, rue Coquillière, Paris.* — Papiers d'impression, d'édition et d'écriture, cartonnages, rouleaux de musique perforée.

10. PAPETERIES PRIOUX MUNIER, GLATRON BASCHET et Cie, *5, impasse Reille, Paris.*—Tous les papiers pour l'impression, l'édition, l'écriture, l'emballage et industries diverses.

11. PAPETERIES BERGÈS, société anonyme au capital de 6 millions. — Papiers d'impression, d'édition et d'écriture. Production. 120 000 kilogs par jour. *Usines à Lancey (Isère), Persan (Seine-et-Oise), Alfortville (Seine).*

12. PUTOIS (G.), *3, rue Turbigo, Paris.* — Papiers de fantaisie.

13. RIVAGE (D.) et Cie, *15, rue Lauzun, Paris.* — Papiers préparés pour reports lithographiques.

14. SOCIÉTÉ ANONYME DES ANCIENS ÉTABLISSEMENTS BRAUNSTEIN Frères, *83, boulevard Exelmans, Paris.* — Papiers à cigarettes.

15. SOCIÉTÉ ANONYME DES PAPETERIES DE L'AA, *Wizernes (Pas-de-Calais).* — Papiers d'impression, d'édition.

16. SOCIÉTÉ ANONYME DES PAPETERIES DU MARAIS ET DE SAINTE-MARIE, Siège social et vente, *3, rue du Pont-de-Lodi, Paris.* — *Usines : Sainte-Marie par Boissy-le-Châtel (Seine-et-Marne).* — Papiers pour Rente et Timbre d'État. Bil-

lets de Banque. Titres vélins et filigranés. Cuve. Impressions de Luxe. Éditions. Registres. Écritures fines. Buvards. Chromo. Phototypie. Taille-douce et lithographie.

17 . SOCIÉTÉ ANONYME DES PAPETERIES DE SOREL-MOUSSEL, *83, rue de l'Ouest, Paris.* — Papiers d'impression.

18. UNION FRANÇAISE DES PAPETERIES, *8 et 9, quai Tilsitt, Lyon. Usines à Voiron* (*Isère*), *Galas* (*Vaucluse*), *Monfourat* (*Gironde*), *Champ-sur-Drac* (*Isère*), *Roanne* (*Loire*), *Rouen* (*Seine-Inférieure*). — Tous papiers et cartons pour la photographie, l'édition, l'impression, l'écriture et l'emballage.

19 . VAISSIER (E.) et Cie, *48, rue du Château-d'eau, Paris.* — *Usines à Marnay, Vendôme, Fréteval et Saint-Mars-la-Brière.* — Papiers d'impression, d'édition, d'écriture, et support pour couchage.

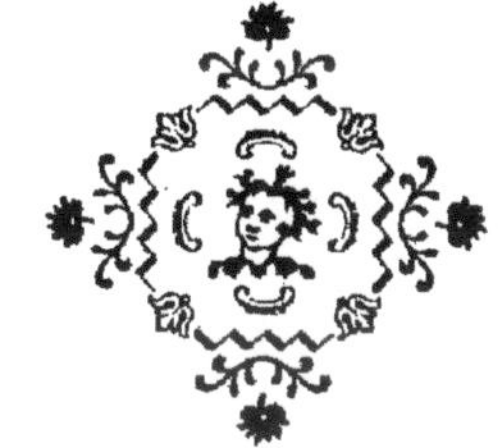

GROUPE V

Produits du Papier

et

Papeterie.

BUREAU

Président : M. Armand EVETTE
Vice-Présidents : M. Charles DARRAS
M. Eugène-Louis MOREAU
Secrétaire-Trésorier : M. Henri SEGUIN

COMITE

MM.	MM.
Léopold BACHOLLET	FAUCHIER-DELA-
Louis CHAPPELLIER	VIGNE
Charles CHEVALIER	Gaston GERMAIN
Clément DREYFUS	Salomon HIRSCH
Auguste FAILLIOT	Paul TOCHON-
Jacques FAILLIOT	LEPAGE

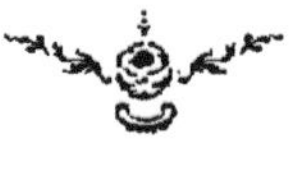

CLASSE 16

Façonnage du papier. ·«»· Sacs. ·«»· Boîtes pliantes et produits similaires pour l'emballage des marchandises. ·«»· Enveloppes. ·«»· Registres. ·«»· Carnets de notes. ·«»· Calendriers. ·«»· Cahiers et cahiers à dessin, etc. ·«»· Cartes à jouer. ·«»· Cartes photographiques. ·«»· Papier crêpe et articles de papier crêpe. ·«»· Articles de papiers estampés. ·«»· Assiettes en carton, etc. ·«»· Étiquettes avec fil et autres pour envois. ·«»· Cartonnages. ·«»· Produits en pâte de papier.

1. BACHOLLET (Établissements), *13, 14 et 15, rue Morand, Paris.* — Impressions d'art. Tableaux-réclame en relief.

2. BOLLORÉ (R.), *Papeteries d'Odet, par Quimper (Finistère).* — Fondée en 1822. Papiers à cigarettes en rames et bobines.

3. BRETON (J.) et Cie, *245, rue Saint-Martin, Paris.* — Papiers pour impressions.

4. CHAPPELLIER (L.) et A. GRAND, *78, rue de Wattignies. Paris.* — Papiers et toiles gommés en bobines, en bandes, en serpentins et tous formats.

5. CHEVALIER (Ch.), *7, rue Gomboust, Paris.* — Gravure. Timbrage. Paris, 1900, Médaille d'or; Saint-Louis, Médaille d'or; Liège, Diplôme d'honneur; Milan, Diplôme d'honneur; Turin, Grand Prix; Bruxelles, Grand Prix; Gand, Grand Prix.

6. CLÉMENT, *13, rue Saint-Merri, Paris.* — Éditeur-Héliograveur. Reproduction d'estampes anciennes et modernes. Fabrique de cartonnage fin. pour confiseurs et parfumeurs.

7. COMPAGNIE DE FABRICATION FRANÇAISE DU PAPIER MANUFACTURÉ, *8, avenue de Bellevue, Parc Saint-Maur (Seine).* — Quatre Grands Prix : Marseille 1906, Bruxelles 1910, Roubaix 1911, Gand 1913.

8. EVETTE, GERMAIN et Cie, *243, rue Saint-Martin, Paris.* — Papiers couchés et de fantaisie spéciaux pour la Reliure, le Cartonnage, la Parfumerie, la Pharmacie, la Confiserie, etc. Cartons gris et blanchis. Cartes en feuilles. Carton bois. Cartons cuir.

9. FAILLIOT et fils, *145, rue de la Chapelle, Paris. Usines à Conty (Somme).* — Fabricants de papiers d'impression et d'emballage. Cartonnages.

CLASSE 17

Papeterie. ◄► Matériel pour écrire, dessiner et peindre. ◄► Plumes. ◄► Crayons. ◄► Crayons-couleur. ◄► Encres à écrire. ◄► Encres de Chine. ◄► Classeurs, etc.

1. CONTÉ, inventeur des Crayons, DESVERNAY et Cie, successeurs, 65, rue de Rivoli, Paris. Manufacture à Régny (Loire). — Crayolor-Conté. Crayon de couleur nu sans bois, en 48 nuances, établi conformément aux méthodes de l'enseignement du dessin colorié, s'employant à sec, ou délayé à l'eau ou à l'huile pour la peinture. Spécialité de Crayons à mine de Graphite supérieur « Alaska » en 15 graduations. Graphite Conté en 6 graduations. Crayons « Onctueux » en pierre noire mate. Crayons à dessin à mines noire, sépia, sanguine, blanche. Gomme Bichette Conté pour l'usage du Crayolor et de tous crayons.

2. COQUELIN (Fernand), 34, rue de Seine, Paris. — Articles de Papeterie, pour dessin et Beaux-Arts. Articles et produits pour dessiner. Matériel pour les Beaux-Arts.

3. CRAYON PAPIER (Le), 40, rue Louis-Blanc, Paris. — Se taille en coupant entre deux trous une bandelette de papier qu'il suffit de dérouler. Crayons noirs et couleurs.

4. FORTIN et Cie, PAPETIERS IMPRIMEURS, 59, rue des Petits-Champs, Paris. — Re-gistres. Copies de lettres, etc.

5. GAUT et BLANCAN, 154 faubourg Saint-Denis. Usines à Pantin. — Encres à écrire, marque Dagron. Cires fines à cacheter. Colles. Pâtes et Papiers autographiques Dagron.

6. GILBERT et Cie, Givet (Ardennes). — Manufacture de crayons, fondée en 1836. Crayons de tous genres à mine de graphite et de couleurs, marques GILBERT, GRANDES ÉCOLES NATIONALES, CRAYON CHINOIS.

7. LEPAGE, (A.) aîné TOCHON-LEPAGE et Cie, successeurs, 3, rue des Deux-Boules, Paris. — Papiers à dessin. Toiles et papiers pour la peinture.

8. PAILLARD (Société Anonyme des Anciens Établissements J.-M.), 17, passage Saint-Sébastien, Paris. — Couleurs fines. Matériel de peinture et dessin. Articles de bureau.

9. PLATEAU (J.), 9, rue Morand, Paris. — Encres à écrire. Cires à cacheter.

10. SCHOEMANN (A.), 50, rue des Marais, Paris. Usine : 28, rue du Progrès, Montreuil-sous-Bois. — Papiers de luxe. Boîtes pliantes. Papiers hygiéniques.

11. FORTIN et Cie, PAPE-TIERS-IMPRIMEURS, *59, rue des Petits-Champs, Paris.* — Fournisseurs des Ministères. Registres. Copies de lettres. Carnets. Papier quadrillé au millimètre.

12. GAUT et BLANCAN *154, faubourg Saint-Denis, Paris* (Bureaux), *rue de Montreuil et rue Lavoisier, Pantin (Seine). (Usines).* — Hors concours, Membre du Jury, Exposition Universelle 1900. Papiers à lettres. Enveloppes. Sacs. Pochettes. Menus et Calendriers artistiques. Copies de lettres, à coins hydrofuges.

13. LACOSTE et Cie, au Pénitent près *Saint-Léonard (Haute-Vienne).* — Papiers couchés. 1 et 2 fois pour impressions.

14. LEPAGE (A.), aîné, TOCHON-LEPAGE et Cie, successeurs, *3, rue des Deux-Boules, Paris.* — Papiers à dessin. Toiles et papiers pour la peinture.

15. MAUNOURY et Cie, *10, rue Coquillière, Paris.* — Papiers transformés et divers.

16. MILLIOT (Gaston), *64, rue Amelot, Paris.* — Gravures. Timbrage. Taille-douce. Étiquettes de grand luxe, s'appliquant spécialement à la Parfumerie.

17. PAPETERIES PRIOUX MUNIER, GLATRON, BASCHET et Cie, *5, impasse Reille, Paris.* — Tous les papiers pour l'impression, l'écriture, l'emballage et industries diverses.

18. PUTOIS (G.), *3, rue Turbigo, Paris.* — Papiers de fantaisie, marbrés et pour reliure.

19. RIVAGE (D.) et Cie, *15, rue Lauzun, Paris.* — Papiers préparés pour reports litho.

20. SCHOEMANN (A.), *50, rue des Marais, Paris. Usine, 28, rue du Progrès, Montreuil-sous-Bois.* — Papiers de luxe.

21. SEGUIN (Henri), *49 bis, rue de Lancry, Paris.* — Manufacture de cartonnages de luxe et de fantaisie, pour Parfumeurs, Chocolatiers et Confiseurs.

22. SOCIÉTÉ ANONYME DES ANCIENS ÉTABLISSEMENTS BRAUNSTEIN Frères, *83, boulevard Exelmans, Paris.* — Papiers à cigarettes.

CLASSE 18

Calligraphie et sténographie. Graphologie. Comparaison des écritures.

1. HAVETTE (René), *9, rue des Arènes, Paris*. — Publications sténographiques.

CLASSE 19

Machines à écrire. Machines et appareils à reproduction. Meubles de bureau, etc.

1. DUBOULOZ (J.), *9, boulevard Poissonnière, Paris*. — Autocopiste, épreuves et appareils.

2. GAUT et BLANCAN *154, faubourg Saint-Denis, Paris*. — Rubans Dagron pour Machines à écrire.

3. PLATEAU (J.), *9, rue Morand, Paris*. — Papiers carbone. Rubans encrés pour machines à écrire, etc.

GROUPE VI

Fabrication des Encres et Couleurs.

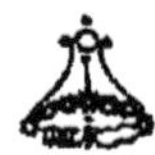

BUREAU
Président : M. Émile LEFRANC
Secrétaire-trésorier : M. Pierre LORILLEUX

COMITÉ
MM. Raoul HUSSENOT-LORILLEUX
René MOREL-LEFRANC
Adolphe LACROIX

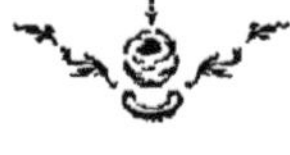

CLASSE 21

Fabrication des couleurs et encres pour l'imprimerie, la lithographie, l'héliogravure, l'impression en taille-douce et autres procédés d'impression.

1. **FALCK-ROUSSEL**, *200, quai Jemmapes, Paris.* — Encres d'imprimerie.

2. **LAFLÈCHE-BRÉHAM, LAFLÈCHE** fils, successeurs, *12, rue de Tournon, Paris.* — Encres d'Imprimerie.

3. **LEFRANC** et Cie, *12, rue de Seine, Paris.* — Encres d'imprimerie, Lithographie, Typographie et tous les procédés d'imprimerie. Maison fondée en 1775.

4. **LORILLEUX (CH.)** et Cie, *16, rue Suger, Paris.* — Maison fondée en 1818, 10 usines, 50 succursales. Encres d'imprimerie, couleurs, vernis.

5. **VALETTE (E.)**, *13, quai Montebello, Paris.* — Encres d'Imprimerie lithographiques, autographiques; crayons lithographiques noirs et couleurs et à report.

CLASSE 22

Couleurs pour peintures à l'huile, temperas, aquarelles, émaux. ◁▷ Couleurs à base de craie, etc.

1. **DESCHAMPS** frères, Ch. **FREUND, DESCHAMPS** et Cie, *Vieux-Jean-d'Heurs, Meuse.* — Outremers couleurs pour typographie, lithographie et impressions.

2. **LACROIX (A.)** et Cie, *172, avenue Parmentier, Paris.* — Couleurs vitrifiables.

3. **LEFRANC** et Cie, *18, rue de Valois, Paris.* — Maison fondée en 1775. Couleurs pour peinture à l'huile, tempera, aquarelle, couleurs à base de craie.

4. **SOCIÉTÉ ANONYME DES ANCIENS ÉTABLISSEMENTS PAILLARD**, *17, passage Saint-Sébastien, Paris,* — Couleurs pour la peinture à l'huile et l'aquarelle.

GROUPE VII

Photographie.

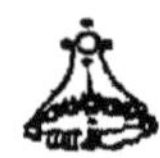

BUREAU

Président : **M. Paul BOURGEOIS**
Vice-Présidents : **M. Charles MENDEL**
M. Paul NADAR
Secrétaire-Trésorier : **M. Edouard GRIESHABER**

COMITÉ

MM.
François **BARCOUDA**
Gabriel **FÉLIX**
Léon **GAUMONT**
Ch. **GERSCHEL**
Maurice **GRIESHABER**
Joseph **JOUGLA**

MM.
Auguste **LUMIÈRE**
Henri **MANUEL**
OTTO
Constant **PUYO**
Edmond **VALLOIS**

CLASSE 24

Théorie et technique de la photographie. ◈ Démonstrations pratiques des procédés photographiques. ◈ La photographie au service des sciences et de la technique (sciences naturelles, médecine, justice, géographie, guerres, etc.). ◈ Méthodes photographiques spéciales (photographie des couleurs, etc.).

1. CHARLES MENDEL, *118, rue d'Assas, Paris.* — Publications relatives à la photographie, et à la cinématographie.

2. UNION PHOTOGRAPHI-QUE INDUSTRIELLE (Etablissements Lumière et Jougla réunis), *82, rue de Rivoli, Paris.* — Photographies en couleurs.

CLASSE 25

Photographies de professionnels : Portraits. ◈ Images de groupes et de genre. ◈ Paysages. ◈ Photographies techniques et industrielles.

1. BARCOUDA, *Chartres (Eure-et-Loir).* — Portraits.

2. BENJAMIN, *15, rue Saint-Florentin, Paris.* — Portraits.

3. FÉLIX (Gabriel), *6, boulevard des Italiens, Paris.* — Photographies d'art.

4. GERSCHEL (Charles), *5, rue de Prony, Paris.* — Photographies d'art.

5. LABORIE ET SEYFRIED, *11, rue Boudreau, Paris.* — Photographies.

6. MANUEL (Henri), *27, rue du Faubourg-Montmartre, Paris.* — Photographies d'art.

7. NADAR (Paul), *57, rue d'Anjou, Paris.* — Photographies d'art.

8. OTTO, *3, place de la Madeleine, Paris.* — Photographies d'art.

9. PANAJOU Frères, *6 et 8, Allées de Tourny, Bordeaux.* — Photographies.

10. VALLOIS (Edmond), *99, rue de Rennes, Paris.* — Photographies.

CLASSE 26

Photographies d'amateurs : Portraits. Images de groupes et de genre. Paysages.

1. COLLECTIVITÉ DU PHOTO-CLUB DE PARIS, *44, rue des Mathurins, Paris.*

   (Les exposants inscrits dans cette collectivité ne concourent pas pour une récompense individuelle).

2. BOURGEOIS (Paul).
3. BUCQUET (Maurice).
4. BUCQUET (Mlle).
5. HACHETTE (André).
6. MATHIEU (Emmanuel).
7. NAUDOT (Paul).
8. PUYO (Constant).
9. SCHNEIDER.
10. TOUTAIN (André).

CLASSE 27

Produits de l'industrie photographique : Matières premières. Produits chimiques. Matériel sensible. Optique. Appareils photographiques. Accessoires divers. Technique de la reproduction. Projections. Cinématographie.

1. CRUMIÈRE (E.) et Cie, *20, rue Bachaumont, Paris.* — Papiers photographiques.

2. DEMARIA (Jules), *35, rue de Clichy, Paris.* — Matériel cinématographique.
   — Plaques et papiers photographiques.

3. ÉTABLISSEMENTS GAUMONT (Société des) *57, rue de Saint-Roch, Paris.* — Matériel photographique, cinématographique et films.

4. GRIESHABER Frères, *12, rue du Quatre-Septembre, Paris. Usines à Saint-Maur-les-Fossés.*

5. UNION PHOTOGRAPHIQUE INDUSTRIELLE, (Etablissements Lumière et Jougla), *82, rue de Rivoli, Paris. Usines à Lyon-Monplaisir et au Perreux.* — Plaques autochromes Lumière. Plaques orthochromatiques. Plaques pelliculaires. Plaques négatives et positives. Produits chimiques. Cinématographie.

6. OPTIQUE RÉUNIE (Maison J. Rose), *33, rue Émile-Zola, Prés Saint-Gervais (Seine).* — Objectifs Orbi. Vues fixes et animées. Trousses.

GROUPE VIII

Technique de la Reproduction.

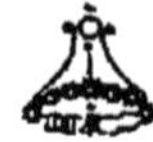

BUREAU

Président : M. D.-A. LONGUET
Vice-Président : M. ÉMILE DE RUAZ
Secrétaire-Trésorier : M. RAPHAËL POYET

COMITÉ

MM. Léon MAROTTE, Pierre CATALA

CLASSE 29

Procédés modernes de reproduction : Clichés de traits, réticulaires et à grains pour la technique à une ou plusieurs couleurs. ❧ Impressions héliographiques en une et plusieurs couleurs. ❧ Photographies reportées sur bois, pierres et métaux. ❧ Fac-similés et gravures sur bois à fond. ❧ Gravures sur bois techniques. ❧ Héliographie et Héliogravure en une et plusieurs couleurs. ❧ Procédés divers combinés : héliogravure et chromolithographie, héliogravure et photographie, lithographie et héliogravure, etc. ❧ Gravures à la machine.

1. BOUCHÉ (Ferdinand), *34, rue de Seine, Paris.* — Photogravures.

2. CATALA Frères, *31, rue de-Bellefond, Paris.* — Photocollographies.

3. COLLECTIVITÉ DE LA SOCIÉTÉ DES ARTISTES DE LA GRAVURE SUR BOIS, *Siège social au Cercle de la librairie, Paris.* — Gravures sur bois.

4. IMPRIMERIES RÉUNIES DE NANCY, *18 à 22, rue Lionnois, Nancy.* — Photocollographies.

5. LEVY fils et Cie, *44, rue Letellier, Paris.* — Reproductions photomécaniques.

6. LONGUET (D.-A.), *250, rue du Faubourg-Saint-Martin, Paris.* — Reproductions photomécaniques; encartages pour catalogues d'art, éditions de luxe, fac-similés pour études.

7. MAROTTE (Léon), *35, rue de Jussieu, Paris.* — Epreuves d'impression héliochromique.

8. PASQUIER (Charles), *10, rue Saint-Antoine, Paris.* — Gravures et dessins pour gravures.

9. POYET frères, *17, rue du Louvre, Paris.* — Gravures sur bois, similigravures. — Catalogues industriels.

10. ROUSSET (A.) et fils, *13, rue Visconti, Paris.* — Clichés.

11. RUAZ (Émile de), *8, rue Gager-Gabillot, Paris.* — Gravures sur bois.

12. VICTOR MICHEL (LES FILS de), *3, rue Duguay-Trouin, Paris,* — Epreuves de photogravure en noir et en couleurs

GROUPE IX

Gravure
et Fonderie de Caractères
et Industries s'y rattachant
Stéréotypie, Galvanoplastie.

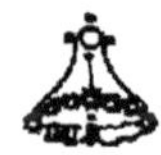

BUREAU

Président :	M. Alban CHAIX
Vice-Présidents :	M. F. CHAMPENOIS
	M. H. DOUMENC
Secrétaire :	M. G. de MALHERBE
Trésorier :	M. N. WEILL

COMITÉ

MM. Henri CHAIX, Charles TULEU

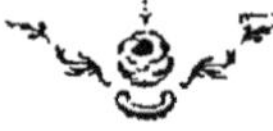

CLASSE 31

Produits de la gravure et fonderie des caractères : Matières premières. ⋘ Lettres et matériel d'impression en bois, cellulloïd, laiton, aluminium, fer et autres matières. ⋘ Plaques et timbres poinçonnés et burinés pour impression en relief et ordinaire. ⋘ Estampage et matériel d'estampage. ⋘ Impressions pour le coulage et la fonte des caractères. ⋘ Modèles.

1. CHAIX (H.) et Cie, Fonderie Turlot, *4, rue Napoléon-Chaix, Paris.* — Caractères et matériel d'imprimerie.

2. PEIGNOT (G.) et fils, *14, rue Cabanis, Paris.* — Épreuves de toutes leurs créations typographiques de 1900 à 1914, et des types originaux de Firmin-Didot et elzévirs de l'ancienne Fonderie Générale.

3. TULEU (CH.) Fonderie Deberny et Cie, *58, rue d'Hauteville, Paris.* — Spécimens de caractères ; poinçons, matrices ; vignettes typographiques ; clichés divers.

CLASSE 32

Stéréotypie sur cylindres et sur plaques. ⋘ Plaques d'impression galvanoplastiques en cuivre, nickel, acier et leurs méthodes de développement.

1. ÉCOLE PROFESSIONNELLE D'ALEMBERT, *Montévrain (Seine-et-Marne).* — Département de la Seine, service des Enfants Assistés. Travaux de perfectionnement de l'enseignement professionnel des typographes et des imprimeurs (clicherie et galvanoplastie).

2. VICTOR MICHEL (LES FILS de) *3, rue Duguay-Trouin, Paris.* — Épreuves de photogravure en noir et couleurs ; épreuves d'après galvanos.

3. ROUSSET (A.) et fils, *13, rue Visconti, Paris.* — Clichés en stéréotypie. Galvanos nickel. Clichés cylindriques. Empreintes au papier. Passe-partout sur matière et sur bois.

GROUPE X

Procédés d'Impression.

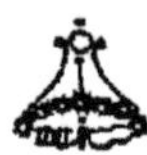

BUREAU

Président :	M. Alban CHAIX
Vice-Présidents :	M. F. CHAMPENOIS
	M. H. DOUMENC
Secrétaire :	M. G. DE MALHERBE
Trésorier :	M. N. WEILL

COMITÉ

MM.

- E. BIGO-DANEL
- Joseph BOURDEL
- Alcide BREGER
- Pierre CATALA
- Joseph CHARLES
- Édouard CRÉTÉ
- Louis DUBOIS
- José DUBOULOZ
- Eugène ERHARD
- Maurice FIRMIN-DIDOT
- Paul HÉRISSEY

MM.

- Alexis LAHURE
- Auguste LAHURE
- D. A. LONGUET
- Pierre LORTAT-JACOB
- Léon MAROTTE
- Henri PICHOT
- Alfred PORCABEUF
- Prosper PRIEUR
- Ph. RENOUARD
- Henri SIRVEN
- Paul STAHL
- Robert STEINHEIL

CLASSE 34

Produits de la typographie : Impressions en une et plusieurs couleurs de Journaux, d'ouvrages littéraires, d'ouvrages légers, de musique, de cartes géographiques, d'affiches, de calendriers. «» Impressions sur bois, celluloïd, tissus, cuirs et autres matières. «» Impressions de papiers peints. «» Impressions en relief et impressions pour aveugles. «» Ouvrages estampes, installations et matériel d'estampage.

1. BANQUE DE FRANCE, *1 et 3, rue de la Vrillière, Paris.* — Impressions de billets de Banque.

2. BIGEY (Mme Virginie), *39, rue d'Assas, Paris.* — Épreuves typographiques.

3. BOUCHAUDON (E.), *16, rue Régemortes, Moulins (Allier).* —Épreuves typographiques.

4. CHARLES-LAVAUZELLE (Henri), *10, rue Danton, Paris.* — Ouvrages et publications périodiques intéressant les armées de terre et de mer.

5. COLLECTIVITÉ DE LA CHAMBRE SYNDICALE PARISIENNE DES IMPRIMEURS DE JOURNAUX QUOTIDIENS, *37, rue de Châteaudun, Paris.*

   (Les Exposants inscrits dans cette collectivité ne concourent pas pour une récompense individuelle).

6. AUTO (L').

7. BULLETIN DES HALLES (Le)

8. COMŒDIA.

9. CROIX (La).

10. DAILY MAIL.

11. DÉPÊCHE COLONIALE (La).

12. ÉCLAIR (L').

13. FIGARO (Le).

14. INFORMATION (L').

15. JOURNAL (Le).

16. JOURNAL DES DÉBATS (Le).

17. MATIN (Le).

18. PARIS-SPORT.

19. PETIT JOURNAL (Le).

20. PETIT PARISIEN (Le).

21. WELLHOFF ET ROCHE.

22. DANEL (L.), *93, rue Nationale, Lille.* — Reproductions artistiques. Catalogue du Musée de Lille. Spécimens de travaux commerciaux et administratifs.

23. DRAEGER Frères, *46, rue de Bagneux, Montrouge.* — Catalogues et imprimés s'appliquant à la Publicité.

24. ÉCOLE PROFESSIONNELLE D'ALEMBERT, *Montévrain, Seine-et-Marne.* —

Département de la Seine, service des Enfants Assistés. Travaux administratifs. Travaux commerciaux.

25. ERHARD Frères, *35 bis, rue Denfert-Rochereau, Paris.* — Spécimens de cartes géographiques.

26. FIRMIN-DIDOT et Cie, *56, rue Jacob, Paris.* — Caractères et spécimens divers d'impressions typographiques.

27. GEZA (Lovy), *42 bis, rue Sorbier, Paris.* — Épreuves typographiques.

28. HÉRISSEY (P.), *rue de la Banque, Evreux.* — Volumes et impressions typographiques.

29. IMPRIMERIE DE LA BOURSE DU COMMERCE. — *35, rue J.-J.-Rousseau, Paris.* — Impressions diverses.

30. IMPRIMERIE CHAIX, *20, rue Bergère, Paris.* — Actions, obligations, chèques, billets de banque, lettres de crédit. Publications officielles concernant les transports : Indicateur des chemins de fer. Livret Continental. Livrets spéciaux. Livret Colonial. Recueil général des Tarifs. Grande et Petite Vitesses.

31. IMPRIMERIE CRÉTÉ, *Corbeil.* — Impressions typographiques.

32. IMPRIMERIE DE VAUGIRARD, (Société anonyme, capital 1 300 000 fr.), H. L. Motti, directeur. Siège Social : *Impasse Ronsin, Paris.* — 2 usines, 15 ateliers spéciaux, 110 machines à imprimer, 600 ouvriers et ouvrières, 600 chevaux de force.

33. IMPRIMERIE E. DESFOSSÉS, (SOCIÉTÉ ANONYME DE PUBLICATIONS PÉRIODIQUES), *13, quai Voltaire, Paris.* — Typographie. Lithographie. Trichromie. Photogravure. Galvanoplastie. Brochure. Reliure.

34. IMPRIMERIE LAHURE, *9, rue de Fleurus, Paris.* — Spécimens d'impressions en noir et en couleurs.

35. IMPRIMERIE NATIONALE, *87, rue Vieille-du-Temple, Paris.* — Impressions diverses.

36. IMPRIMERIE ET LIBRAIRIE BERGER-LEVRAULT, Société Anonyme au capital de 3 000 000. *18, rue des Glacis, Nancy. 5 et 7, rue des Beaux-Arts, Paris.* — Impressions typographiques en une et plusieurs couleurs d'ouvrages littéraires, d'affiches. Procédés d'impression combinés. Éditions d'art. Estampes. Collections de cartons. Héliopeinture.

37. IMPRIMERIES RÉUNIES DE NANCY, *97, rue de Metz, Nancy.* — Impressions fiduciaires, actions, obligations, chèques, albums, catalogues, livres et brochures, chromotypographie.

38. KADAR (G.), *42, rue Falguière, Paris.* — Reproductions et impressions d'art.

39. KAPP (ÉMILE) et fils aîné. *130, 132, rue de Paris, Vanves.* — Revues illustrées, catalogues de luxe, travaux pour la publicité.

40. LECOQ, MATHOREL ET CH. BERNARD. (CH. BERNARD succ.), *27, rue des Cloys, Paris.* — Spécimens d'impressions.

41. LIBRAIRIES - IMPRIME - RIES RÉUNIES, *7, rue Saint-Benoît, Paris.* — Impressions diverses.

42. MALHERBE (G. de), et Cie *12, Passage des Favorites, Paris.* — Impressions typographiques en noir et en couleurs. Estampes décoratives d'après Eug. Grasset. Impressions typographiques et coloris au pochoir.

43. MAULDE, DOUMENC et Cie, *144, rue de Rivoli, Paris.* — Affiches chromo. Impressions chromo.

44. MARÉCHAL (A.), *158, quai de Jemmapes, Paris.* — Catalogues et feuilles d'impressions.

45. MOREAU, AUGÉ, GILLON et Cie (Imprimerie Larousse), *17, rue du Montparnasse, Paris.* — Dictionnaires Larousse. Larousse mensuel illustré. Collection in-4° Larousse. Bibliothèque Larousse. Ouvrages classiques.

46. PICARD (M.), *140, Faubourg Saint-Martin, Paris.* — Impressions typographiques.

47. PLON-NOURRIT et Cie, imprimeurs-éditeurs, *8, rue Garancière, Paris.* — Maison fondée par Henri Plon en 1832, dirigé actuellement par MM. P. Mainguet (1883), J. Bourdel (1885) et A. Plon-Nourrit (1895). Spécimens d'impressions en noir et en couleurs.

48. PRIEUR et DUBOIS et Cie, *26, rue de la République, Puteaux.* — Reproductions phototypographiques trichromes de tableaux de Maîtres.

49. RENOUARD (PH.) et Cie, *19, rue des Saints-Pères, Paris.* — Spécimens d'impression.

50. SOCIÉTÉ ANONYME « LA SEMEUSE », *2 à 10, rue des Belles-Croix, Étampes.* — Labeur. Catalogues. Similis. Trichromie.

51. SOCIÉTÉ GÉNÉRALE D'IMPRESSION, *21, rue Ganneron, Paris.* — Impressions diverses.

52. UNION SYNDICALE DES MAITRES-IMPRIMEURS DE FRANCE. *117 boulevard Saint-Germain, Paris.* — Un tableau. Volumes.

CLASSE 35

Produits de la lithographie, de la chromolithographie, de l'héliogravure, etc. ◦ Impression lithographique et chromolithographique sur papier, tissus, cuir, linoléum, tôle, verre, porcelaine et autres matières. ◦ Impressions pour le commerce. ◦ Impressions de zinc, d'aluminium, de caoutchouc et d'autres matières. ◦ Gravure et impression de musique. ◦ Impression héliographique en une et plusieurs couleurs. ◦ Procédés d'impression combinés. ◦ Cartes postales. ◦ Impression d'affiches. ◦ Impression de dessins, plans, etc., d'après procédés spéciaux. ◦ Matières premières. ◦ Pierres. ◦ Outillage.

1. BREGER (A.) frères, *9, rue Thénard, Paris.* — Impressions artistiques en tous genres.

2. CATALA Frères, *31, rue de Bellefond, Paris.* — Impressions phototypiques.

3. CHAMPENOIS (F.), *66, boulevard Saint-Michel, Paris.* — Epreuves d'impression.

4. CHARLES (Joseph), *9, rue de l'Estrapade, Paris.* — Différentes épreuves d'impression chromolithographique.

5. COLLECTIVITE DE LA CHAMBRE SYNDICALE DES IMPRIMEURS-LITHOGRAPHES DE PARIS, *117, boulevard Saint-Germain, Paris.* — Spécimens d'impression.

(Les Exposants inscrits dans cette collectivité ne concourent pas pour une récompense individuelle).

6. ACKER et Cie (J.), *52, rue Étienne-Marcel, Paris.*

7. AGUTTES (Alb.), *219, rue Lafayette, Paris.*

8. AUBERT (G.), *20, rue de Sambre-et-Meuse, Paris.*

9. BAILLY (A.), *7, rue Geoffroy-l'Angevin, Paris.*

10. BALLU (TH.), *23, rue Taitbout, Paris.*

11. BARBARIN, *82, faubourg Saint-Martin, Paris.*

12. BARDOUX FRÈRES, *81, quai de Valmy, Paris.*

13. BARRET (E.), *181, rue Lafayette, Paris.*

14. BARTHE (F.), *51, rue Le Peletier, Paris.*

15. BATILLIOT (E.), *5, rue Saussier-Leroy, Paris.*

16. BELLAMY-GERARD, *115, rue Réaumur, Paris.*

17. BERNARD FRÈRES, *37, rue des Trois-Bornes, Paris.*

18. BERTHEUIL (A.), *6, rue Pierre-Chausson, Paris.*

19. BIGEARD et FILS, *55, rue Bichat, Paris.*

20. BOGNARD (G.), *7, rue de la Roquette, Paris.*

21. BONNEFOY et LARGEAU, *15 et 17, passage Verdeau, Paris.*

22. BOUCHER (F.), *132, rue du Bac, Paris.*

23. BOUCHET (F.), *5 bis, rue Béranger, Paris.*

24. BOUQUET (H.), *182, rue Lafayette, Paris.*

25. BOURGEADE, *50, rue du Temple, Paris.*

26. BOULLIER-VAUTRIN, *8, rue Debelleyme, Paris.*

27. BUISSON (L.), *168, rue Saint-Maur, Paris.*

28. BURG (Henry) et Cie, *4, passage Brady, Paris.*

29. BUTOT et PICON, *72 et 74 et de 83 à 89, passage du Caire, Paris.*

30. BUTTNER-THIERRY, *54, rue Laffitte, Paris.*

31. CASSEGRAIN (E.), *30, faubourg Poissonnière, Paris.*

32. CATALA FRÈRES, *31, rue de Bellefond, Paris.*

33. CATOIRE, MARRET et Cie, *10 et 12, rue des Ardennes, Paris.*

34. CAUVIN et Cie, *23, passage Ménilmontant, Paris.*

35. CHACHOUIN (Henri), *108, rue de la Folie-Méricourt, Paris.*

36. CHAMBRELENT et CROIX, *11, rue de l'Hôpital Saint-Louis, Paris.*

37. CHAMPENOIS (F.), *66, boulevard Saint-Michel, Paris.*

38. CHARLES (Georges), *26, rue Rambuteau, Paris.*

39. CHARLES (Joseph), *9, rue de l'Estrapade, Paris.*

40. CORNILLE et SERRE, *19, rue du Terrage, Paris.*

41. COSNARD, *140, faubourg Saint-Denis, Paris.*

42. COURBET et Cie, *42 à 46, rue Basfroi, Paris.*

43. COURJAN (René), *6, rue Saint-Sauveur, Paris.*

44. CREMNITZ (M.) et Cie, *15, rue Reflut à Clichy.*

45. CRESPIN (P.), *38, rue de Turenne, Paris.*

46. CARTIGNY et FORGET, *196, rue de Belleville, Paris.*

47. DANIEL et BOUCHÉ, *215, rue Saint-Maur, Paris.*

48. DAUDE (Dominique), *2, rue de l'Asile-Popincourt, Paris.*

49. DAVOUST et BAUR, *90, rue Rochechouart, Paris.*

50. DAYNES (V.), *115, rue Bolivar, Paris.*

51. DE BAST, *1 bis, cité Nyo, Paris.*

52. DEDON et BALLON, *119, rue Saint-Maur, Paris.*

53. DEBLADIS, *26, rue Sainte-Croix-de-la Bretonnerie, Paris.*

54. DELAHAYE, *51, rue du Cardinal-Lemoine, Paris.*

55. DELAIRE (V.), *27, passage Dubail, Paris.*

56. DELAMOTTE (Eug.), *8, boulevard de Vaugirard, Paris.*

57. DELAPORTE et FILS (E.), *50 et 52, quai Jemmapes, Paris.*

58 . DELATTRE (G.) et Cie, *99, faubourg du Temple, Paris.*

59 . DESCHAMPS (E.), *8, allée Verte, Paris.*

60 . DESCHAMPS (H.), *82, rue d'Hauteville, Paris.*

61 . DOLEZON, (Charles). *18, rue de Chabrol, Paris.*

62 . DUFRÉNOY (E.), *49, rue Montparnasse, Paris.*

63 . DUPUY (Gustave), *188, faubourg Saint-Martin, Paris.*

64 . ENGELMANN (R.), et FILS, *16, rue Nansouty, Paris.*

65 . ERHARD FRÈRES, *35 bis, rue Denfert-Rochereau, Paris.*

66 . ELLEAUME (G.), aîné, *10, rue de Buci, Paris.*

67 . FAGUET (A.-R.), *52, faubourg Saint-Martin, Paris.*

68 . FORTIN et Cie, *59, rue des Petits-Champs, Paris.*

69 . GALLINA, *50, rue Fontaine-au-Roy, Paris.*

70 . GAMICHON FRÈRES, BISSCHOF et MAIGNAN, *86 à 92, boulevard de la Villette, Paris.*

71 . GARJEANNE (A.), *21, boulevard du Temple, Paris.*

72 . GENET (A.), *6, quai des Célestins, Paris.*

73 . GENET (Ed.), *7, rue Froment, Paris.*

74 . GENTIL, *188, faubourg Saint-Denis, Paris.*

75 . GÉRAULT (H.), *10, rue Montmorency, Paris.*

76 . GOURY, *150, rue Lafayette, Paris.*

77 . GRANGE-ORGEVAL et GUY, *53 et 55, avenue du Maine, Paris.*

78 . GUEDANT-KOHLER, *58, rue Fontaine-au-Roi, Paris.*

79 . GUILLOT (Clovis), *160, rue d'Allemagne, Paris.*

80 . GUINCHARD (L.), *84, quai de Jemmapes, Paris.*

81 . HABERER, DOUIN et JOUNEAU, *3, rue Papin, Paris.*

82 . HALLU et Cie, *3 bis, place Voltaire, Paris.*

83 . HEILBRONNER (J. et J.), *58, rue Saint-Georges, Paris.*

84 . IMPRIMERIE CHAIX, *20, rue Bergère, Paris.*

85 . IMPRIMERIE PICHOT, *54, rue de Clichy, Paris.*

86 . IMPRIMERIE HENON, *11, rue Stendhal, Paris.*

87 . JENIN (G.), *111 bis, boulevard de Ménilmontant, Paris.*

88 . JOLY (Ch.), *42, faubourg du Temple, Paris.*

89 . JOUET et BRILLARD, *80, rue des Archives, Paris.*

90 . LACLAIS (A.), *16, rue Chapon, Paris.*

91 . LAFONTAINE (L.), *27, rue Froidevaux, Paris.*

92 . LAMY (Émile), *8, 14, 18, 19, rue d'Anjou, Paris.*

93 . LAMY (P.) et Cie, *39, rue Censier, Paris.*

94 . LANCAUCHEZ (J.), *41 et 43, rue de Dunkerque, Paris.*

95 . LAPEYRE, *3, passage de l'Industrie, Paris.*

96 . LARUELLE et H. CLÈRE, *101, rue Claude-Decaen, Paris.*

97 . LAZARE-FERRY (W.), *58, rue Lacépède, Paris.*

98 . LECÈNE et Cie, *27 et 29, rue Saint-Sulpice, Paris.*

99 . LE DELEY, *73, rue Claude-Bernard, Paris.*

100. LEDOYEN (Madame), 39, rue Saint-Antoine, Paris.

101. LEDRU FRÈRES, 47, rue de Turbigo, Paris.

102. LEFÈVRE, 37, passage du Havre, Paris.

103. LENFANT, 58, rue de la Folie-Méricourt, Paris.

104. LESCURE et Cie, 9, rue Pierre-Levée, Paris.

105. LONGUET (D. A.), 250, faubourg Saint-Martin, Paris.

106. LOUCHET, PICARD, DE COOMAN et Cie, 17, passage Kuszner, Paris.

107. LOUVION-PECQUEREAU, 235, faubourg Saint-Martin, Paris.

108. MAROTTE Léon, 35, rue Jussieu, Paris.

109. MASSARDO, 86, rue de la Folie-Méricourt, Paris.

110. MEUNIER (G.) et Cie, 221, rue Lafayette, Paris.

111. MEYER (Henry) FILS, 64, rue de Turenne, Paris.

112. MICHEL (G.), 102, faubourg Poissonnière, Paris.

113. MICHELIN (C.), 81, faubourg Saint-Denis, Paris.

114. MILLET FILS, 2, rue de Louvois, Paris.

115. MINOT, 4, rue Camille-Tahan, Paris.

116. MONGIN (P.), 156, rue Saint-Denis, Paris.

117. MORIÈRE, 50, faubourg Poissonnière, Paris.

118. MORLOT (A.), 70, rue des Gravilliers, Paris.

119. MAUS, DELHALLE et URBAN, 93, rue Pelleport, Paris.

120. MAULDE, DOUMENC et Cie, 144, rue de Rivoli, Paris.

121. MOUNIER, JEANBIN et Cie, 38, rue Sainte-Croix-de-la-Bretonnerie, Paris.

122. MOUTAILLIER, 13, rue de l'Arsenal, Paris.

123. NAPOLÉON ALEXANDRE et Cie, 88, rue Lafayette, Paris.

124. NAUDIN (L.), 7, cité Hitlorf, Paris.

125. NETTRE (G et J.), 5, boulevard de la Chapelle, Paris.

126. NORTIER (G.) et Cie, 16 et 18, rue de l'Aqueduc, Paris.

127. OLIVIER, 29, rue des Bleuets, Paris.

128. OMER-HENRY, 62, rue des Vinaigriers, Paris.

129. PAVÉ, 59, rue de la Roquette, Paris.

130. PETIT (Charles,) 122, faubourg Saint-Martin, Paris.

131. PILOT (J.), 21, rue Albouy, Paris.

132. PLOUVIEZ (L.) et FILS, 50, faubourg du Temple, Paris.

133. PLUMEREAU FILS, 18, rue de Chabrol, Paris.

134. RÉAU (Paul), 9, rue Fontaine-au-Roi, Paris.

135. REVON (L.) et Cie, 93, rue Oberkampf, Paris.

136. RICHON (Vve), 21, avenue du Maine, Paris.

137. ROBERT et Cie, 55 et 57, rue Louis-Blanc, Paris.

138. ROQUES (A.), 1, rue de Condé, Paris.

139. RICARD et CROUTZET, 70, rue de Bondy, Paris.

140. SÉNÉCAUT (Robert), 225, rue des Boulets, Paris.

141. SENNEQUIER (H.), 23, rue du Buisson-Saint-Louis, Paris.

142. SCHNEIDER FRÈRES et MARY, 14 à 18, rue Raspail, Levallois-Perret.

143. SIMON (J.) et G. KOLBACK, *45 à 47, rue Oberkampf, Paris.*

144. SOCIÉTÉ ANONYME DE LA GRANDE IMPRIMERIE ARTISTIQUE J. MINOT, *47, rue Lacordaire, Paris.*

145. SOCIÉTÉ ANONYME CH. VERNEAU, *25, rue Ducouëdic, Paris.*

146. TAILLARDANT (P.), *86, rue de Flandre, Paris.*

147. THIBAULT FILS, *18, rue Sainte-Croix-de-la-Bretonnerie, Paris.*

148. TOCHON-LEPAGE et Cie, *3, rue des Deux-Boules, Paris.*

149. TURGIS FILS, *55, rue Saint-Placide, Paris.*

150. VIEILLEMARD FILS et Cie, *16, rue de la Glacière, Paris.*

151. VILAIN (M.) et M. BAR, *22, rue Dussoubs, Paris.*

152. WALTER (L.), *39, rue de la Grange-aux-Belles, Paris.*

153. DUBOULOZ (J.), *9, boulevard Poissonnière, Paris.* — Autocopiste, épreuves et appareil.

154. IMPRIMERIE PICHOT, *54, rue de Clichy, Paris.* — Etiquettes de luxe.

155. IMPRIMERIES RÉUNIES DE NANCY, *97, rue de Metz, Nancy.* — Reproductions d'art. Impressions fiduciaires. Cartes postales illustrées. Impressions commerciales. Phototypie. Chromolithographie.

156. LONGUET (D.-A.), *250, faubourg Saint-Martin, Paris.* — Impressions photomécaniques. Encartages pour catalogues d'art et éditions de luxe. Facsimilé de pièces documentaires. Édition du Musée des Arts décoratifs. Histoire de la sculpture française. Notices histo-

riques et archéologiques sur les grands monuments. Revue « Les Musées de France ».

157. MAROTTE (Léon), *35, rue de Jussieu, Paris.* — Epreuves d'impression.

158. MAULDE, DOUMENC et Cie, *144, rue de Rivoli, Paris.* — Affiches chromo. Impressions chromo.

159. MINOT (Établissements J.), *47, rue Lacordaire, Paris.* — Travaux lithographiques en noir et en couleurs. Affiches. Tableaux. Étiquettes. Catalogues.

160. PICHON (R.), *10, rue de Rochechouart, Paris.* — Croquis d'impression.

161. IMPRIMERIE ET LIBRAIRIE BERGER-LEVRAULT, *18, rue des Glacis, Nancy.* — Impression lithographique et chromolithographique sur papier. Impression héliographique en une et plusieurs couleurs. Procédés d'impressions combinés. Editions d'art. Estampes. Collections de cartons.

162. PLUMEREAU (P.), *18, rue de Chabrol, Paris.* — Dessins originaux de tous genres pour tous modes de reproduction pour brochures, catalogues, affiches, tableaux, papier-monnaie, étiquettes etc... Lithographie, sculpture, gravure pour estampage et timbrage. Plâtres pour verrerie et cristallerie. Photographie. Retouche. Gravure sur pierre, cuivre et bois.

163. SIRVEN (B.), *76, rue de la Co-*

lombette, Toulouse. — Impressions artistiques en chromo-lithographie : Calendriers, Éphémérides, Tableaux-réclame, Affiches, etc.

164. STAHL (P.), *9, rue Saint-*

Anastase, Paris. — Produits de l'impression (Dorure et couleurs à chaud).

165. WEILL (N.) et fils, *42, boulevard Bonne-Nouvelle, Paris*. — Graveurs Imprimeurs.

CLASSE 36

Produits de la Gravure : Impression en taille-douce, sur acier. ❦ Héliogravure à la main et à presse mécanique. ❦ Impression rotative en taille-douce. ❦ Impression de monogrammes, etc.

1. IMPRIMERIE CRÉTÉ, *Corbeil*. — Impressions typographiques procédés Offset et Rototaille-douce.

2. PORCABEUF (A.), *187, rue Saint-Jacques, Paris*. — Chef du service technique de la Chalcographie du Louvre. Impressions en taille-douce.

3. WEILL (N.) et fils, *42, boulevard Bonne-Nouvelle, Paris*. — Graveurs-Imprimeurs.

GROUPE XI

Reliure et Brochure.

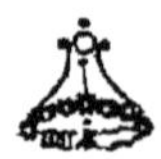

BUREAU

Président :   M. Henri MAGNIER
Vice-Présidents : M. Henri-M. ENGEL
             M. Georges MERCIER
Secrétaire :   M. René CHAMBOLLE
Trésorier :   M. Paul GRUEL

COMITÉ

MM. Georges PUTOIS
      René PUTOIS
      Léon GRUEL

CLASSE 38

Matières premières et outillage pour reliures. Matières employées par les relieurs : cuir, toile, papiers pour la couverture et les gardes. Garnitures. Divers.

1. EVETTE, GERMAIN et Cie, *243, rue Saint-Martin, Paris.* — Papiers couchés et de fantaisie spéciaux pour la reliure.

2. PUTOIS (G.), *3, rue Turbigo, Paris.* — Papiers pour couvertures et gardes.

CLASSE 39

Produits de la reliure : Reliure à la main et à la machine. Cuirs repoussés. Cartonnage de livres. Brochures.

1. CHAMBOLLE-DURU, *1, rue du Pont-de-Lodi, Paris.* — Reliures de luxe.

2. ENGEL (Établissements Michel), Maison fondée en 1838, *91, rue du Cherche-Midi, 118, 120, rue de Vaugirard, Paris.* — Reliures Industrielles. Livres de prix. Cartonnages classiques. Reliures de bibliothèque. Reliures de luxe.

3. GRUEL (Léon), *418, rue Saint-Honoré, Paris.* — Reliures d'art.

4. HACHETTE et Cie, *79, boulevard Saint-Germain, Paris.* — Reliures pour livres d'étrennes.

5. KIEFFER (René), *18, rue Séguier, Paris.* — Reliures d'art en maroquin. Catalogue sur demande.

6. MAGNIER Frères, *7, rue de l'Estrapade, Paris.* — Reliures industrielles et commerciales.

7. MERCIER (Georges), successeur de son père, *5, rue Séguier, Paris.* — Reliures d'art.

8. NOULHAC (Henri), *6, rue du Pont-de-Lodi, Paris.* — Reliures d'art.

GROUPE XII

Édition, Librairie d'Assortiment et de Commission.

BUREAU

Président :	M. Louis HACHETTE
Vice-Présidents :	M. Henri HEUGEL
	M. Max LECLERC
	M. Pierre V. MASSON
	M. Jules TALLANDIER
Secrétaire :	M. René LISBONNE
Trésorier :	M. Léon MICHAUD

COMITÉ

MM.
Félix ALCAN
Claude AUGÉ
Albert BAILLIÈRE
Henry BELIN
Charles BÉRANGER
Georges BLANCHARD
Auguste BLAIZOT

MM.
Paul BOUCHEZ
Joseph BOURDEL
Léopold CARTERET
Henri CHARLES-LAVAUZELLE
Paul-Émile CHEVA-LIER

18

CLASSE 41

Éditions de livres. ◆ Livres nouveaux et réédités. ◆ Encyclopédies, recueils, annuaires, compilations, etc.

1. **ANNUAIRE DU COMMERCE DIDOT-BOTTIN**, *19, rue de l'Université, Paris.* — Six volumes : *Paris,* 2 vol. *Départements,* 2 vol. *Étranger,* 1 vol. *Bottin-Mondain,* 1 vol. Annuaire fondé en 1796, 117ᵉ année de publication. Société anonyme au capital de 7500 000 francs. Conseil d'administration : MM. Emmanuel Rodocanachi, *président;* Alexis Lahure, *vice-président;* Louis Delamarre, Henri Vergé, Achille Gras et Georges Firmin-Didot. *Directeur :* M. Lucien Layus. *Grands Prix* aux Expositions de Londres, 1908, Saragosse, 1908, Quito, 1909, Bruxelles, 1910, Buenos-Ayres, 1910, Turin, 1911, Gand, 1913.

2. **ASSELIN et HOUZEAU**, éditeurs, *place de l'École de Médecine, Paris.* — Livres de médecine.

3. **BAILLIÈRE (J.-B.) et fils**, *19, rue Hautefeuille, Paris.* — Livres de sciences, médecine, agriculture, industrie.

4. **BARANGER (Georges)**, *5, rue des Saints-Pères, Paris.* — Ouvrages d'Aug. Choisy, sur l'architecture. Collection « Comment discerner les styles, » par Roger L. Milès et Ed. Rouveyre.

5. **BELIN Frères**, *8, rue Férou, Paris.* — Ouvrages classiques pour tous les degrés de l'enseignement.

6. **BLAIZOT (Auguste)**, *21, boulevard Haussmann, Paris.* — Livres d'art et de bibliophiles.

7. **BOIVIN (L.) et Cie**, *5, rue Palatine, Paris.* — Livres et albums pour la Jeunesse. Histoire. Vulgarisation.

8. **BORDEREL (J.)**, *16, rue Alfred-de-Vigny, Paris.* — Livres d'art. Éditions de luxe.

9. **BOYVEAU et CHEVILLET**, *22, rue de la Banque, Paris.* — Codes télégraphiques. Langues et littératures étrangères. Sciences commerciales et financières.

10. **CARTERET (Léopold)**, *5, rue Drouot, Paris.* — Livres d'art. Éditions de luxe.

11. **CERCLE DE LA LIBRAIRIE**, *117, boulevard Saint-Germain, Paris.* — Ouvrages concernant les industries du Livre.

12. **CERF (Vve) et Cie**, *12, rue Sainte-Anne, Paris.*

13. **CHAMBRE SYNDICALE DES ÉDITEURS D'ANNUAIRES**, *117, boulevard Saint-Germain, Paris.*

14. **CHARLES-LAVAUZELLE**

(Henri), *10, rue Danton, Paris*.
— Publications militaires.

15. CHEVALIER (le Chanoine Ulysse), de l'Institut, *3, rue des Clercs, Romans (Drôme)*. — Ouvrages historiques.

16. COLLECTIVITÉ DE LA CHAMBRE SYNDICALE DES ÉDITEURS D'ANNUAIRES ET DE PUBLICATIONS SIMILAIRES, *117, boulevard Saint-Germain, Paris*.

(Les Exposants inscrits dans cette collectivité ne concourent pas pour une récompense individuelle.)

17. AICARD, *Paris*. — Guide-Album des Chemins de fer P.-L.-M. Guide-Album des Chemins de fer de l'Est.

18. ALLARD, *Marseille*. — Indicateur Marseillais.

19. ANFRY, *Paris*. — Annuaire des Automobiles Clubs régionaux de France.

20. ARGER, *Paris*. — Annuaire Médical et Pharmaceutique.

21. ARRAULT, *Tours*. — Annuaire Arrault (Indre-et-Loire).

22. BATTET ET MELCHIOR, *Lille*. — Annuaire du Nord. Annuaire du Pas-de-Calais.

23. BENDER, *Paris*. — Livre d'Or des Salons. Annales des Assemblées départementales. Annuaire général des Finances.

24. BERGER-LEVRAULT, *Paris, Nancy*. — Annuaire Officiel de l'Armée Française. Annuaire statistique de la France. États spéciaux des Officiers Généraux. État militaire du corps de l'Artillerie. Agenda militaire Berger-Levrault. Annuaire de l'Administration Préfectorale. Almanach National. Annuaire Diplomatique et Consulaire. Agenda de poche à l'usage des Percepteurs Receveurs Municipaux. Agenda de poche à l'usage des Maires et Secrétaires de Mairie.

25. BERTHOUD ET ALLARD, *Paris*. — Annuaire Paris-Bijoux.

26. BERTRAND (E.), *Chalon-sur-Saône*. — Annuaire Commercial, Industriel et Agricole du département de Saône-et-Loire.

27. BOSCHÉRO, *Toulon*. — Indicateur du Var.

28. CAMPBELL, *Paris*. — Annuaire de la Curiosité et des Beaux-Arts.

29. CHARLES-LAVAUZELLE, *Paris, Limoges*. — Annuaire spécial des Officiers d'Infanterie. État militaire de la Cavalerie. Annuaire général de la Gendarmerie. Annuaire officiel des Troupes Coloniales. Almanach du Marsouin. Annuaire général des Sociétés de Préparation militaire. État spécial des Officiers Généraux.

30. CHARLES-MENDEL, *Paris*. — Annuaire de la Photographie. Annuaire de la Cinématographie.

31. DANIER, *Paris*. — Annuaire des Chemins de fer et Tramways. Code du Voyageur et de l'Expéditeur.

32. DARDONVILLE, *Paris*. — Annuaire « Paris-Assureur ».

33. DESLIS frères et Cie, *Tours*. — Annuaire d'Indre-et-Loire.

34. DUBOSC, *Paris*. — Annuaire du Commerce des Vins, Cidres, Vinaigres, Spiritueux, etc.

35. DUCOURTIEUX et GOUT, *Limoges*. — Annuaire de la Corrèze. Annuaire de la Creuse. Annuaire de la Haute-Vienne.

36. FALLER, *Paris*. — Annuaire officiel des Abonnés aux réseaux téléphoniques.

37. FOURNIER (Agence), *Lyon*. — Annuaire de Lyon et du Rhône.

38. GIRAUDEAU, *Paris*. — Annuaire de l'Automobile. Annuaire de la Vélocipédie. Annuaire de la Savonnerie et Parfumerie.

39. GOUT, *Orléans*. — Annuaire du Loiret.

40. GRANDVEAU, *Bar-le-Duc*. — Annuaire de la Meuse.

41. HACHETTE et Cie, *Paris*. — Annuaire Paris-Hachette.

42. HAICHAIS, *Paris*. — Annuaire Paris-Adresses. Annuaire France-Adresses Communal. Annuaire France-Adresses Professionnel. Annuaire du Commerce Extérieur Français.

43. HAMAIN (G.), *Boulogne-sur-Mer*. — Annuaire de Boulogne-sur-Mer.

44. HOUET, *Paris*. — Secrétaire du Comité Central des Armateurs de France. — Annuaire de la Marine Marchande.

45. JOHANET, *Paris*. — Annuaire de la Chaussure et des Cuirs. Annuaire de l'Ameublement. Annuaire de la Bonneterie et de la Mercerie.

46. LA FARE, *Paris*. — Annuaire Tout-Paris. Annuaire des Châteaux. Annuaire Tout-Paris-Réception.

47. LAHURE, *Paris*. — Annuaire des Grands Cercles et du Grand Monde. Indicateur des Fêtes, Foires, Marchés et Marchés Francs. Annuaire des Commerçants, Fabricants, etc.

48. LAYUS, *Paris*. — Annuaire Didot-Bottin Paris (2 vol.). Départements (2 vol.). Étranger (1 vol.). Bottin Mondain (1 vol.).

49. LEROY, *Paris*. — Annuaire des Sociétés d'Assurances Françaises et Etrangères.

50. LESFARGUES, *Bordeaux*. — Annuaire de la Gironde.

51. LOUBAT et Cie, *Paris*. — Annuaire des Ingénieurs de France. Liste des A. et M. par Professions.

52. MOUZARD, *Paris*. — Annuaire de la Bijouterie, Horlogerie, Orfèvrerie et Professions s'y rattachant.

53. MULLER, *Paris*. — Annuaire de l'Imprimerie.

54. PATON, *Troyes*. — Almanach des 30.000 adresses de l'Aube. Annuaire Administratif de l'Aube.

55. PEDONE, *Paris*. — Annuaire de la Magistrature.

56. PRIVAT, *Toulouse*. — Annuaire général de la Haute-Garonne.

57. PROST, *Paris*. — Annuaire « Paris. Guide. »

58. PUEL DE LOBEL, *Paris*. — Almanach-Agenda de la Croix-Rouge Française.

59. REUBREZ, *Lille*. — Annuaire Nord-Select.

60. REY, *Lyon*. — Annuaire de la Cie des Agents de Change de Lyon. Le Monde Textile.

61. RISACHER, *Paris*. — Annuaire des Artistes. Indicateur Maritime.

62. ROUS, *Paris*. — Annuaire général des Sociétés Françaises par actions.

63. SAGERET (Vve), *Paris*. — Annuaire Sageret (Annuaire du Bâtiment).

64. SEIGNEURIE, *Paris*. — Annuaire général de l'Épicerie Française. Dictionnaire encyclopédique de l'Épicerie.

65. SILVESTRE, *Bois d'Oingt*. — Annuaire de l'Agriculture.

66. STEWART, *Paris*. — Almanach Financier.

67. TOULOUSE, *Saint-Quentin*. — Annuaire de l'Aisne. Annuaire de l'Oise.

68. VITERBO, *Paris*. — Guide « Les Hôtels de la France ». Édition Française. Guide « Les Hôtels de la France. » Édition Anglaise.

69. COLLECTIVITÉ DES ÉDITEURS D'ANNUAIRES FRANÇAIS.

(Les Exposants inscrits dans cette collectivité ne concourent pas pour une récompense individuelle).

70. ADMINISTRATION DES PUBLICATIONS CRITÉRIUM, *Paris*. — France-Rapide.

71. ALTÉ (J.), *Toulon*. — Liste Navale Française. Annuaire de l'Officier Marinier.

72. ANNUAIRE DE LA BANQUE ET DE LA BOURSE, *Paris*. — Annuaire de la Banque, de la Bourse et du Monde des Affaires.

73. ANNUAIRE DES CHAMBRES DE COMMERCE, *Paris*. — Annuaire des Chambres de Commerce.

74. ASSELIN ET HOUZEAU, *Paris*. — Agenda Médical. Agenda-Formulaire du Vétérinaire.

75. ASSOCIATION AMICALE DES ANCIENS ÉLÈVES DE CENTRALE, *Paris*. — Annuaire de l'Association Amicale des anciens élèves de l'Ecole Centrale.

76. ASSOCIATION INTERNATIONALE DES GRANDS PÉRIODIQUES, *Paris*. — Paris Blue Book.

77. ATMOS, *Paris*. (Paul Manoury). — Annuaire Atmos.

78. BARON (Math.), *Lyon*. — Annuaire du Commerce des Soies et Soieries. Almanach des Agriculteurs du Rhône.

79. BERNARD (Jean), *Nîmes*. — Répertoire d'adresses de gens de Professions diverses s'occupant de la vente à la clientèle de consommation.

80. BERNAUER (Charles), *Paris*. — Annuaire de la Graineterie.

81. BOSC (Auguste), *Paris*. — Musique-Adresses.

82. BULTINGAIRE, *Paris*. — Annuaire des Antiquaires.

83. CATHRINE (Al.), *Lorient*. — Annuaire des 50.000 adresses de Lorient. L'Utile Almanach Lorientais.

84. CHATAL (J.), *Vannes*. — Annuaire général du Morbihan.

85. CRINON (Léon), *Troisvilles*. — Almanach-Formulaire des Mairies. Almanach-Formulaire des Chasseurs.

86. CYPRÈS, *Paris*. — Annuaire des Représentants de Commerce.

87. DESÉCHALIERS (E.), *Paris*. — Annuaire (Papeterie et imprimerie).

88. DOIN (Octave) et Fils, *Paris*. — Annuaire de la Marine.

89. DUBRAY (A.), *Paris*. — Annuaire des Bazars. Annuaire de la Construction Mécanique Agricole.

90. DUMAS (A.), *Paris*. — Annuaire du Ministère des Travaux Publics.

91. DUNOD (H.) et PINAT (E.) *Paris*. — Annuaire des distributions d'eau. Aéro-Manuel.

92. DUPIN (A.), *Paris*. — Annuaire Colonial.

93. FÉRET ET FILS, *Bordeaux*. Annuaire du Tout-Sud-Ouest. Bordeaux et ses Vins.

94. FINANCE-UNIVERS, *Paris*. Annuaire Finance-Univers.

95. FOLTZER (A.), *Bayonne*. — An-

nuaire des Basses-Pyrénées et de la province de Guipuzcoa (Espagne).

96. FONTANA Frères, *Alger.* — Annuaire général de l'Algérie, Tunisie. et Maroc. Annuaire du Maroc. Annuaire de la Tunisie. Annuaire du département d'Alger. Annuaire du département de Constantine. Annuaire Oranais.

97. FRAYSSINET (Ed. de). — Annuaire Paris-Spécialités. Tout-Paris sur la Riviera.

98. GALLOT (Albert), *Auxerre.* — Annuaire des 50.000 adresses de l'Yonne. Le Bourguignon Salé.

99. GARDETTE ET LÉPINE, *Paris.* — Annuaire des Eaux Minérales.

100. GÉDOVIUS (F.), *Paris.* — Archives Commerciales de l'Exportation.

101. GIRMA (J.), *Cahors.* — Annuaire-Almanach du Lot.

102. GRÉGOIRE (J.), *Neuilly-sur-Seine.* — Guide-Annuaire de Neuilly-sur-Seine.

103. GUIDES CONTY, *Paris.* — Guides de voyage pour la France et l'Étranger.

104. IMPRIMERIE CHAMBÉRIENNE, *Chambéry.* — Annuaire Administratif et Commercial de la Savoie. Annuaire de l'Instruction Publique de la Savoie.

105. IMPRIMERIE DE LA CHARENTE, *Angoulême.* — Annuaire général de la Charente.

106. HITZEMANN (I.), *Paris.* — Annuaire International de l'Aéronautique. Les Sapeurs-Pompiers de France.

107. HUART (G.), *Valenciennes.* — Annuaire de la Betterave.

108. HUBERT (P.), *Lille.* — Colonial-Adresses.

109. IMPRIMERIE BADEL, *Châteauroux.* — Annuaire de l'Indre.

110. IMPRIMERIE CRÉTÉ, *Corbeil.* — Annuaire de Corbeil et des cantons limitrophes.

111. IMPRIMERIE MODERNE, *Agen.* — Annuaire de Lot-et-Garonne.

112. IMPRIMERIE DE LA NIÈVRE, *Nevers.* — Annuaire de la Nièvre.

113. IMPRIMERIE NOUVELLE NOEL TEXIER, *La Rochelle.* — Rapide-Annuaire de la Charente-Inférieure.

114. INDICATEUR LYONNAIS HENRY, *Lyon.* — Indicateur de Lyon et du Rhône.

115. INDUSTRIE VÉLOCIPÉDIQUE. *Paris.* — Annuaire IVA.

116. JACQUES ET DE MONTROND *Besançon.* — Annuaire du Doubs.

117. JASSE (J.), *Mende.* — Annuaire de la Lozère.

118. JEAN ET EPYROT. *Gap.* — Annuaire des Hautes-Alpes et Basses-Alpes.

119. JOURNAL « LA CITÉ », *Paris.* — Le Conseil Municipal. Nos Édiles.

120. JOURNAL DES PERCEPsTEURS, *Paris.* — Annuaire de-Percepteurs et Receveurs Municipaux.

121. LANIER (E.), *Caen.* — Les 50.000 adresses du Calvados.

122. LAROSE (E.), *Paris.* — Annuaire du Gouvernement Général de l'Afrique Occidentale Française. Annuaire du Gouvernement Général de l'Afrique Équatoriale Française.

123. LEBLANC (G.), *Paris.* — Annuaire des Négociants, — Commissionnaires- — Exportateurs.

124. LE BOURGEOIS, *Paris.* — Annuaire des Viticulteurs Agriculteurs et Associations Agricoles

(Algérie, Tunisie, Maroc). Les Routes Automobiles Algériennes, Tunisiennes et Marocaines.

125. LIBRAIRIE ARMAND COLIN, *Paris*. — Annuaire de l'Enseignement Primaire.

126. LIBRAIRIE DE LA CONSTRUCTION MODERNE. — Les Architectes élèves de l'École des Beaux-Arts.

127. LOINTIER (F.), *Paris*. — Paris-Employé.

128. MAISON DE LA BONNE PRESSE *Paris*. — Almanachs divers.

129. MAME ET FILS, *Tours*. — Annuaire officiel de la Publicité.

130. MARCHAL ET GODDE, *Paris*. — Annuaire des Cours et Tribunaux, Petit Annuaire de la Cour d'Appel. Annuaire officiel du Tribunal de la Seine.

131. MARRAST ET BEGAUD, *Paris* — Le Livre d'Or des Villes d'Eaux et du Grand Tourisme.

132. MARTIAL PLACE, *Moulins*. — Annuaire général de l'Allier.

133. MÉTAYER (Mme), *Neuilly-sur-Seine*. — Annuaire des Family-Houses de France.

134. MITZAKIS (G.), *Paris*. — Annuaire des Maisons de Santé.

135. MORIN (H.), *Paris*. — Annuaire des Mines de l'Algérie.

136. NAVARRE (A.), *Paris*. — Almanach-Annuaire sténographique. Le Tout-Pyrénéen.

137. OFFICE CENTRAL DE L'ACÉTYLÈNE, *Paris*. — Annuaire International de l'Acétylène. Guide pratique de l'Usager d'acétylène.

138. PATELLIÈRE (de la), *Nantes*. — Annuaire de la Loire-Inférieure. Annuaire de Nantes.

139. PETIT-JEAN (A.). — Annuaire des Bois et Charbons.

140. PEYRILLER, ROUCHON ET GAMON, *Le Puy*. — Annuaire de la Haute-Loire.

141. PROVENSAL, *Châteauroux*. — Annuaire de l'Enregistrement.

142. RÉPERTOIRE DES ENTREPRISES COLONIALES, *Paris*. — Répertoire des Entreprises Coloniales.

143. RÉPERTOIRE MÉTALLURGIQUE FRANÇAIS, *Paris*. — Répertoire Métallurgique Français. « Journal Fers et Quincaillerie. »

144. RENAUD (H.). — Annuaire « Électro » (Annuaire de l'Électricité et des industries s'y rattachant.

145. RIDER (William H.), *Paris*. — Annuaire du Commerce et des Industries du bois.

146. RIVIÈRE, *Chartres*. — Annuaire d'Eure-et-Loir.

147. ROSSIGNOL (de), *Paris*. — Paris-Mondain.

148. ROUSTAN (G.), *Paris*. — Annuaire du Parlement.

149. ROUZAUD (A.), *Paris*. — « Medicus », Guide-Annuaire des Étudiants et des Praticiens (Médecine, Chirurgie, Odontologie, Pharmacie).

150. ROY (G.), *Poitiers*. — Annuaire de la Vienne.

151. SAINT HUBERT CLUB DE FRANCE, *Paris*. — Annuaire du Saint-Hubert-Club de France.

152. SIRAUD, *Mâcon*. — Annuaire de Saône-et-Loire.

153. SIRAUDEAU (J.), *Angers*. — Annuaire Statistique, Administratif et Commercial de Maine-et-Loire. Nouvel Almanach de Maine-et-Loire (Locomotive). Nouvel Alma-

nach historique de Maine-et-Loire (marque : Bateau à voiles).

154. SOCIÉTÉ ANONYME DU COURRIER DE L'AISNE, *Laon*. — Annuaire officiel de l'Aisne.

155. SOCIÉTÉ ANONYME DU JOURNAL « LE COURRIER », *Paris*. — Annuaire de l'Exportation.

156. SOCIÉTÉ ANONYME DES PUBLICATIONS ADMINIS-TRATIVES. *Paris*. — Annuaire de l'Administration des P. T. T. Indicateur de l'Administration des P. T. T.

157. SOCIÉTÉ D'ÉDITION DES MARQUES M. GLÉNARD ET R. TAPISSIER, *Paris*. — Répertoire annuel des Marques de Fabrique. Annuaire de la Chapellerie.

158. SOCIÉTÉ DES GUIDES POL. *Lyon*. — Guides Pol.

159. SOCIÉTÉ FRANÇAISE DE PUBLICITÉ, *Paris*. — Guide International Paris-Londres, New-York, Extrême-Orient.

160. SYNDICAT PATRONAL DE LA BOULANGERIE, DE PARIS, DE LA SEINE, *Paris*. — Annuaire de la Boulangerie, Agenda tenant lieu de livre de Comptabilité pour la boulangerie.

161. TEULET (E.), *Paris*. — Annuaire de la Chanson, du Monde des Théâtres et de l'Enseignement artistique.

162. THIBAULT (M.), *Paris*. — Agenda-Annuaire du Palais.

163 TOUT-LYON, *Lyon*. — Annuaire des Salons du Sud-Est.

164. UNION DES ASSOCIATIONS DES ANCIENS ÉLÈVES DES ÉCOLES SUPÉRIEURES DE COMMERCE, *Paris*. — Annuaire général de l'Union des Associations. Bulletin général de l'Union des Associations.

165. VALLADON (Germain), *Bordeaux*. — Annuaire du Bureau Moderne et de la Sténo-Dactylographie.

166. VERMONT, *Creil*. — Annuaire-Almanach du Canton de Creil et des Cantons voisins.

167. VERMOT (Maurice), *Paris*. — Almanach Vermot.

168. VOLLAIRE (A. et Cie), *Gap*. — Annuaire des Hautes-Alpes.

169. VUIBERT, *Paris*. — Annuaire de la Jeunesse.

170. WILLIAM H. RIDER, *Paris*. — Annuaire du Commerce et des Industries du Bois.

171. CONARD (Louis), *17, boulevard de la Madeleine, Paris*. — Éditions de luxe. Belles éditions d'auteurs classiques.

172. CRÈS (Georges) et Cie, *116, boulevard Saint-Germain, Paris*. — Les Maîtres du Livres.

173. DESCAMPS-SCRIVE(René), *23, boulevard Vauban, Lille (Nord)*. — Éditeur amateur, Éditions d'art.

174. DIDIER (Henri-Léopold), *4, rue de la Sorbonne, Paris*. — Livres classiques et de littérature.

175. DOIN (O.) et fils, *8, place de l'Odéon, Paris*. — Éditions scientifiques.

176. DORBON-AINÉ (Louis), LIBRAIRIES DORBON-AINÉ ET FOULARD RÉUNIES, *19, boulevard Haussmann et 7, quai Malaquais, Paris*. — Livres de luxe.

177. DORBON (Lucien), *6, rue de*

Seine, Paris. — Ouvrages de littérature générale.

178. **ÉCOLE PROFESSIONNELLE D'ALEMBERT**, *Montévrain (Seine-et-Marne)*. — Département de la Seine, service des Enfants assistés. Ouvrages de librairie.

179. **EGGIMANN** (Charles), *109, boulevard Saint-Germain, Paris*. — Livres d'art et d'architecture.

180. **FAYARD** (Arthème) et Cie, *20, rue du Saint-Gothard, Paris*. — Livres de littérature populaire.

181. **FERROUD** (F.), *127, boulevard Saint-Germain, Paris*. — Éditions de grand luxe, tirages numérotés et à petit nombre. Catalogue général adressé gratis sur demande. Achat au comptant de bibliothèques et lots de livres.

182. **FIRMIN-DIDOT**, et Cie, *56, rue Jacob, Paris*. — Livres classiques et de littérature générale.

183. **FLOURY** (Henry), *1, boulevard des Capucines, Paris*. — Ouvrages documentaires sur l'art et les artistes contemporains. Éditions de luxe.

184. **GAUTHIER-VILLARS** et Cie, *55, quai des Grands-Augustins, Paris*. — Livres de sciences pures et appliquées.

185. **GRASSET** (Bernard), *16, rue des Saints-Pères, Paris*. — Ouvrages illustrés. Romans. Livres de voyage.

186. **HACHETTE** et Cie, *79, bou*levard, Saint-Germain, Paris. — Livres classiques : enseignement primaire, primaire supérieur, secondaire et supérieur. Littérature générale et connaissances utiles. Ouvrages de grand luxe et publications illustrées. Guides Joanne.

187. **HATIER** (Alexandre), *6, rue d'Assas, Paris*. — Livres classiques. Cartes murales.

188. **HETZEL** (J.), *18, rue Jacob, Paris*. — Œuvres complètes de Victor Hugo, J. Verne, Erckmann-Chatrian, P.-J. Stahl, A. Laurie, etc. Bibliothèque d'Éducation et de Récréation. Livres d'étrennes. Livres de prix. Bibliothèque des succès scolaires. Bibliothèques des professions industrielles, commerciales, agricoles et libérales.

189. **HEUGEL** et Cie, *2 bis, rue Vivienne, Paris*. — Éditeurs de musique fournisseurs du Conservatoire de Paris.

190. **IMHAUS** (Marc) et **CHAPELOT** (René), *30, rue Dauphine, Paris*. — Livres

191. **JOURDAN** (Adolphe), *à Alger*. — Livres classiques et de littérature générale.

192. **JURISPRUDENCE GÉNÉRALE « DALLOZ »**, *11, rue Soufflot, Paris*.

193. **LAURENS** (Henri), *6, rue de Tournon, Paris*. — Ouvrages d'art.

194. **LE BRUN** (Eugène), *23, rue Saint-Lazare, Paris*. — Guides Conty.

195. LÉONESI (Hector), *96, rue Saint-Lazare, Paris.* — Chronique des Expositions. Médaille d'argent, Gand 1913.

196. LESOT (André), *10, rue de l'Éperon, Paris.* — Livres.

197. LE SOUDIER (Henri), *174, boulevard Saint-Germain, Paris.* — Littérature. Sciences. Histoire. Géographie. Enseignement. Bibliographie.

198. LETOUZEY (L.), *87, boulevard Raspail, Paris.* — Livres de piété.

199. LÉVY (Émile), *2, rue de l'Échelle, Paris.* — Librairie centrale des Beaux-Arts.

200. LIBRAIRIE FÉLIX ALCAN (Félix Alcan et R. Lisbonne), éditeurs, *108, boulevard Saint-Germain, Paris.* — Livres.

201. LIBRAIRIE ARMAND COLIN (Max Leclerc et H. Bourrelier), *103, boulevard Saint-Michel, Paris.* — Livres classiques et de littérature générale.

202. LIBRAIRIE BERGER-LEVRAULT, *5, rue des Beaux-Arts, Paris.* — Livres.

203. LIBRAIRIE DELAGRAVE, *15, rue Soufflot, Paris.* — Livres classiques et littérature générale.

204. LIBRAIRIE GÉNÉRALE DE DROIT ET DE JURISPRUDENCE, *20, rue Soufflot, Paris.* — Livres de droit.

205. LIBRAIRIE LAROUSSE (Moreau, Augé, Gillon et Cie), *13-17, rue Montparnasse, Paris.* — Dictionnaires encyclopédiques. Collection in-4° Larousse-Bibliothèque. Larousse-Bibliothèque rurale. Livres de Bibliothèque. Ouvrages pour la jeunesse. Ouvrages de vulgarisation.

206. LIBRAIRIE DE LA SOCIÉTÉ DU « RECUEIL SIREY », *22, rue Soufflot, Paris.*

207. LIBRAIRIE VUIBERT, *63, boulevard Saint-Germain, Paris.* Livres et journaux scientifique Ouvrages de vulgarisation.

208. LONGUET (D.-A.), *250, faubourg Saint-Martin, Paris.* — Ouvrages d'art.

209. MARCHAL ET GODDE, éditeurs-libraires de la Cour de Cassation, *27, place Dauphine, Paris.*

210. MASSIN (Charles), *51, rue des Écoles, Paris.* — Ouvrages d'architecture et d'arts décoratifs. Médailles or Paris, 1878, 1889 et 1900. Médailles or, Amsterdam, 1883. Anvers, 1888. Diplômes d'honneur Milan, 1906, Turin, 1911.

211. MASSON et Cie, *120, boulevard Saint-Germain, Paris.* — Ouvrages de médecine. Publications périodiques, scientifiques; ouvrages d'enseignement classique.

212. MICHAUD (Léon), *19, rue du Cadran Saint-Pierre, Reims (Marne).* — Éditions de luxe. Histoire et Archéologie Champenoise.

213. NATHAN (Fernand), *16, rue*

des Fossés Saint-Jacques, Paris. Éditions de livres classiques et d'éducation en général.

214. NOUVION (J. de), ANTON-GINI et Cie, *62, rue La Boëtie, Paris.* — Livres.

215. PELLET (Gustave), éditeur d'art, *51, rue Le Peletier, Paris.* — Tableaux et estampes modernes.

216. PICARD (Auguste), *82, rue Bonaparte, Paris.* — Livres.

217. PLON-NOURRIT et Cie Imprimeurs-Éditeurs, *8, rue Garancière, Paris.* — Maison fondée par Henri Plon, en 1831, dirigée actuellement par MM. P. Mainguet (1883), J. Bourdel (1885) et A. Plon-Nourrit (1895). Ouvrages d'histoire et Mémoires; littérature et romans; voyages, beaux-arts, etc.

218. QUILLET (Aristide), *278, boulevard Saint-Germain, Paris.* — Éditions encyclopédiques et de vulgarisation scientifique.

219. RAYNAUD (Jules), ingénieur agricole (Grignon), *42, rue de l'Héritan, Mâcon (Saône-et-Loire).*

220. REY (Eugène), *8, boulevard des Italiens, Paris.* — Collection Eugène Rey.

221. REY (Jules), *Grande-Rue, Grenoble (Isère).* — Livres.

222. RIEDER (F.) et Cie (Ancienne Librairie E. CORNELY, fondée en 1897), *101, rue de Vaugirard, Paris.* — Publications savantes (histoire, littérature et philologie) : publications des Sociétés de la Révolution française, de la Révolution de 1848, d'histoire moderne; — Revue d'histoire moderne et contemporaine; — Revue critique des livres nouveaux. Publications politiques et sociales : Bibliothèque républicaine; Bibliothèque socialiste. Collections de Pages libres et de la grande Revue. Publications de la Société Nouvelle de librairie et édition. Enseignement primaire et secondaire. — Enseignement post-scolaire (Après l'Ecole : Matériel pour projections lumineuses).

223. RIETSCH (Auguste), prote des machines à la Maison A. Mame et fils, *46, rue Marceau, Tours, (Indre-et-Loire).* 1 vol.

224. RIVIÈRE (Marcel) et Cie, *31, rue Jacob, Paris.* — Sciences sociales, économie politique, philosophie, droit.

225. ROUSSEAU (Arthur), (Librairie nouvelle de droit et de jurisprudence), *14, rue Soufflot, Paris.*

226. ROUSTAN (Georges), *5, quai Voltaire, Paris.* — Librairie des Publications Officielles et des sciences économiques et sociales.

227. ROUVEYRE (Édouard), *102, rue de la Tour, Paris.* — Connaissances nécessaires aux bibliophiles, 10 volumes.

228. SAGOT (Edmond), *39 bis, rue de Châteaudun, Paris.* — Éditeur et marchand d'estampes modernes.

228. SIRAUDEAU (Jules), 2, *rue de l'Aiguillerie, Angers, (Maine-et-Loire)*.

229. SOCIÉTÉ D'ÉDITIONS LITTÉRAIRES ET AR-TISTIQUES (Librairie Paul Ollendorff), 50, *Chaussée d'Antin, Paris*.

230. SOCIÉTÉ DES CENT BIBLIOPHILES, 40, *rue de Berlin, Paris*.

231. SOULIÉ (Louis) et A. GINTZ-BURGER, 10, *place Marengo, Saint-Étienne (Loire)* volume.

232. TALLANDIER (Jules), 75, *rue Dareau, Paris*. — Éditions d'art, éditions d'ouvrages d'histoire, éditions populaires, périodiques, illustrées. Membre du Jury aux expositions de Bruxelles et de Turin.

233. TERQUEM (Jean), 19, *rue Scribe, et 2, rue des Mathurins, Paris*. — Livres.

234. VALET (Paul), 133, *rue du Cherche-Midi, Paris*. — Bulle-tin du Comité d'études artis-tiques, archéologiques et his-toriques : « La Montagne Sainte-Geneviève et ses abords ». Livres. Médaille d'or, Turin, 1911.

235. VERMOT (Maurice), 6 *et* 8, *rue Duguay-Trouin, Paris*. — Almanach Vermot, Manuels professionnels. Cartes. Guides.

236. VIGOT Frères, 23, *rue de l'É-cole-de-Médecine, Paris*. Livres.

237. WEISS (René), 34, *rue de la Verrerie, Paris*. — Publications artistiques de la Ville de Paris.

238. WELTER (H.), 4, *rue Bernard-Palissy, Paris*. — Maison fon-dée en 1882. Édition. Librai-rie étrangère (Importation) Commission. (Exportation). Librairie ancienne (300 000 vol.). Succursale à Leipzig depuis 1890 pour l'Exporta-tion des livres et journaux allemands.

CLASSE 42

Éditions de cartes géographiques et marines. Atlas. Cartes géologiques, astronomiques, phy-siques. Globes terrestres et célestes.

1. BLONDEL LA ROUGERY (Édouard), 7, *rue Saint-Lazare Paris*. — Cartes géogra-phiques, aéronautiques.

2. FOREST (Joseph), 17, *rue de Buci, Paris*. — Cartes, globes, atlas, cartes topographiques.

3. JOURDAN (Adolphe), *Alger*. — Carte géographique.

4. LIBRAIRIE DELAGRAVE, 15, *rue Soufflot. Paris* —

Cartes géographiques, atlas, globes terrestres.

5. LIBRAIRIE ARMAND COLIN (Max Leclerc et Henri Bourrelier), *103, boulevard Saint-Michel, Paris.* —

Cartes murales (Collection Vidal-Lablache). — Atlas (Éditions scolaires).

6. TARIDE (Alphonse), *20, boulevard Saint-Denis.* — Grande carte routière de France.

CLASSE 43

Librairie d'assortiment et de commission, y compris les « Barsortiments » (librairies au comptant en gros). ·◌· Matériel d'enseignement, etc.

1. DELMAS (Gabriel), *6, place Saint-Cristoly, Bordeaux, (Gironde).* — Tableaux auxiliaires Delmas pour l'étude des Langues vivantes par la méthode directe et par l'image.

2. HACHETTE et Cie, *79, boulevard Saint-Germain, Paris.* — Matériel d'enseignement. Compendiums scientifiques, métriques, cabinets de physique, chimie, histoire naturelle.

3. LIBRAIRIE DELAGRAVE, *15, rue Soufflot, Paris.* — Éditions scolaires. Matériel d'enseignement. Mobilier scolaire.

4. LIBRAIRIE LAROUSSE (Moreau, Augé, Gillon et Cie), *13-17, rue Montparnasse, Paris.* — Phonographes et disques pour l'enseignement des langues.

CLASSE 44

Éditions d'art : Estampes. ·◌· Eaux-fortes. ·◌· Dessins etc. ·◌· Collection de cartons, recueils, etc.

1. CORRARD (Pierre), *22, boulevard d'Inkermann, Neuilly, (Seine).* — Modes et manières d'aujourd'hui.

2. DELTEIL (Loys), *2, rue des Beaux-Arts, Paris.* — Le peintre graveur illustré, Meyron, Corot, Delacroix, Carrière.

3. EGGIMANN (Charles), *106, boulevard Saint-Germain, Paris.* — Architecture, décoration mobilier, beaux-arts, archéologie.

4. GUÉRINET (Armand), *140, faubourg Saint-Martin. Paris.* — Architecture, art déco-

ratif, ouvrages documentaires.

5. **LAURENS** (Henri), *6, rue de Tournon, Paris.* — Ouvrages d'art.

6. **LE VASSEUR** et Cie, *33, rue de Fleurus, Paris.* — Gravures encadrées.

7. **LÉVY** (Émile), *2, rue de l'Echelle, Paris.* — Librairie Centrale des Beaux-Arts.

8. **LIBRAIRIE DE LA CONSTRUCTION MODERNE**, *13, rue Bonaparte, Paris.* — Architecture. Beaux-Arts. Travaux publics.

9. **LIBRAIRIE LAROUSSE** (Moreau, Augé, Gillon et Cie), *13-17, rue Montparnasse, Paris.* — Estampes artistiques.

10. **LONGUET** (D.-A.), *250, faubourg Saint-Martin, Paris.* — Édition d'ouvrages sur les arts appliqués français. — Série d'albums sur la sculpture française. — Édition du musée des Arts Décoratifs. — Notices historiques et archéologiques sur les grands monuments.

11. **MASSIN** (Charles), *51, rue des Ecoles, Paris.* — Ouvrages d'art.

12. **PELLET** (Gustave), *51, rue Le Peletier, Paris.* — Tableaux et estampes modernes.

CLASSE 45

Éditions de musique : Développement de la notation de musique. Musique. Littérature de musique. Disques et cylindres pour instrusments de musique. Cartons perforés. Appareils de reproduction phonique.

1. **DECOURCELLE** (Paul), *28, rue Alphonse-Karr, Nice.* — Spécialité de musique pour orchestre.

2. **DURAND** et Cie, *4, place de la Madeleine, Paris.* — Éditeurs des œuvres de Rameau, Saint-Saëns, etc.

3. **GALLET** (Émile), *6, rue Vivienne, et 62 à 73, galerie Vivienne, Paris.* — Commission exportation.

4. **GRUS** (Lucien) et Cie, Éditeurs de musique, *65 bis, rue de Miromesnil, Paris.*

5. **HACHETTE** et Cie, *79, boulevard Saint-Germain, Paris.* — Méthodes, études, solfèges. Musique de piano, chant, orchestre, etc.

6. **HEUGEL** et Cie, *2 bis, rue Vivienne, Paris.* — Éditeurs, fournisseurs du Conservatoire.

7 . JOUBERT (M.-C.), anciennes maisons Brandus et Joubert réunies, C. Joubert successeur, éditeur de musique, *25, rue d'Hauteville, Paris.* — Œuvres de Adam, Berlioz, Brahns, César Frank, Lecocq, Offenbach, Planquette, Litolff, Flotow.

8 . LEDUC (Alphonse) et Cie, *3, rue de Grammont, Paris.* — Editions musicales. Ouvrages d'enseignement. Diplôme d'honneur, Exposition de Gand, 1913.

9 . ROUART-LEROLLE et Cie, *29, rue d'Astorg, Paris.* — Commission, *18, boulevard Strasbourg.* — Musique moderne, dépôt de musique russe.

10 . SCHOENAERS - MILLEREAU, Président de la Chambre syndicale des Éditeurs de Musique instrumentale, Secrétaire du Syndicat des Éditeurs de Musique. *15, rue Gambey, Paris.* — Spécialité de musique instrumentale.

11 . SCHOLA CANTORUM (Bureau d'Éditions de la), *269, rue Saint-Jacques, Paris.* — Spécialité de musique religieuse.

12 . SPORCK (Adrien), *16, rue Vignon, Paris.* — Albums de musique pour la jeunesse.

13 . SPORCK (Georges), *69, rue Condorcet, Paris.* — Ouvrages de littérature musicale.

GROUPE XIII

Journaux, Service de la Presse, Publicité.

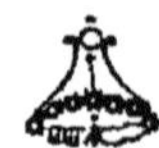

BUREAU

Président :   M. E. DE NALÈCHE
Vice-Présidents :   M. RENÉ BASCHET
                   M. PUEL DE LOBEL
Secrétaire :   M. ROBERT LAYUS

COMITÉ

MM.	MM.
ALFRED BERGAUD	LOUIS HACHETTE
BLONDEL	JOHN FRÉDÉRIC JONES
PAUL BLUYSEN	ALEXIS LAHURE
Mᵐᵉ ADOLPHE BRISSON	AUGUSTE LAHURE
ADOLPHE BRISSON	PIERRE LAFITE
DAUVIN	CH. MAILLARD
GAISSER	RAOUL PEIGNÉ
Dʳ LUCIEN GRAUX	JULES TALLANDIER

CLASSE 47

Journaux quotidiens et périodiques de tous genres. ↔ Service des nouvelles. ↔ Télégraphie. ↔ Télégraphie imprimée.

1. ANNALES POLITIQUES ET LITTÉRAIRES, Adolphe Brisson, directeur, *51, rue Saint-Georges, Paris.* — Les Annales politiques et littéraires. Publication hebdomadaire illustrée 32ᵉ année. Revue universelle de la famille.

2. ASSOCIATION DE LA PRESSE RÉPUBLICAINE DÉPARTEMENTALE DE FRANCE, *22, rue de la Chaussée-d'Antin, Paris.*

   (Les Exposants inscrits dans cette collectivité ne concourent pas pour une récompense individuelle).

3. ABGRALL (Eugène), *Brest.*
4. ACHAINTRE (Édouard), *Chalon-sur-Saône.*
5. ACHARD (Théodore), *Lyon.*
6. ADRIENSENCE (Gaston), *Maubeuge.*
7. ALABERTE (Christian), *Nantes.*
8. ALICOT (François), *Tarbes.*
9. ANDRÉ (André), *Paris.*
10. ARISTE (Louis), *Toulouse.*
11. ARLOT (Ernest), *Reims.*
12. ARMAND-DUMARESQ (Jean), *Tonnerre.*
13. ARRAULT (Ernest), *Tours.*
14. ARRAULT (Albert-Ernest), *Tours.*
15. ASSOIGNON (Paul), *Lille.*
16. AUBAUD (Raoul), *Beauvais.*
17. AUBERT (Octave), *Pau.*
18. AUDIBERT (William), *Nice.*
19. AUDIBERT (Auguste), *Marseille.*
20. AYLIES (François), *Orléans.*
21. BAFFERT (Alexandre), *Montélimar.*
22. BAILLEUL (Charles), *Dunkerque.*
23. BAILET (Paul), *Nice.*
24. BAPTISTE (Victor), *Guillestre.*
25. BARBAROUX (Charles-Jules-Aristide), *Saint-Lô.*
26. BARBIER-DUROZIER (Joseph-Alexandre-Louis), *Saint-Marcellin.*
27. BARBUT (Louis), *Nîmes.*
28. BARRET (Louis), *Paris.*
29. BASSET (Armand), *Lyon.*
30. BAUCHAT (Lucien), *Lille.*
31. BAUDOUX (Georges), *Paris.*
32. BAUQUIER (Henry), *Nîmes.*
33. BAZART (Paul), *Dijon,*
34. BAZIN (Raymond), *Dieppe.*
35. BEAUFRÈRE (Louis), *Asnières.*
36. BEAUMONT (Amédée), *Nantes.*
37. BÉDÈNE (Pierre-Marie), *Paris.*
38. BELLE (Pierre), *Saint-Marcellin.*
39. BENARD-MANGEANT, *Gournay.*
40. BÉNÉDETTI (René), *Reims.*
41. BÉNÉZIT (Charles), *Paris.*
42. BENNEJEAN (Albert), *Limoges.*
43. BÉRARD (Jules), *Paris.*
44. BERGERY (Victor), *Dijon.*
45. BERGIER (Auguste), *Vienne.*

46. BERNARD (Ernest), *Tours*.
47. BERTAGNA (Jules), *Nice*.
48. BERTHELOT (Paul), *Bordeaux*.
49. BERTHOULAT (Georges), *Paris*.
50. BERTRAND (Eugène), *Tarbes*.
51. BERTRAND (William), *Marennes*.
52. BESSON (Joseph), *Grenoble*.
53. BÉTEILLE (Éloi), *Paris*.
54. BEUVIN (Raoul), *Dieppe*.
55. BIARD (Jean-Baptiste), *Cherbourg*.
56. BION (Eugène), *Bucby*.
57. BLANC (Joseph), *Marseille*.
58. BLANCHET (Louis), *Angoulême*.
59. BODEREAU (Georges), *Semur*.
60. BOISLAIGUE (René), *Mont-de-Marsan*.
61. BOISSIER (Raoul), *Nancy*.
62. BOISSONNET (Paul), *Lyon*.
63. BOIVIN (Charles), *Vitré*.
64. BOLVIN (Charles-Émile), *Dunkerque*.
65. BONCHE (Jean-Marie), *Saint-Étienne*.
66. BONNAFOUS (Irénée), *Montauban*.
67. BONNAUD-BÉGAUD (Louis), *Toulouse*.
68. BONNAUD-GRÉGOIRE (Louis), *Marseille*.
69. BONNET (Martin), *Cabors*.
70. BONNEVILLE (Marius), *Montauban*.
71. BORDIER (Gaston-Victor), *Reims*.
72. BOSMIAN (Jules), *Marseille*.
73. BOSQUET (Gaston), *Tonnerre*.
74. BOSQUETTE (Maurice), *Vouziers*.

75. BOUCHET (Amédée), *Elbeuf*.
76. BOULOGNE (Jules), *Lille*.
77. BOUQUET (Théodore), *Auch*.
78. BOURBON (Edmond), *Saint-Leu-Taverny*.
79. BOURBON (Émile-Georges), *Paris*.
80. BOURRAGEAS (Gustave), *Marseille*.
81. BOURROUL (Louis), *Cannes*.
82. BOURSON (Georges), *Compiègne*.
83. BOUTINON (Marius), *Paris*.
84. BOYER (César), *Perpignan*.
85. BRACH (Édouard-Henri), *Nancy*.
86. BRACHARD (Émile), *Troyes*.
87. BRETTEVILLE (Armand), *Yvetot*.
88. BRIÈRE (Victor), *Chinon*.
89. BROUSSE (Emmanuel), *Paris*.
90. BRUGUIER (Victorien-Félix), *Nîmes*.
91. BRUMAS (Irénée-Jean), *Nantes*.
92. BRUNETEAUX (René), *Soissons*.
93. BUGNICOURT (Georges-Amédée), *Chauny*.
94. BULOZ (Philippe), *Paris*.
95. CABANIS (Charles), *Montpellier*.
96. CABOT (Georges-Artus), *Rouen*.
97. CAMBON (Paul), *Saint-Germain-en-Laye*.
98. CAMUS (Léon), *Reims*.
99. CANNAC (Louis), *Gaillac*.
100. CANU (Adrien-Henri), *Flers*.
101. CARNET (Jules-Marie), *Mirecourt*.
102. CARRRÉE (Paul), *Béziers*.
103. DE CAUPÈNE (Mme), *Bourbriac*.
104. CAZAURAN (Eugène), *Bayonne*.

105. CAZET (Aristide), *Dijon*.
106. CELLIER (Élie-Eugène), *Annonay*.
107. CAYROL (A.), *Perpignan*.
108. CHAPON (Louis-Gustave) *Bordeaux*.
109. CHARBONNIER (Maurice), *Castelsarrazin*.
110. CHAROT (Médéric), *Saint-Denis*.
111. CHARPIN (Adolphe), *Valence*.
112. CHAUFOUR (Raoul), *Châtellerault*.
113. CHAUMET (Jean-Charles-Joseph), *Bordeaux*.
114. CHAUVET (Horace), *Perpignan*.
115. CHEREAU (Pierre), *Nantes*.
116. CHESNEAU (Marie-Ernest), *Paris*.
117. CHEVALET (Raphaël), *Thouars*.
118. CHION (Raoul), *Lyon*.
119. CIER (Étienne-Antoine), *Bordeaux*.
120. CLAVÉ (Émile), *Compiègne*.
121. CŒURDEROY (Paul), *Neufchâtel-en-Bray*.
122. COLAS (Maxime), *Reims*.
123. COLLINEAU (Guy), *les-Sables-d'Olonne*.
124. COMBARNOUS (Victor), *Marseille*.
125. CONSTANT (Émile), *Bazas*.
126. CONSTANT (Léon), *Reims*.
127. CORNEAU (Georges), *Charleville*.
128. CORRET (Henri), *Saint-Étienne*.
129. COTTALORDA (Ferdinand), *Marseille*.
130. COUDURIER (Louis), *Brest*.
131. COUESLANT (Auguste), *Cahors*.
132. CRISTINI (Édouard), *Nice*.
133. CROSNIER (Jean-Victor), *Grasse*.

134. CRÉPIN (Lucien), *Douai*.
135. DAILLY (Georges), *Reims*.
136. DANIEL-CHAMBON, *Saint-Amand*.
137. DARD (Joseph), *Clermont-Ferrand*.
138. DAUNEAU (Gaston), *Angers*.
139. DAUSSAT (Marie-Louis), *Paris*.
140. DAUTRESME (David), *Angers*.
141. DEBERNARD (Martial), *Limoges*.
142. DECOSSE (Jules), *Mayenne*.
143. DEGUISE (Olivier), *Valenciennes*.
144. DELAYE (Joseph), *Pamiers*.
145. DELAYE (Gaston), *Pamiers*.
146. DELAROCHE (Léon-Henri-Hippolyte), *Lyon*.
147. DELAROCHE (Henri-Jules-Hippolyte,) *Lyon*.
148. DEQUEN (Edmond), *Grigny*.
149. DESCHAMPS (Alexandre), *Bordeaux*.
150. DESCHAVANNES (Antoine), *Lyon*.
151. DESCORPS (Paul-Marcelin), *Bordeaux*.
152. DESLINIÈRES (Auguste), *Saint-Bobaire*.
153. DESLINIÈRES (Lucien), *Paris*,
154. DESPAUX (Édouard), *Bordeaux*.
155. DESPREZ (Georges), *Lille*.
156. DESRIVAUX (Henri), *Angers*.
157. DOCEUL (Louis-Victor), *Nantes*.
158. DONDEY (Eugène), *Grenoble*.
159. DREVETON (Louis-Eugène), *Romans*.
160. DREYFUS-LANDOUZY, *Lille*.
161. DROIN (Amédée), *Tunis*.
162. DRON (Émile), *Flers*.

163. DRON (Claude-Georges), *Lyon.*
164. DUBAR (Gustave), *Lille.*
165. DUBOIS (Arthur), *Saint-Quentin.*
166. DUPONT (Ernest), *Dunkerque.*
167. DUPRÉ (Léon), *Béziers.*
168. DUPUY (Ernest), *Angoulême.*
169. DUQUENNE (Paul), *Meaux.*
170. DURANDY (Dominique), *Nice.*
171. DUSSALON (Maurice), *Vervins.*
172. DUTHEILLET DE LAMOTHE (Yriex-Louis), *Limoges.*
173. ESCARGUEL (Jules), *Perpignan.*
174. ESMELIN (Gilbert), *Auxerre.*
175. FARET (Edmond), *Tulle.*
176. FERRAUD (Albert), *Antibes.*
177. FERRÉ (Émile), *La Madeleine.*
178. FERROUILLAT (Auguste), *Lyon.*
179. FERROUILLAT (Prosper), *Lyon.*
180. FERRUS (Maurice-Jean). *Bordeaux.*
181. FILLAY (Hubert), *Blois.*
182. FITTE (Alexandre), *Toulouse.*
183. FONTAINE (Gabriel), *Nice.*
184. FOREST (Henry), *Lyon.*
185. FOUBERT (Eugène), *Angers.*
186. FOUCAUD (Alexandre), *Angoulême.*
187. FRANCÈS (Germain), *Montpellier.*
188. FRANTZ (Paul), *Clermont.*
189. GADRAT (Jean), *Foix.*
190. GAGNIEUX (Léon), *Lyon.*
191. GANDON (Louis), *Angers.*
192. GANDRIAU (Auguste), *Luçon.*
193. GASSER (Gustave), *Chalon-sur-Saône.*
194. GAUDRY (Eugène), *Rouen.*

195. GAURE (Jean), *Saint-Mézard.*
196. GAUTHIER (Paul), *Reims.*
197. GAUTHRIN (Émile), *Dieppe.*
198. GÉNEVOIS (Charles), *Bourges.*
199. GINTZBURGER (Alphonse), *Saint-Étienne.*
200. GIRAUD-MANGIN (Maxime), *Paris.*
201. GIROD (Roger), *Nantes.*
202. GIROD (Adolphe), *Saint-Mandé.*
203. GOACHET (Jean), *Granville.*
204. GOBERT (Léon), *Lille.*
205. GODIN (Henri), *Paris.*
206. GOHON (Raymond), *Chartres.*
207. GONTIER (Edmond), *Dijon.*
208. GOUDAUD (Édouard), *Montmorillon.*
209. GOUIRY (Armand), *Bayonne.*
210. GOUNOUILHOU (Jean-Marcel), *Bordeaux.*
211. GOURC (Louis), *Gaillon.*
212. GOURRAUD (Pierre-Victor), *Lyon.*
213. GOURRAUD (Léon), *Lyon.*
214. GRAINDORGE (Henri), *Flers.*
215. GRATTEPANCHE (Alfred), *Cambrai.*
216. GRIVEAU (Alfred), *Paris.*
217. GROBON (Jospeh), *Lyon.*
218. GROULT (René), *Le Mans.*
219. GROS (Jules), *Besançon.*
220. GUIDERDONI (Roch), *Marseille.*
221. GUIDERDONI (Jean), *Toulon.*
222. GUILLEMOT (René), *Limoges.*
223. GUILLEUX (Émile-François), *Blois.*
224. GUYET (René), *Niort.*

225. HAMEL (Victor), *Bapaume.*
226. HAMELIN (Henri-Alphonse). *Joigny.*
227. HENRY (Gaston), *Montreuil-sur-Mer.*
228. HENRY (Jean). *Douai.*
229. HENSELING (Louis), *Toulon.*
230. HICKEL (Fritz). *Béziers.*
231. HINZELIN (Victor), *Nancy.*
232. HOURDEQUIN (A.), *Amiens.*
233. HUBERT (Charles), *Beauvais.*
234. HUBERT (Louis-Eugène), *La Rochelle.*
235. HUET-DESAUNAY, *Paris.*
236. HUTIN (Gaston), *Cambrai.*
237. HUYGHE (Louis), *Arras.*
238. IMBERT (Édouard), *Grasse.*
239. JACQUEMIN (Victor), *Paris.*
240. JACQUINOT (Maurice-Victor-François), *Bordeaux.*
241. JANICOT (Émile), *Toulon.*
242. JEANNEL (Georges). *Pau.*
243. JOUAUST (Gabriel), *Paris.*
244. JOINAUD (Henry-Paul). *Gujans-Mestras.*
245. JULIN (Hippolyte), *Grenoble.*
246. JULLIEN (Henri), *Saint-Étienne.*
247. JUSTINART (J.), *Levallois.*
248. KAVANAGH (Gustave), *Laval.*
249. KAVANAGH (Georges), *Laval.*
250. LADOIRE (Jean), *Ribérac.*
251. LAFFITTEAU (Louis), *Paris.*
252. LAFOND (J.), *Rouen.*
253. LAFORGUE (Charles), *Bordeaux.*
254. LAGRILLIÈRE - BAUCLERC, *Lille.*

255. LALOT (Charles-Antoine-Arthur), *Meaux.*
256. LAMBERTRIE (Émile), *Nice.*
257. LAMIOT (Léon), *Céret.*
258. LAMOURÈRE (Louis), *Toulouse.*
259. LAPORTE (Émile), *Châlons.*
260. LAPOUSSÉE (Fernand), *Paris.*
261. LARDIÈRE (David), *Lyon.*
262. LASNE (Désiré), *Bolbec.*
263. LATAPIE (Louis), *Asnières.*
264. LAUNAY (Camille), *Vendôme.*
265. LAURENT (Ernest), *Montargis.*
266. LAYDERNIER (Victor), *Annecy.*
267. LEBAS (Georges), *Dieppe.*
268. LECLERC (Ernest), *Châtillon-sur-Seine.*
269. LECOMTE (Émile), *Blosseville-Bon-Secours.*
270. LECOMTE (Édouard), *Tours*
271. LE FAUCHEUR (Paul), *Lillebonne.*
272. LE GOFF (Charles), *Châteaulin.*
273. L'ENFANT (Georges). *Condé-sur-Noireau.*
274. LEMAITRE (Émile), *Boulogne-sur-Mer.*
275. LEMYRE (Gaston), *Montbéliard.*
276. LENGELLÉ (Georges), *Paris.*
277. LE PAGE (Louis), *Épernay.*
278. LEPASLIER (Séverin), *Paris.*
279. LESPINASSE (Abel), *Lille.*
280. LETAINTURIER (Jules), *Nice.*
281. LE TRÉGUILLY (Victor), *Avranches.*
282. LETRESOR (Michel-Étienne), *Gournay.*
283. LEVASSEUR (Adolphe), *Forges-les-Eaux.*

284 . LEVAVASSEUR (Jules-Édouard), *Bordeaux.*

285 . LÉWY-D'ABARTIAGUE, *Ossès.*

286 . L'HOTELLIER (Paul), *Flers.*

287 . LIGOUZAT (François), *Bédarrides.*

288 . LINA (Alfred), *Vesoul.*

289 . LOGIER (Jules), *Béthune.*

290 . LONG-SAVIGNY, *Biarritz.*

291 . LOUP (Louis), *Rodez.*

292 . LOUP-BERTROZ, *Seulis.*

293 . LUPIN (Isaïe-Émile), *Troyes.*

294 . MAIRAT (Paul), *Angoulême.*

295 . MALAN (François), *Marseille.*

296 . MALESSET (Joseph), *Neuilly-sur-Seine.*

297 . MALEXIS (Charles), *Paris.*

298 . MARCHAND (Émile), *Angers.*

299 . MARTIN (Émile), *Alger-Mustapha.*

300 . MARTIN (Barthélemy), *Marseille.*

301 . MARTIN (Louis-Maurice), *Paris.*

302 . MARTIN (Antoine-Joseph), *Lyon.*

303 . MARTIN-MAMY (Eugène-Louis), *Lille.*

304 . MARY-LASSERRE, *Toulon.*

305 . MAS (Émile), *Bordeaux.*

306 . MASSON (Alexandre), *Poitiers.*

307 . MASSOULIER (Paulin), *Saint-Étienne.*

308 . MATHÉ (Valère), *Sables-d'Olonne.*

309 . MATHIEU-DUCOUDRAY (Joseph), *Paris.*

310 . MATTE (Julien), *Lille.*

311 . MAYER (Marcel), *Dijon.*

312 . DU MAZAUBRUN (Albert), *Limoges.*

313 . MAZEL (Élie,) *Largentière.*

314 . MENNECIER (Louis), *Relbel.*

315 . MERCIER (Paul), *Niort.*

316 . MERCIER (Victor), *Nancy.*

317 . MÉRENTIER (Henri), *Toulon.*

318 . MEYRAC (Albert), *Charleville.*

319 . MIEILLAT (Édouard), *Saint-Étienne.*

320 . MILLAUD (Alfred), *Marseille.*

321 . MILLOT (Louis), *Besançon.*

322 . MINÉ (Marcel), *Chartres.*

323 . MOISSON (Charles), *Moulins.*

324 . MONIER (Maurice), *Lille.*

325 . MONOT (Albert), *Vienne.*

326 . MONTAUBÉRY (Augustin), *Chailly-en-Bière.*

327 . MORAND (Adolphe), *Lille.*

328 . MOREL (Edmond), *Cherbourg.*

329 . MORIÉRE (Émile), *Lisieux.*

330 . MOUILLAUX (Alphonse-Antoine), *Limoges.*

331 . MOUILLIEN (Camille), *Angers.*

332 . NARQUET (Louis), *Fontenay-le-Comte.*

333 . NÉRON-BANCEL (Émile), *Haute-Loire.*

334 . NIEL (Auguste), *Montélimar.*

335 . OLLIVET (Albert), *Mouzon.*

336 . OLIVE (Émile), *Paris.*

337 . ORSAT (Joseph), *Paris.*

338 . ORSONI (Louis), *Flers-de-l'Orne.*

339 . OUDART (Fernand), *Roubaix.*

340 . PARÉ (Gaston), *Angers.*

341 . PASSERIEU (Jean-Bernard), *Paris.*

342 . PASSERIEU (Mme Jean-Bernard), *Paris.*

343 . PAYET (Claude-Louis-Eugène), *Thonon-les-Bains.*

344. PELLETIER (Laurent), *Roanne.*
345. PÉRIÉ (Louis), *Reims.*
346. PERLAT (René), *Paris.*
347. PESCHÉ (Étienne-Anselme), *Sables-d'Olonne.*
348. PETITCOLAS (Émile), *Brest.*
349. PETIT (Fernand), *Cherbourg.*
350. PIERROT (Georges), *Montmédy.*
351. PIERROT (Alfred), *Béthune.*
352. PIGNARD (Maurice), *Paris.*
353. PILLET (Adrien), *Chartres.*
354. PIRAUD (E.-Ph.), *Thonon-les-Bains.*
355. PLANCHER (Charles), *Largentière.*
356. POSTEL (Jean-Désiré), *Enghien.*
357. POURTET (Eugène), *Paris.*
358. POUTREL (Auguste), *Lisieux.*
359. PUEL (Charles), *Charleville.*
360. PUGET (Joseph), *Paris.*
361. QUÉMENEUR (Eugène), *Paris.*
362. QUÉRÉ (Camille), *Limoges.*
363. QUÉRET (Charles), *Albert.*
364. RANDOLET (Oscar), *Havre.*
365. RAUCOULES (Jules), *Montauban.*
366. RAVAT (Marius), *Paris.*
367. RAYER (Edmond-Victor), *Coulommiers.*
368. RÉAL (Ferdinand), *Paris.*
369. RÉAL (Maurice), *Paris.*
370. RECOLIN (Jules), *Nîmes.*
371. REFFRAY (Léon), *Blois.*
372. REFFRAY (Maurice), *Blois.*
373. RENAULT (F.), *Domfront.*
374. RICHARD (J.-M.-C.), sénateur, *Chalon-sur-Saône.*
375. RICHARD (Marius), *Paris.*
376. ROBENNE D'AZCONA (Étienne), *Sceaux.*
377. ROBERT (Paul), *Aubenas.*
378. ROBIGLIO (Joseph), *Toulon.*
379. ROCHE (Alphonse), *la Roche-sur-Yon.*
380. ROCHE (Aimé), *Lyon.*
381. RODANET (Louis-Henry), *Genève.*
382. RODRIGUES (Gaston), *Chalou.*
383. ROLAND (Ernest), *Saumur.*
384. ROUCHETTE (Paul), *Paris.*
385. ROUILLÉ-DESTRANGES (Étienne), *Nantes.*
386. ROUILLÉ-DESTRANGES (Mme), *Nantes.*
387. ROUVIER (Paul), *Draguignan.*
388. ROYER (Charles), *Château-Thierry.*
389. ROYER (Mme Charles), *Château-Thierry.*
390. SABATIER (Georges), *Lyon.*
391. SABRIÉ (Jean-Alphonse), *Havre.*
392. SAHUC (Baptiste-Clément), *Lyon.*
393. SAILLARD (Charles), *Amiens.*
394. SAILLARD (Eugène), *Le Mans.*
395. SAMAT (Jean-Baptiste), *Marseille.*
396. SARRAN (de) (Louis), *Mas-de-la-Nougarède.*
397. SARRAUT (Maurice), *Paris.*
398. SARRAUT (Albert), *Paris.*
399. SAUGRAIN (Gaston), *Paris.*
400. SAULIÈRE (Firmin), *Bordeaux.*
401. SAVARY (Maurice), *Lille.*
402. SCHMIDT (Benjamin), *Gisors.*
403. SCHWOB (Maurice), *Nantes.*
404. SCHWOB (Georges), *Nantes.*
405. SÉGARD (Émile), *Péronne.*
406. SEITZ (Ernest), *Biarritz.*

407. SIAUVE dit Évauzy (François), *Lille*.

408. SIMON (Gustave), *Paris*.

409. SIMON (Alphonse-Prosper-Yves), *Nantes*.

410. SIMON (Jules-Marie), *Bar-le-Duc*.

411. SIGRIST (Paul), *Lyon*.

412. SOULIÉ (Louis), *Saint-Étienne*.

413. SPITZMULLER (Georges), *Paris*.

414. STAHL (Eugène), *Paris*.

415. STAHL (Paul), *Fontenay-sous-Bois*.

416. SUPPO (Joseph), *Nice*.

417. TALLENDEAU (Joseph), *Nantes*.

418. TARDY (Joseph), *Grenoble*.

419. TASTE (Alcide), *Lrabou (Côte-d'Ivoire)*.

420. TÉLIET (Jean), *Mont-Saint-Quentin*.

421. TERRIER (Auguste), *Paris*.

422. TESSIER (Émile-Eugène), *Rochefort*.

423. TESTE (Victor), *Lyon*.

424. TEXIER (Jules), *Brevannes*.

425. THELONGEON (François), *Is-sur-Tille*.

426. THÉODORE-HENRY, *Paris*.

427. THORE (François), *Auch*.

428. THUILLIER (Gilbert), *Limoges*.

429. TOUCON (Jacques), *Sousse*.

430. TOURNIAIRE (Honoré), *Nice*.

431. TRÉMAUX (François), *Chalon-sur-Saône*.

432. TROTIGNON (Louis), *Tours*.

433. TURON (Édouard), *Reims*.

434. VALENTIN (Urbain), *Gravelines*.

435. VALLÉE (Jean-Baptiste), *Dijon*.

436. VALLIEZ (Léon), *Fécamp*.

437. VÉRAN dit Aristide (Paul-Antoine). *Paris*.

438. VERMONT (Camille), *Creil*.

439. VERNAY (Alfred), *Saint-Étienne*.

440. VERNE (François), *Paris*.

441. VERNE (Henri), *Paris*.

442. VIBERT (Paul), *Paris*.

443. VICTOR-MEUNIER (Lucien), *Bordeaux*.

444. VIDAL (Louis), *Marseille*.

445. VIDAL (Ernest-Adolphe), *Noyon*.

446. VIGNAU, *Lesparre*.

447. VILLETTE (Pierre), *Rouen*.

448. VIMARD (Léon), *Tarbes*.

449. VINCENT (Jules), *Paris*.

450. VITRAC (Raphaël), *Montpellier*.

451. VIVANT (Gabriel), *Paris*.

452. VOGT (Paul-Armand), *Nancy*.

453. WABLE, *Roanne*.

454. WEILL (Alfred), *Saint-Étienne*.

455. WERNER (Raoul), *Charleville*.

456. WORMS (Paul), *Paris*.

457. ZAY (Léon), *Orléans*.

458. ART DÉCORATIF (L'), REVUE DE L'ART ANCIEN ET DE LA VIE ARTISTIQUE MODERNE (Fernand Roches, directeur), *4, rue Le Goff, Paris*. — Fascicules, planches hors texte en couleurs, planche-prime aux abonnés. Médaille d'argent à l'Exposition franco-anglaise, à Londres en 1908 et à l'Exposition Internationale à Bruxelles en 1910.

459. CERCLE DE LA LIBRAIRIE, *117, boulevard Saint-Germain, Paris*. — Bibliogra-

phie de la France, Journal Général de l'Imprimerie et de la Librairie.

460. **COLLECTIVITÉ DU SYNDICAT DE LA PRESSE PARISIENNE**, *37, rue de Châteaudun, Paris.*

(Les Exposants inscrits dans cette collectivité ne concourent pas pour une récompense individuelle.)

461. **ACTION** (L'), *11, rue des Petits-Champs, Paris.*

462. **ACTION FRANÇAISE** (L'), *17, rue Caumartin, Paris.*

463. **ANNALES POLITIQUES** (Les), *51, rue Saint-Georges, Paris.*

464. **AURORE** (L'), *16 et 18, rue Notre-Dame-des-Victoires, Paris.*

465. **AUTO** (L'), *10, Faubourg Montmartre, Paris.*

466. **AUTORITÉ** (L'), *14, rue Drouot, Paris.*

467. **BULLETIN DES HALLES** (Le), *35, rue Jean-Jacques-Rousseau.*

468. **CHARIVARI** (Le), *10, rue de la Bourse, Paris.*

469. **COMŒDIA**, *27, boulevard Poissonnière, Paris.*

470. **COTE DE LA BOURSE ET DE LA BANQUE**, *3, place de la Bourse, Paris.*

471. **COURS DE LA BANQUE ET DE LA BOURSE**, *42, rue Notre-Dame-des-Victoires, Paris.*

472. **CROIX** (La), *5, rue Bayard, Paris.*

473. **DÉMOCRATIE** (La), *52 et 54, boulevard Raspail, Paris.*

474. **DÉPÊCHE COLONIALE** (La), *19, rue Saint-Georges, Paris.*

475. **DROIT** (Le), *23, quai de l'Horloge, Paris.*

476. **ÉCHO AGRICOLE** (L'), *35, rue Jean-Jacques-Rousseau, Paris.*

477. **ÉCHO DE PARIS** (L'), *6, place de l'Opéra, Paris.*

478. **ÉCLAIR** (L'), *10, Faubourg Montmartre, Paris.*

479. **ÉCONOMISTE EUROPÉEN** (L'), *50, rue Sainte-Anne, Paris.*

480. **ÉVÉNEMENT** (L'), *rue Grange-Batelière, Paris.*

481. **EXCELSIOR**, *88, avenue des Champs-Elysées, Paris.*

482. **FIGARO** (Le), *26 et 28, rue Drouot, Paris.*

483. **FINANCIAL NEWS**, *36 bis, boulevard Haussmann, Paris.*

484. **FRANCE** (La), *1, rue d'Amboise, Paris.*

485. **FRANCE MILITAIRE** (La), *10, rue Danton, Paris.*

486. **GAULOIS** (Le), *2, rue Drouot, Paris.*

487. **GAZETTE DE LA CAPITALE** (La), *9, Faubourg Montmartre, Paris.*

488. **GAZETTE DU PALAIS** (La), *3, boulevard du Palais, Paris.*

489. **GAZETTE DES TRIBUNAUX** (La), *12, place Dauphine, Paris.*

490. **GIL-BLAS** (Le), *30, rue Louis-le-Grand, Paris.*

491. **HOMME LIBRE** (L'), *13, rue Taitbout, Paris.*

492. **ILLUSTRATION** (L'), *13, rue Saint-Georges, Paris.*

493. **INTRANSIGEANT** (L'), *12, rue du Croissant, Paris.*

494. **JOURNAL** (Le), *100, rue de Richelieu, Paris.*

495. **JOURNAL DES DÉBATS** (Le), *17, rue des Prêtres-Saint-Germain-l'Auxerrois, Paris.*

496. **JOURNAL DU SOIR** (Le), *93, rue Miromesnil, Paris.*

497. LANTERNE (La), *24, boulevard Poissonnière, Paris.*

498. LIBERTÉ (La), *115, rue Réaumur, Paris.*

499. LIBRE PAROLE (La), *14, boulevard Montmartre, Paris.*

500. MARCHÉ FRANÇAIS (Le), *6, place du Louvre, Paris.*

501. MESSAGER DE PARIS, (Le), *42, rue Notre-Dame-des-Victoires, Paris.*

502. MONDE ILLUSTRÉ (Le), *13, quai Voltaire, Paris.*

503. NOUVELLES (Les), *142, rue Montmartre, Paris.*

504. NOUVELLE PRESSE (La), *161, rue Montmartre, Paris.*

505. NOUVELLE REVUE (La), *80, rue Taitbout, Paris.*

506. PARIS, *123, rue Montmartre, Paris.*

507. PARIS-JOURNAL, *8, boulevard des Italiens, Paris.*

508. PARIS-MIDI, *9, rue de Beaujolais, Paris.*

509. PARIS-SPORT, *18, rue du Croissant, Paris.*

510. PETIT-BLEU (Le), *18, rue Grange-Batelière, Paris.*

511. PETIT CAPORAL (Le), *37, avenue Malakoff, Paris.*

512. PETIT JOURNAL (Le), *61, rue Lafayette, Paris.*

513. PETIT PARISIEN (Le), *18, rue d'Enghien, Paris.*

514. PETITE RÉPUBLIQUE (La), *111, rue Réaumur, Paris.*

515. PRESSE COLONIALE (La), *3, rue des Halles, Paris.*

516. RADICAL (Le), *142, rue Montmartre, Paris.*

517. RAPPEL (Le), *38, boulevard de Strasbourg, Paris.*

518. RÉPUBLIQUE FRANÇAISE (La), *21, boulevard Montmartre, Paris.*

519. RÉPUBLIQUE RADICALE (La), *129, rue Montmartre, Paris.*

520. REVUE BLEUE (La), *41 bis, rue de Châteaudun, Paris.*

521. REVUE DES DEUX MONDES (La), *15, rue de l'Université, Paris.*

522. REVUE HEBDOMADAIRE (La), *8, rue Garancière, Paris.*

523. SIÈCLE (Le), *11, rue des Petits-Champs, Paris.*

524. SOIR (Le), *31, rue Bergère, Paris.*

525. TEMPS (Le), *5, rue des Italiens, Paris.*

526. UNIVERS (L'), *19, rue des Saints-Pères, Paris.*

527. VIE FINANCIÈRE (La), *54, Faubourg Montmartre, Paris.*

528. VOLTAIRE (Le), *11, rue des Petits-Champs, Paris.*

529. COLLECTIVITÉ DU SYNDICAT DE LA PRESSE PÉRIODIQUE, *117, boulevard Saint-Germain, Paris.*
(Les exposants figurant dans cette collectivité ne concourent pas pour une récompense individuelle).

530. ANNALES DE CHIMIE OU ANNALES DE PHYSIQUE, *120, boulevard Saint-Germain, Paris.*

531. ANNALES DE DERMATOLOGIE ET SYPHILIGRAPHIE, *120, boulevard Saint-Germain, Paris.*

532. ANNALES DE GÉOGRAPHIE (Les), *103, boulevard Saint-Michel, Paris.*

533. ANNALES DE GYNÉCOLOGIE ET D'OBSTÉTRIQUE, *2, rue Casimir-Delavigne, Paris.*

534. ANNALES DE L'INSTITUT OCÉANOGRAPHIQUE T. VII, *120, boulevard Saint-Germain, Paris.*

535. ANNALES DE L'INSTITUT PASTEUR, *120, boulevard Saint-Germain, Paris.*

536. ANNALES DES MALADIES DE L'OREILLE ET DU LARYNX, *120, boulevard Saint-Germain, Paris.*

537. ANNALES DE MÉDECINE, *120, boulevard Saint-Germain, Paris.*

538. ANNALES MÉDICO-PSYCHO-LOGIQUES, *120, boulevard Saint-Germain, Paris.*

539. ANNALES DES MINES, *49, quai des Grands-Augustins, Paris.*

540. ANNALES DE L'OBSERVA-TOIRE DE MONTSOURIS, *55, quai des Grands-Augustins, Paris.*

541. ANNALES DE PALÉONTO-LOGIE, *120, boulevard Saint-Germain, Paris.*

542. ANNALES POLITIQUES ET LITTÉRAIRES, *51, rue Saint-Georges, Paris.*

543. ANNALES SCIENTIFIQUES DE L'ÉCOLE NORMALE SUPÉRIEURE, *55, quai des Grands-Augustins, Paris.*

544. ANNALES DES SCIENCES NATURELLES, *9e série Botanique ou Zoologie, chaque partie les 2 vols T. XIX, XX, 120, boulevard Saint-Germain, Paris.*

545. ANNALES DES TRAVAUX PUBLICS DE BELGIQUE, *47 et 49, Quai des Grands-Augustins, Paris.*

546. ANTHROPOLOGIE (L'), *120 boulevard Saint-Germain, Paris.*

547. ARCHIVES D'ANATOMIE MICROSCOPIQUE, XVI, *120, boulevard Saint-Germain, Paris.*

548. ARCHIVES D'ANTHROPO-LOGIE CRIMINELLE, *120, boulevard Saint-Germain, Paris.*

549. ARCHIVES DE BIOLOGIE T. XXIX, *120, boulevard Saint-Germain, Paris.*

550. ARCHIVES DE MÉDECINE DES ENFANTS, *120, boulevard Saint-Germain, Paris.*

551. ARCHIVES DE MÉDECINE EXPÉRIMENTALE ET D'ANA-TOMIE PATHOLOGIQUE, *120, boulevard Saint-Germain, Paris.*

552. ARCHIVES MILITAIRES, *3, rue des Beaux-Arts, Paris.*

553. ARCHIVES D'OPHTALMOLO-GIE, *2, rue Casimir Delavigne, Paris.*

554. ART ET LA MODE (L'), *35, rue Boissy-d'Anglas, Paris.*

555. AUTOMOBILE DANS L'INDUS-TRIE, LES TRANSPORTS ET L'AGRICULTURE, *47 et 49, quai des Grands-Augustins, Paris.*

556. BIBLIOGRAPHIE DE LA FRANCE, *117, boulevard Saint-Germain, Paris.*

557. BIBLIOGRAPHIE DES SCIEN-CES ET DE L'INDUSTRIE, *49, quai des Grands-Augustins, Paris.*

558. BIBLIOGRAPHIE SCIENTIFI-QUE FRANÇAISE, *55, quai des Grands-Augustins, Paris.*

559. BULLETIN DE L'ACADÉMIE DE MÉDECINE, *120, boulevard Saint-Germain, Paris.*

560. BULLETIN ANNOTÉ DES CHEMINS DE FER, *20, rue Bergère, Paris.*

561. BULLETIN ASTRONOMIQUE, *55, quai des Grands-Augustins, Paris.*

562. BULLETIN HEBDOMADAIRE DE STATISTIQUE MUNICI-PALE, *120, boulevard Saint-Germain, Paris.*

563. BULLETIN DE L'INSTITUT PASTEUR, *120, boulevard Saint-Germain, Paris.*

564. BULLETINS ET MÉMOIRES DE LA SOCIÉTÉ DE RADIO-LOGIE MÉDICALE DE FRAN-CE, *2, rue Casimir-Delavigne, Paris.*

565. BULLETIN MENSUEL DU BUREAU CENTRAL MÉTÉOROLOGIQUE DE FRANCE, *55, quai des Grands-Augustins, Paris.*

566. BULLETIN DU MUSÉUM D'HISTOIRE NATURELLE, *120, boulevard Saint-Germain, Paris.*

567. BULLETIN DE L'OFFICE DU TRAVAIL, *5, rue des Beaux-Arts, Paris.*

568. BULLETIN DE L'OFFICE DU TRAVAIL, *103, boulevard Saint-Michel, Paris.*

569. BULLETIN OFFICIEL ANNOTÉ DE TOUS LES MINISTÈRES, *5, rue des Beaux-Arts, Paris.*

570. BULLETIN DES PROPOSITIONS DE TARIFS, *20, rue Bergère, Paris.*

571. BULLETIN DES SCIENCES MATHÉMATIQUES, *55, quai des Grands-Augustins, Paris.*

572. BULLETIN DE LA SOCIÉTÉ DES AGRICULTEURS DE FRANCE, *8, rue d'Albènes, Paris.*

573. BULLETINS DE LA SOCIÉTÉ ANATOMIQUE DE PARIS, *2, rue Casimir-Delavigne, Paris.*

574. BULLETIN DE LA SOCIÉTÉ D'ANTHROPOLOGIE DE PARIS, *120, boulevard Saint-Germain, Paris.*

575. BULLETIN DE LA SOCIÉTÉ CHIMIQUE DE FRANCE, *120, boulevard Saint-Germain, Paris.*

576. BULLETIN DE LA SOCIÉTÉ DE CHIRURGIE, *120, boulevard Saint-Germain, Paris.*

577. BULLETIN DE LA SOCIÉTÉ D'ÉTUDES SCIENTIFIQUES SUR LA TUBERCULOSE, *120, boulevard Saint-Germain, Paris.*

578. BULLETIN DE LA SOCIÉTÉ FRANÇAISE DE DERMATOLOGIE, *120, boulevard Saint-Germain, Paris.*

579. BULLETIN DE LA SOCIÉTÉ FRANÇAISE DE PHILOSOPHIE, *103, boulevard Saint-Michel, Paris.*

580. BULLETIN DE LA SOCIÉTÉ FRANÇAISE DE PHOTOGRAPHIE, *55, quai des Grands-Augustins, Paris.*

581. BULLETINS DE LA SOCIÉTÉ DE L'INTERNAT DES HOPITAUX DE PARIS, *2, rue Casimir-Delavigne, Paris.*

582. BULLETIN DE LA SOCIÉTÉ INTERNATIONALE DES ÉLECTRICIENS, *55, quai des Grands-Augustins, Paris.*

583. BULLETIN DE LA SOCIÉTÉ MATHÉMATIQUE DE FRANCE, *55, quai des Grands-Augustins, Paris.*

584. BULLETIN DE LA SOCIÉTÉ MÉDICALE DES HOPITAUX, *120, boulevard Saint-Germain, Paris.*

585. BULLETIN DE LA SOCIÉTÉ D'OBSTÉTRIQUE ET DE GYNÉCOLOGIE DE PARIS, *2, Rue Casimir-Delavigne, Paris.*

586. BULLETIN DE LA SOCIÉTÉ DE PATHOLOGIE EXOTIQUE, *120, boulevard Saint-Germain, Paris.*

587. BULLETINS DE LA SOCIÉTÉ DE PÉDIATRIE DE PARIS, *2, rue Casimir-Delavigne, Paris.*

588. BULLETIN DE LA SOCIÉTÉ DE PROPHYLAXIE, *15, rue Soufflot, Paris.*

589. BULLETIN DE LA SOCIÉTÉ SCIENTIFIQUE D'HYGIÈNE ALIMENTAIRE, *120, boulevard Saint-Germain, Paris.*

590. CHIFFONS, *5, boulevard des Capucines, Paris.*

591. CHRONIQUE DES ARTS, *106, boulevard Saint-Germain, Paris.*

592. COMPTES RENDUS DES SÉANCES DE L'ACADÉMIE

DES SCIENCES. 55, quai des Grands-Augustins, Paris.

593. COMPTES RENDUS DE LA SOCIÉTÉ DE BIOLOGIE. 120, boulevard Saint-Germain, Paris.

594. CORBEILLE A OUVRAGE (La), 79, boulevard Saint-Germain, Paris.

595. CORRESPONDANT (Le). 31, rue Saint-Guillaume, Paris.

596. COURRIER DES EXAMENS (Le), 15, rue Soufflot, Paris.

597. DEUTSCHE ZEITUNG, 79, boulevard Saint-Germain, Paris.

598. ÉCOLE NOUVELLE (L'), 15, rue Soufflot, Paris.

599. ÉCOLIER ILLUSTRÉ (L'), 15, rue Soufflot, Paris.

600. ÉCONOMISTE FRANÇAIS. 55, rue Bergère, Paris.

601. ÉLECTRICIEN (L'), 47 et 49, quai des Grands-Augustins, Paris.

602. ENGLISH JOURNAL. 79, boulevard Saint-Germain, Paris.

603. ENSEIGNEMENT MATHÉMATIQUE, 55, quai des Grands-Augustins, Paris.

604. FANTASIO, 1, rue de Choiseul, Paris.

605. FEMINA, 90, avenue des Champs-Élysées, Paris.

606. FERMES ET CHATEAUX, 90, avenue des Champs-Élysées, Paris.

607. GAZETTE DES BEAUX-ARTS. 106, boulevard Saint-Germain, Paris.

608. GAZETTE DU VILLAGE, 26, rue Jacob, Paris.

609. GÉNIE CIVIL (Le), 6, Chaussée-d'Antin, Paris.

610. GÉOGRAPHIE (La), (BULLETIN DE LA SOCIÉTÉ DE GÉOGRAPHIE. 120, boulevard Saint-Germain, Paris.

611. HISTORIA (Lisez-moi historique), 75, rue Dareau, Paris.

612. HYGIÈNE SCOLAIRE, 120, boulevard Saint-Germain, Paris.

613. ILLUSTRATION (L'), 13, rue Saint-Georges, Paris.

614. ILLUSTRÉ NATIONAL (L'), 75, rue Dareau, Paris,

615. INDICATEUR CHAIX, 20, rue Bergère, Paris.

616. INDUSTRIE ÉLECTRIQUE (L'), 9, rue de Fleurus, Paris.

917. INDUSTRIE FRIGORIFIQUE (L'), 49, quai des Grands-Augustins, Paris.

618. INTERMÉDIAIRE DES MATHÉMATICIENS (L'), 55, quai des Grands-Augustins, Paris.

619. JE SAIS TOUT, 90, avenue des Champs-Élysées, Paris.

620. JEUDI DE LA JEUNESSE (Le). 75, rue Dareau, Paris.

621. JOURNAL D'AGRICULTURE PRATIQUE, 26, rue Jacob, Paris.

622. JOURNAL AMUSANT. 3, rue Rossini, Paris.

623. JARDINS ET BASSES-COURS. 79, boulevard Saint-Germain, Paris.

624. JOURNAL DE CHIMIE PHYSIQUE, 55, quai des Grands-Augustins, Paris.

625. JOURNAL DE CHIRURGIE, 120, boulevard Saint-Germain, Paris.

626. JOURNAL DE LA JEUNESSE, 79, boulevard Saint-Germain, Paris.

627. JOURNAL DE MATHÉMATIQUES PURES ET APPLIQUÉES, 55, quai des Grands-Augustins, Paris.

628. JOURNAL DE PHYSIOLOGIE ET DE PATHOLOGIE GÉNÉRALE. 120, boulevard Saint-Germain, Paris.

629. JOURNAL DE PHYSIQUE, 15, rue Soufflot, Paris.

630. JOURNAL DE PHYSIQUE THÉORIQUE ET APPLIQUÉE, *55, quai des Grands-Augustins, Paris.*

631. JOURNAL DE RADIOLOGIE ET D'ÉLECTROLOGIE, *120, boulevard Saint-Germain, Paris.*

632. JOURNAL DES ROMANS POPULAIRES ILLUSTRÉS, *75, rue Dareau, Paris.*

633. JOURNAL DES SAVANTS, *79, boulevard Saint-Germain, Paris.*

634. JOURNAL DE L'UNIVERSITÉ DES ANNALES, *51, rue Saint-Georges, Paris.*

635. JOURNAL D'UROLOGIE MÉDICALE ET CHIRURGICALE, *120, boulevard Saint-Germain, Paris.*

636. JOURNAL DES VOYAGES ET DES AVENTURES DE TERRE ET DE MER, *146, rue Montmartre, Paris.*

637. KLEINE ZEITUNG, *79, boulevard Saint-Germain, Paris.*

638. LECTURES POUR TOUS (Les), *79, boulevard Saint-Germain, Paris.*

639. LEPRA T. XV, *120, boulevard Saint-Germain, Paris.*

640. LISEZ-MOI, *75, rue Dareau, Paris.*

641. LYON CHIRURGICAL, *120, boulevard Saint-Germain, Paris.*

642. MAITRES DE L'AFFICHE (Les), *20, rue Bergère, Paris.*

643. MAITRES DE DESSIN, ETC. (Les), *20, rue Bergère, Paris.*

644. MANUEL GÉNÉRAL DE L'INSTRUCTION PRIMAIRE (Le), *79, boulevard Saint-Germain, Paris.*

645. MATHESIS, RECUEIL MATHÉMATIQUE, *55, quai des Grands-Augustins, Paris.*

546. MÉDECINE SCOLAIRE (La), *15 rue Soufflot, Paris.*

647. MÉMOIRES DE L'ACADÉMIE DE MÉDECINE T. XLII, *120 boulevard Saint-Germain, Paris.*

648. MODE ILLUSTRÉE (La), *56, rue Jacob, Paris.*

649. MODE PRATIQUE (La), *79, boulevard Saint-Germain, Paris.*

650. MONDE ILLUSTRÉ (Le), *13, quai Voltaire, Paris.*

651. MON JOURNAL, *79, boulevard Saint-Germain, Paris.*

652. MUSICA, *90, avenue des Champs-Elysées, Paris.*

653. NATURE (La), *120, boulevard Saint-Germain, Paris.*

654. NOUVEAUX LIVRES SCIENTIFIQUES ET INDUSTRIELS (Les), *49, quai des Grands-Augustins, Paris.*

655. NOUVELLES ANNALES DE MATHÉMATHIQUES, *55, quai des Grands-Augustins, Paris.*

656. NOUVELLES ARCHIVES DU MUSÉUM D'HISTOIRE NATURELLE, *120, boulevard Saint-Germain, Paris.*

657. NOUVELLE ICONOGRAPHIE DE LA SALPÉTRIÈRE, *120, boulevard Saint-Germain, Paris.*

658. NOUVELLE MODE (La), *5, boulevard des Capucines, Paris,*

659. ŒUVRE MÉDICO-CHIRURGICAL N° 71 à 80, *120, boulevard Saint-Germain, Paris.*

660. OUVRIER (L'), *55, quai des Grands-Augustins, Paris.*

661. OUVRIER MODERNE (L'), *47 et 49, quai des Grands-Augustins, Paris.*

662. PHOTO-GAZETTE, *1, rue de Médicis, Paris,*

663. PIANO (Le), *5, boulevard des Capucines, Paris.*

664. POT-AU-FEU (Le), *14, rue Duphot, Paris.*

665. PRESSE MÉDICALE (La), *120, boulevard Saint-Germain, Paris.*

666. PRO ALESIA, *5, rue de Mézières, Paris.*

667. PROGRESO, *13, rue Soufflot, Paris.*

668. RADIUM (Le), *120, boulevard Saint-Germain, Paris.*

669. RECUEIL CHAIX DES TARIFS, *20, rue Bergère, Paris.*

670. REVUE, *79, boulevard Saint-Germain, Paris.*

671. REVUE D'ARTILLERIE, *5, rue des Beaux-Arts, Paris.*

672. REVUE DES ARTS GRAPHIQUES, *9, rue de Fleurus, Paris.*

673. REVUE DE CAVALERIE, *5, rue des Beaux-Arts, Paris.*

674. REVUE COMMUNALE, *5, rue des Beaux-Arts, Paris.*

675. REVUE DES DEUX-MONDES, *15, rue de l'Université, Paris.*

676. REVUE ÉLECTRIQUE (La), *55, quai des Grands-Augustins, Paris.*

677. REVUE DES ÉTABLISSEMENTS DE BIENFAISANCE ET D'ASSISTANCE, *5, rue des Beaux-Arts, Paris.*

678. REVUE GÉNÉRALE D'ADMINISTRATION, *5, rue des Beaux-Arts, Paris.*

679. REVUE GÉNÉRALE DES CHEMINS DE FER ET DES TRAMWAYS, *49, quai des Grands-Augustins, Paris.*

680. REVUE FRANÇAISE DE MÉDECINE ET DE CHIRURGIE, *2, rue Casimir-Delavigne, Paris.*

681. REVUE GÉNÉRALE D'HISTOLOGIE, T. V, *120, boulevard Saint-Germain, Paris.*

682. REVUE GÉNÉRALE D'OPHTALMOLOGIE, *120, boulevard Saint-Germain, Paris.*

683. REVUE GÉNÉRALE DES SCIENCES PURES ET APPLIQUÉES, *103, boulevard Saint-Michel, Paris.*

684. REVUE DU GÉNIE MILITAIRE, *5, rue des Beaux-Arts, Paris.*

685. REVUE DE GYNÉCOLOGIE ET DE CHIRURGIE ABDOMINALE, *120, boulevard Saint-Germain, Paris.*

686. REVUE D'HISTOIRE LITTÉRAIRE DE LA FRANCE, *103, boulevard Saint-Michel, Paris.*

687. REVUE HORTICOLE, *26, rue Jacob, Paris.*

688. REVUE D'HYGIÈNE ET DE POLICE SANITAIRE, *120, boulevard Saint-Germain, Paris.*

689. REVUE DE MÉCANIQUE, *49, quai des Grands-Augustins, Paris.*

690. REVUE DE MÉTALLURGIE, *47 et 49, quai des Grands-Augustins, Paris.*

691. REVUE DE MÉTAPHYSIQUE ET DE MORALE, *103, boulevard Saint-Michel, Paris.*

692. REVUE MILITAIRE GÉNÉRALE, *5, rue des Beaux-Arts, Paris.*

693. REVUE NEUROLOGIQUE, *120 boulevard Saint-Germain, Paris.*

694. REVUE D'ORTHOPÉDIE, *120, boulevard Saint-Germain, Paris.*

695. REVUE DE PARIS, *83 bis, faubourg Saint-Honoré, Paris.*

696. REVUE PÉDAGOGIQUE, *13, rue Soufflot, Paris.*

697. REVUE PHILANTHROPIQUE, *120, boulevard Saint-Germain, Paris.*

698. REVUE PRATIQUE D'HYGIÈNE MUNICIPALE URBAINE ET RURALE, *5, rue des Beaux-Arts, Paris.*

699. REVUE PRATIQUE D'OBSTÉTRIQUE ET DE PÉDIATRIE, *2, rue Casimir-Delavigne, Paris.*

700. REVUE DES SERVICES FINAN-CIERS, *5, rue des Beaux-Arts, Paris.*

701. REVUE DE LA TUBERCULOSE. *120, boulevard Saint-Germain, Paris.*

702. REVUE UNIVERSITAIRE (La). *103, boulevard Saint-Michel, Paris.*

703. RIRE (Le), *1, rue de Choiseul, Paris.*

704. ROMAN ROMANESQUE (Le). *15, rue Racine, Paris.*

705. SAINT-NICOLAS (Le), *15, rue Soufflot, Paris.*

706. SCIENCE AU XX* SIÈCLE (La). *15, rue Soufflot, Paris.*

707. SEMAINE RELIGIEUSE DE PARIS (La), *18, rue des Fossés-Saint-Jacques, Paris.*

708. SEMAINE DE SUZETTE (La). *55, quai des Grands-Augustins, Paris.*

709. S. I. M. REVUE MUSICALE, *15, rue Soufflot, Paris.*

710. SOLEIL DU DIMANCHE ILLUSTRÉ (Le), *5, boulevard des Capucines, Paris.*

711. SOURIRE (Le), *60, rue de Richelieu, Paris.*

712. TECHNIQUE AÉRONAU-TIQUE (La), *55, quai des Grands-Augustins, Paris.*

713. TECHNIQUE AUTOMOBILE-ET AÉRIENNE (La), *47 et 49, quai des Grands-Augustins, Paris.*

714. TECHNIQUE MODERNE (La), *49, quai des Grands-Augustins, Paris.*

715. TOUR DU MONDE (Le), *79, boulevard Saint-Germain, Paris.*

716. VEILLÉES DES CHAUMIÈRES (Les), *55, quai des Grands-Augustins, Paris.*

717. VIE AUTOMOBILE (La), *47 et 49, quai des Grands-Augustins, Paris.*

718. VIE A LA CAMPAGNE (La), *79, boulevard Saint-Germain, Paris.*

719. VIE AU GRAND AIR (La), *90, avenue des Champs-Élysées, Paris.*

720. VIE HEUREUSE (La), *79, boulevard Saint-Germain, Paris.*

721. VOLUME (Le), *103, boulevard Saint-Michel, Paris.*

722. VRAIE MODE (La), *127, boulevard de Sébastopol, Paris.*

723. COLLECTIVITÉ DU SYN-DICAT DE LA PRESSE DÉPARTEMENTALE RÉ-PUBLICAINE DE FRAN-CE, *22, rue de la Chaussée-d'Antin, Paris.*

(Les Exposants inscrits dans cette collectivité ne concourent pas pour une récompense in-dividuelle.)

724. ABEILLE D'ÉTAMPES (L'), *Etampes.*

725. ACTION (L'), *Paris.*

726. AGENCE HAVAS (L'), *Nice.*

727. AVENIR D'ARRAS (L'), *Arras.*

728. AVENIR BLAYAIS ET JONZA-CAIS (L'), *Bordeaux.*

729. AVENIR DE FOIX (L'), *Foix.*

730. AVENIR DE LA MAYENNE (L'), *Laval.*

731. AVENIR RÉPUBLICAIN DE L'ARDÈCHE (L'), *Aubenas.*

732. AVENIR RÉPUBLICAIN (L'). *Mirecourt.*

733. AVENIR DE SAINT-GERMAIN (L'), *Nice.*

734. AVENIR TONNERROIS (L'), *Tonnerre.*

735. AVENIR DU VEXIN (L'), *Gisors.*

736. AVENIR DE LA VIENNE (L'), *Poitiers.*

737. BAS-BRETON (Le), *Châteaulin.*

738. BLOC RÉPULICAIN DE DIJON (Le), *Is-sur-Tille.*

739. BONHOMME LIMOUSIN (Le). *Limoges.*

740. BOULONNAIS (Le), *Boulogne-sur-Mer.*

741. BULLETIN DE L'ASSOCIATION NATIONALE RÉPUBLICAINE (Le), *Paris.*

742. BULLETIN DES HALLES (Le), *Paris.*

743. CARILLON DE VENDOME (Le), *Vendôme.*

744. CHARENTE (La), *Angoulême.*

745. CHATILLONNAIS ET L'AUXOIS (Le), *Châtillon-sur-Seine.*

746. COURRIER DU CENTRE (Le), *Limoges.*

747. COURRIER DE CÉRET (Le), *Céret.*

748. COURRIER DE FLERS (Le), *Flers.*

749. COURRIER DE GOURNAY (Le), *Gournay.*

750. COURRIER DE L'OISE (Le), *Senlis.*

751. COURRIER DE SAUMUR (Le), *Saumur.*

752. CRI CAMBRÉSIEN (Le), *Cambrai.*

753. DÉFENSE NATIONALE (La), *Chauny.*

754. DÉMOCRATE DE SEINE-ET-MARNE (Le), *Coulommiers.*

755. DÉMOCRATE SOISSONNAIS (Le), *Soissons.*

756. DÉMOCRATIE (La), *Châtellerault.*

757. DÉMOCRATIE HAVRAISE (La), *le Havre.*

758. DÉMOCRATIE VENDÉENNE (La), *la Roche-sur-Yon.*

759. DÉPÊCHE (La), *Blois.*

760. DÉPÊCHE DE BREST (La), *Brest.*

761. DÉPÊCHE D'EURE-ET-LOIR (La), *Chartres.*

762. DÉPÊCHE DE L'ORNE (La), *Paris.*

763. DÉPÊCHE DE SAONE-ET-LOIRE (La), *Chalon-sur-Saône.*

764. DÉPÊCHE DE TOULOUSE (La), *Toulouse.*

765. DÉPÊCHE DE TOURS (La), *Tours.*

766. ÉCHO BOURGUIGNON (L'), *Dijon.*

767. ÉCHO DU NORD ET LE GRAND ÉCHO DU NORD ET DU PAS-DE-CALAIS (L'), *Lille.*

768. ÉCHO RÉPUBLICAIN DE L'AISNE (L'), *Château-Thierry.*

769. ÉCHO DE LA VALLÉE DE BRAY (L'), *Neufchâtel-en-Bray.*

770. ÉCHO VOUZINOIS (L'), *Vouziers.*

771. ÉCLAIREUR DE DIEPPE (L'), *Dieppe.*

772. ÉCLAIREUR EMBRUNAIS (L'), *Guillestre.*

773. ÉCLAIREUR DE NICE (L'), *Nice.*

774. ÉCLAIREUR DE VIENNE (L'), *Vienne.*

775. ÉCOLE LAÏQUE (L'), *Toulouse.*

776. ESTAFETTE LORRAINE (L'), *Nancy.*

777. EST RÉPUBLICAIN (L'), *Nancy.*

778. FOREZ - AUVERGNE - VIVARAIS (Le), *Saint-Étienne.*

779. FRANCE DE BORDEAUX ET DU SUD-OUEST (La), *Bordeaux.*

780. FRONTIÈRE DE MAUBEUGE (La), *Maubeuge.*

781. FRONTIÈRE DU SUD-OUEST (La), *Biarritz.*

782. GARTEMPE (La), *Montmorillon.*

783. GATINAIS (Le), *Château-Thierry*.

784. GAZETTE ILLUSTRÉE DE BIARRITZ (La), *Biarritz*.

785. GAZETTE DE BERGUES (La), *Bergues*.

786. GAZETTE DE L'OISE (La), *Compiègne*.

787. GAZETTE DE PÉRONNE (La) *Péronne*.

788. GIRONDE ET PETITE GIRONDE (La), *Bordeaux*.

789. GLANEUR DE BAZAS (Le), *Bazas*.

790. GRANVILLAIS (Le), *Granville*.

791. GRAVELINOIS (Le), *Gravelines*.

792. HAUTE-ARDÉCHE (La), *Annonay*.

793. HAVRE ET LE PETIT HAVRE (Le), *le Havre*.

794. IMPARTIAL DE L'EST (L'), *Nancy*.

795. IMPARTIAL DE DIEPPE (L'), *Dieppe*.

796. INDÉPENDANT AUXERROIS (L'), *Tonnerre*.

797. INDÉPENDANT DE L'AUXOIS ET DU MORVAN (L'), *Semur*.

798. INDÉPENDANT DU CHER (L'), *Toulouse*.

799. INDÉPENDANT DE LOIR-ET-CHER (L'), *Blois*.

800. INDÉPENDANT DE MONTARGIS ET DE PITHIVIERS (L'), *Montargis*.

801. INDÉPENDANT DE MURET (L'), *Lyon*.

802. INDÉPENDANT DE LA NIÈVRE (L'), *Paris*.

803. INDÉPENDANT DE PAU (L'), *Pau*.

804. INDÉPENDANT DE PERPIGNAN (L'), *Perpignan*.

805. INDÉPENDANT RÉMOIS (L'), *Reims*.

806. INDÉPENDANT DE TARN-ET-GARONNE (L'), *Montauban*.

807. INDUSTRIEL ELBEUVIEN (L'), *Elbeuf*.

808. INFORMATEUR (L'), *Reims*.

809. JOURNAL DE L'ALSACE (Le), *Paris*.

810. JOURNAL DE CONDÉ (Le), *Condé-sur-Noireau*.

811. JOURNAL L'AVENIR (Le), *Forges-les-Eaux*.

812. JOURNAL DE DOUAI (Le), *Douai*.

813. JOURNAL DE FLERS (Le), *Flers*.

814. JOURNAL DE GRASSE (Le), *Grasse*.

815. JOURNAL DU LOT (Le), *Cahors*.

816. JOURNAL DE MANTES (Le), *Mantes*.

817. JOURNAL DE MARENNES (Le), *Marennes*.

818. JOURNAL DU MÉDOC (Le), *Lesparre*.

819. JOURNAL DE MONTMÉDY (Le), *Montmédy*.

820. JOURNAL DE MONTREUIL ET JOURNAL DE BERCK, *Montreuil-sur-Mer*.

821. JOURNAL DE ROUEN (Le), *Rouen*.

822. JOURNAL DE SEINE-ET-OISE (Le), *Paris*.

823. JOURNAL DE SEINE-ET-MARNE (Le), *Meaux*.

824. JOURNAL DE TOURNON (Le), *Romans*.

825. LEXOVIEN (Le), *Lisieux*.

826. LIBÉRAL DE L'OISE (Le), *Noyon*.

827. LIBERTÉ (La), *Paris*.

828. LIBERTÉ DE L'EURE (La), *Évreux.*

829. LIBERTÉ NORMANDE (La), *Flers-de-l'Orne.*

830. LILLE ARTISTE (Le), *Lille.*

831. LITTORAL DE CANNES (Le), *Cannes.*

832. LOIRE RÉPUBLICAINE (La), *Saint-Étienne.*

833. LYON RÉPUBLICAIN (Le), *Lyon.*

834. MÉMORIAL DES DEUX-SÈVRES (Le), *Niort.*

835. MÉMORIAL DE L'ISÈRE ET DE SAINT-MARCELLIN (Le), *Saint-Marcellin.*

836. MESSAGER DE LA MANCHE (Le), *Saint-Lô.*

837. MESSAGER DU POITOU (Le), *Thouars.*

838. MIDI RÉPUBLICAIN (Le), *Toulouse.*

839. MONITEUR DE L'OISE (Le), *Paris.*

840. MONITEUR DU PUY-DE-DOME (Le), *Clermont-Ferrand.*

841. NORD AUTOMOBILE (Le), *Saint-Quentin.*

842. NOUVEL AVENIR DE BRE-TAGNE (Le), *Brest.*

843. NOUVELLISTE D'A-VRANCHES (Le), *Avranches.*

844. NOUVELLISTE DE BUCHY (Le), *Buchy.*

845. NOUVELLISTE DU CENTRE (Le), *Saint-Amand.*

846. NOUVELLISTE DE LOIR-ET-CHER (Le), *Blois.*

847. NOUVELLE TRIBUNE (La), *Montauban.*

848. OUEST (L'), *Angers.*

849. OUEST RÉPUBLICAIN (L'), *Rochefort.*

850. PATRIOTE DE BRETAGNE (Le), *Vitré.*

851. PATRIOTE DE L'OUEST (Le), *Angers.*

852. PATRIOTE NORMAND (Le), *Flers.*

853. PATRIOTE RÉPUBLICAIN DE CHAMBÉRY (Le), *Paris.*

854. PATRIOTE DE LA VENDÉE (Le), *Fontenay-le-Comte.*

855. PAYS BASQUE (Le), *Osséo.*

856. PETIT ALPIN (Le), *Paris.*

857. PETIT ARDENNAIS (Le), *Charle-ville.*

858. PETIT BÉTHUNOIS (Le), *Béthune.*

859. PETIT COMTOIS (Le), *Besançon.*

860. PETIT COURRIER (Le), *Angers.*

861. PETIT CAMBRÉSIEN (Le), *Cam-brai.*

862. PETIT DAUPHINOIS (Le), *Grenoble.*

863. PETIT DRACÉNOIS (Le), *Draguignan.*

864. PETIT JOURNAL (Le), *Paris.*

865. PETIT MANCEAU (Le), *Le Mans.*

866. PETIT MARSEILLAIS (Le), *Marseille.*

867. PETIT MÉRIDIONAL (Le), *Nîmes.*

868. PETIT MIDI (Le), *Nîmes.*

869. PETIT MOUZONNAIS (Le), *Mouzon.*

870. PETIT NIÇOIS (Le), *Nice.*

871. PETIT PARISIEN (Le), *Paris.*

872. PETIT PROVENÇAL (Le), *Marseille.*

873. PETIT TROYEN (Le), *Troyes.*

874. PETIT VAR (Le), *Toulon.*

875. PHARE DU COMMERCE (Le), *Marseille.*

876. PHARE DE LA LOIRE ET LE PETIT PHARE (Le), *Nantes.*

877. PHARE DE LA MANCHE (Le), *Cherbourg.*

878. PHARE DU NORD (Le), *Dunkerque.*

879. POPULAIRE DE NANTES (Le), *Nantes.*

880. PRENSA (La), *Paris.*

881. PRESSE ASSOCIÉE (La), *Paris.*

882. PROGRÈS DE BOLBEC (Le), *Bolbec.*

883. PROGRÈS DE CHATEAU-GONTIER (Le), *Laval.*

884. PROGRÈS DE LA COTE-D'OR (Le), *Dijon.*

885. PROGRÈS DE L'EST (Le), *Reims.*

886. PROGRÈS DU LOIRET (Le), *Orléans.*

887. PROGRÈS DE LYON (Le), *Lyon.*

888. PROGRÈS DE MONTÉLIMAR (Le), *Montélimar.*

889. PROGRÈS DU NORD (Le), *Lille.*

890. PROGRÈS DE SAONE-ET-LOIRE (Le), *Chalon-sur-Saône.*

891. PROGRÈS DE LA SOMME (Le), *Amiens.*

892. PYRÉNÉISTE (Le), *Tarbes.*

893. RADICAL DE MARSEILLE (Le), *Marseille.*

894. RÉPUBLICAIN DES CÉVENNES (Le), *Largentière.*

895. RÉPUBLICAIN DE CHINON (Le), *Chinon.*

896. RÉPUBLICAIN DE GAILLAC (Le), *Gaillac.*

897. RÉPUBLICAIN DE GAILLON (Le), *Gaillon.*

898. RÉPUBLICAIN LANDAIS (Le), *Mont-de-Marsan.*

899. RÉPUBLICAIN ORLÉANAIS (Le), *Orléans.*

900. RÉPUBLICAIN DES PYRÉNÉES-ORIENTALES (Le), *Perpignan.*

901. RÉPUBLICAIN DE L'YONNE (Le), *Joigny.*

902. RÉPUBLIQUE FRANÇAISE (La), *Asnières.*

903. RÉPUBLIQUE DE L'OISE (La), *Beauvais.*

904. RÉPUBLIQUE DES TRAVAILLEURS (La), *Auch.*

905. RÉPUBLIQUE DU VAR (La), *Toulon.*

906. RÉVEIL D'ANTIBES (Le), *Antibes.*

907. RÉVEIL D'ARCACHON (Le), *Gujan-Mestras.*

908. RÉVEIL DE CHERBOURG (Le), *Cherbourg.*

909. RÉVEIL DE LA MEUSE (Le), *Bar-le-Duc.*

910. RÉVEIL DU NORD (Le), *Lille.*

911. RÉVEIL D'YVETOT (Le), *Yvetot.*

912. REVUE DE GRASSE (La), *Grasse.*

913. SEMAINE DE L'OISE (La), *Creil.*

914. SUD-OUEST (Le), *Bayonne.*

915. TEMPS (Le), *Paris.*

916. TOURAINE RÉPUBLICAINE (La), *Tours.*

917. TRIBUNE ARIÉGEOISE (La), *Pamiers.*

918. TRIBUNE DU NORD ET DU PAS-DE-CALAIS (La), *Lille.*

919. TRIBUNE DE SEINE-ET-OISE *Paris.*

920. TRIBUNE RÉPUBLICAINE DE SAINT-ÉTIENNE (La), *Saint-Étienne.*

921. TRIBUNE RÉPUBLICAINE DE VALENCE (La), *Valence.*

922. UNION DÉMOCRATIQUE DE LA HAUTE-SAONE (L'), *Vesoul.*

923. UNION RÉPUBLICAINE (L'), *Montbéliard.*

924. UNION RÉPUBLICAINE D'ALAIS (L'), *Paris.*

925. UNION RÉPUBLICAINE D'ALBERT (L'), *Albert.*

926. UNION RÉPUBLICAINE DE LA MARNE (L'), *Châlons.*

927. UNION RÉPUBLICAINE DE ROANNE (L'), *Roanne.*

928. VAR RÉPUBLICAIN (Le), *Toulon.*

929. VENDÉE RÉPUBLICAINE (La), *Sables-d'Olonne.*

930. VIE LILLOISE (La), *Lille.*

931. DÉPÊCHE DE TOULOUSE (La), *4, faubourg Montmartre, Paris et à Toulouse.* — Spécimens graphiques et photographies.

932. GAZETTE DU BON TON (L. Vogel et Cie), *182, r e de Rivoli, Paris.*

933. HACHETTE et Cie, *79, boulevard Saint-Germain, Paris.* — Publications périodiques. Lectures pour Tous. La Mode pratique. La Vie Heureuse. Le Manuel Général de l'Instruction primaire. La Vie à la Campagne. Jardins et Basses-cours. Agriculture, Élevage. La Fermière. Le Tour du Monde. Mon Journal. Le Journal de la Jeunesse. L'Éducation Joyeuse. La Corbeille à Ouvrage. Deutscher Zeitung. — De Kleine Zeitung. The English journal. Le Journal des Savants.

934. ILLUSTRATION, (L'), René Baschet, directeur, *13, rue Saint-Georges, Paris.*

935. PEIGNÉ (R.), *20, rue Caulaincourt, Paris.* — L'Économiste industriel et commercial.

936. SYNDICAT DE LA PRESSE DÉPARTEMENTALE RÉPUBLICAINE DE FRANCE, *22, rue de la Chaussée-d'Antin, Paris.* — Volumes.

937. SYNDICAT DE LA PRESSE PARISIENNE, *37, rue de Châteaudun, Paris.* — Journaux.

338. SYNDICAT DE LA PRESSE PÉRIODIQUE, *117, boulevard Saint-Germain, Paris.*

939. UNIVERSITÉ DES ANNALES, directrice : Mme Adolphe Brisson, *51, rue Saint-Georges, Paris.* — Journal de l'Université des Annales, (8e année). Publication bimensuelle illustrée, reproduisant le texte intégral des Conférences et le résumé des Cours faits à l'Université des Annales. (45 000 abonnés.)

CLASSE 48

Journaux et publications illustrés.

1. ANNALES POLITIQUES ET LITTÉRAIRES, Adolphe Brisson, directeur, *51, rue Saint-Georges, Paris.* — Les « Annales politiques et littéraires. » Publication hebdomadaire illustrée (32ᵉ année). Revue Universelle de la famille. 130 000 abonnés. Volumes et Albums.

2. ART DÉCORATIF (L'), Fernand Roches, directeur, *4, rue Le Goff, Paris.* — Collection de la revue « L'Art Décoratif », reliée, planches hors texte en couleurs.

3. HACHETTE et Cie, *79, bou-levard Saint-Germain, Paris.* — Publications périodiques.

4. UNIVERSITÉ DES ANNALES, directrice : Mme Adolphe Brisson, *51, rue Saint-Georges, Paris.* — Le Journal de l'Université des Annales (8ᵉ année), publication bi-mensuelle illustrée, reproduisant le texte intégral des Conférences et le résumé des Cours faits à l'Université des Annales

5. ILLUSTRATION (L'), *13, rue Saint-Georges, Paris.* — René Baschet, directeur.

CLASSE 49

Publications techniques.

1. ASSOCIATION SYNDICALE DE LA PRESSE TECHNIQUE, *117, boulevard Saint-Germain, Paris.* — Journaux.

2. BIBLIOGRAPHIE DE LA FRANCE, JOURNAL GÉNÉRAL DE L'IMPRIMERIE ET DE LA LIBRAIRIE, *117, boulevard Saint-Germain, Paris.*

3. BULLETIN OFFICIEL DE L'UNION SYNDICALE DES MAITRES-IMPRIMEURS DE FRANCE, *117, boulevard Saint-Germain, Paris.*

4. CERCLE DE LA LIBRAIRIE, *117, boulevard Saint-Germain, Paris.* — Bibliographie de la France. Journal Général de l'Imprimerie et de la Librairie.

5. CHAMBRE SYNDICALE DES IMPRIMEURS LITHOGRAPHES DE PARIS, *117, boulevard Saint-Germain, Paris.* — Lois, Règlements et usages concernant la Lithographie;

6. COLLECTIVITÉ DE L'AS-SOCIATION SYNDI-CALE DE LA PRESSE TECHNIQUE, *117, boulevard Saint-Germain, Paris.*

   (Les exposants inscrits dans cette collectivité ne concourent pas pour une récompense in-dividuelle.)

7. ALMANACH AGRICOLE ET VITICOLE DU SUD-EST, *67, Cours de la Liberté, Lyon.*

8. ANNALES DES PONTS ET CHAUSSÉES, *6, rue de la Chaussée-d'Antin, Paris.*

9. ANNALES DES POSTES, TÉLÉ-GRAPHES ET TÉLÉPHONES. *6, rue de la Chaussée-d'Antin, Paris.*

10. ANNUAIRE DE LA BOULAN-GERIE FRANÇAISE, *67, Cours de la Liberté, Lyon.*

11. ANNUAIRE DE L'IMPRIME-RIE, *79, rue Dareau, Paris.*

12. ANNUAIRE INTERNATIONAL DE L'ACÉTYLÈNE, *104, boule-vard de Clichy, Paris.*

13. ANNUAIRE DES MINES ET DE LA MÉTALLURGIE, *28, rue de Châteaudun, Paris.*

14. ANNUAIRE DE LA PRESSE, *33, rue Saint-André-des-Arts, Paris.*

15. AMATEUR PHOTOGRAPHE (L'), *118, rue d'Assas, Paris.*

16. ART ET TOURISME, *118, rue d'Assas, Paris.*

17. AVENIR DES CAMPAGNES DU SUD-EST, *67, cours de la Liberté, à Lyon.*

18. AVENIR DE LA MODE (L'), *6, rue Ventadour, Paris.*

19. BERRICHON DE PARIS (Le), *2, rue Beaurepaire, Paris.*

20. BRASSEUR FRANÇAIS (Le), *22 bis avenue de Wagram, Paris.*

21. BROSSERIE FRANÇAISE (La), *20, rue Turgot, Paris.*

22. BULLETIN INTERNATIONAL DE L'ÉLECTRICITÉ, *20, rue Turgot, Paris.*

23. BULLETIN DES NÉGOCIANTS-COMMISSIONNAIRES ET DU COMMERCE EXTÉRIEUR, *18, rue de Paradis, Paris.*

24. BULLETIN OFFICIEL DU SYN-DICAT DES CHIRURGIENS-DENTISTES, *6, square de l'Opéra, Paris.*

25. BULLETIN DU SYNDICAT CENTRAL DES AGRICUL-TEURS DE FRANCE, *42, rue du Louvre, Paris.*

26. BULLETIN DES TRAVAUX (Le), *20, rue Turgot, Paris.*

27. BUREAU (Mon), *52, rue des Saints-Pères, Paris.*

28. CAHIERS DE L'ART MODER-NE, *38, rue des Mathurins, Paris.*

29. CAOUTCHOUC ET LA GUTTA-PERCHA (Le), *49, rue des Vinai-griers, Paris.*

30. CÉRAMIQUE (La), *4, rue de Stockholm, Paris.*

31. CHAPEAUX DE LA PARI-SIENNE, *6, rue Ventadour, Paris.*

32. CHAUFFAGE ET INDUSTRIES SANITAIRES, *148, boulevard Magenta, Paris.*

33. CHAUSSURE FRANÇAISE (La), *17, rue de Lancry, Paris.*

35. CHRONIQUE INDUSTRIELLE (La), *23, rue Brunel, Paris.*

36. CIMENT (Le), *20, rue Turgot, Paris.*

37. CIMENT ARMÉ (Le), *20, rue Turgot, Paris.*

38. CINÉMA, ANNUAIRE DE LA PROJECTION FIXE ET ANI-MÉE, *118, rue d'Assas, Paris.*

33

39. CINÉ-GAZETTE, *118, rue d'Assas, Paris.*

40. CINÉMA-REVUE, *118, rue d'Assas, Paris.*

41. CIRCULAIRE DES PROTES (La), *à Mesnil-sur-l'Estrée.*

42. CONFÉRENCIER (Le), *8, boulevard Magenta, Paris.*

43. CORPS GRAS INDUSTRIELS (Les), *20, rue Turgot, Paris.*

44. COURRIER DU COMMERCE (Le), *67, Cours de la Liberté, Lyon.*

45. COURRIER DU LIVRE (Le), *17, rue Jean-Goujon, Paris.*

46. COURS DE LA BANQUE ET DE LA BOURSE (Cote Desfossés), *42, rue Notre-Dame-des-Victoires, Paris.*

47. CRÉATOR, *36, rue du Colisée, Paris.*

48. CYCLE ET AUTOMOBILE INDUSTRIELS, *59, avenue de la Grande-Armée, Paris.*

49. DÉTAIL, *6, rue du Rocher, Paris.*

50. ÉCHO DES MINES ET DE LA MÉTALLURGIE (L'), *28, rue de Châteaudun, Paris.*

51. ÉCHOS DE L'EXPORTATION (Les), *4, rue Martel, Paris.*

52. ÉCLAIREUR DE L'EST (L'), *11, rue du Cloître, à Reims.*

53. ÉLÉGANCES FÉMININES, *6, rue Ventadour, Paris.*

54. ÉPICIER FRANÇAIS (L'), *Avenue Delattre, à Douai-Dorignies.*

55. EST-FORESTIER (L'), *11 bis, rue de Lorraine, Nancy.*

56. ÉVOLUTION ÉCONOMIQUE (L'), *23, rue Brunel, Paris.*

57. EXPORTATION FRANÇAISE (L'), *9, rue du Faubourg-Poissonnière, Paris.*

58. FERMIER (Le), *8, rue du Faubourg-Montmartre, Paris.*

59. FLEURISTE DE PARIS, (Le), *10, rue Royale, Paris.*

60. FONDERIE MODERNE (La), *61, Cours d'Orléans, à Charleville.*

61. FRANCE (La plus grande), *9, rue Denis-Poisson, Paris.*

62. FRANCE HORLOGÈRE (La), *20, rue Gambetta, à Besançon.*

63. FRANCE DE DEMAIN (La), *26, rue de Grammont, Paris.*

64. FRANC-PARLEUR PARISIEN (Le), *49, boulevard Saint-Michel, Paris.*

65. GAZETTE DES EAUX (La), *3, rue Humboldt, Paris.*

66. GAZETTE MÉDICALE DE PARIS (La), *9, rue Denis-Poisson, Paris.*

67. GAZETTE DES TRIBUNAUX, (La), *12, place Dauphine, Paris.*

68. GÉNIE CIVIL (Le), *6, rue de la Chaussée-d'Antin, Paris.*

69. HORLOGER (L'), *131, boulevard Sébastopol, Paris.*

70. HORTICULTURE FRANÇAISE (L'), *6, rue du Débarcadère, Paris.*

71. HOUILLE BLANCHE (La), *23, Grande-Rue, Grenoble.*

72. IMPRIMERIE (L'), *24, rue Terre-Neuve, à Meudon.*

73. INDÉPENDANT D'ELBEUF (L'), *21, rue de la Nation, à Elbœuf.*

74. INDÉPENDANT DU MORVAN (L'), *Autun.*

75. INDUSTRIE CINÉMATOGRAPHIQUE (L'), *49, rue des Vinaigriers, Paris.*

76. INDUSTRIE ÉLECTRIQUE (L'), *9, rue de Fleurus, Paris.*

77. INDUSTRIE LAINIÈRE (L'), *20, rue Turgot, Paris.*

78. INFORMATION PHOTOGRAPHIQUE (L'), *118, rue d'Assas.*

79. INVENTIONS ILLUSTRÉES (Les), *23, rue Brunel, Paris.*

80. JOURNAL d'ANNONCES. *10, place Royale, à Nantes.*

81. JOURNAL DE LA BOUCHERIE DE MARSEILLE ET DE LA RÉGION DU MIDI, *50, rue des Dominicaines, à Marseille.*

82. JOURNAL DU CÉRAMISTE ET DU CHAUFOURNIER, *20, rue Turgot, Paris.*

83. JOURNAL DES CHAMBRES DE COMMERCE, *16, rue de l'Arcade, Paris.*

84. JOURNAL DES DÉTAILLANTS, *49, rue des Vinaigriers, Paris.*

85. JOURNAL DE L'ÉLECTRICITÉ. *20, rue Turgot, Paris.*

86. JOURNAL DU FOUR ÉLECTRIQUE, *28, rue de Chateaudun, Paris.*

87. JOURNAL DES MACHINES A COUDRE, CYCLES ET AUTOMOBILES, *150, rue de Grenelle, Paris.*

88. JOURNAL DE LA MARBRERIE. *148, boulevard Magenta, Paris.*

89. JOURNAL DES PAPETIERS, DES IMPRIMEURS ET DES LIBRAIRES, *20, rue Turgot, Paris.*

90. JOURNAL DU PÉTROLE, *23, rue Brunel, Paris.*

91. JOURNAL DE L'UNION DES PROPRIÉTAIRES D'APPAREILS A ACÉTYLÈNE, *104, boulevard de Clichy, Paris.*

92. JOURNAL VINICOLE, *6, rue de Beaune, Paris.*

93. MARCHÉ FRANÇAIS (Le), *6, place du Louvre, Paris.*

94. MATIÈRES GRASSES (Les), *49, rue des Vinaigriers, Paris.*

95. MÉDECIN CHEZ SOI (Le), *118, rue d'Assas, Paris.*

96. MERCURIALE DES BOIS ET FORÊTS (La), *22, avenue de Versailles, Paris.*

97. MÉTALLURGIE (La), *20, rue Turgot, Paris.*

98. MÉTAUX ET ALLIAGES, *23, rue Brunel, Paris.*

99. MEUNERIE FRANÇAISE (La), *6, place du Louvre, Paris.*

100. MONDE AGRICOLE (Le), *67, rue de Grenelle, Paris.*

101. MONDE FINANCIER (Le), *54, rue Saint-Georges, Paris.*

102. MONDE PHARMACEUTIQUE (Le), *20, rue Turgot, Paris.*

103. MONITEUR DES ADJUDICATIONS DE L'ÉTAT, *36, rue Baudin, Paris.*

104. MONITEUR DE L'ALIMENTATION, *Versailles.*

105. MONITEUR DE LA BIJOUTERIE ET DE L'HORLOGERIE, *26, rue de Grammont, Paris.*

106. MONITEUR DE LA BOULANGERIE (Le). *50, rue des Dominicaines, Marseille.*

107. MONITEUR DE LA CÉRAMIQUE ET DE LA VERRERIE (Le). *20, rue Turgot, Paris.*

108. MONITEUR DE L'ÉPICERIE, *20, rue Turgot, Paris.*

109. MONITEUR DES FILS ET TISSUS, *20, rue Turgot, Paris.*

110. MONITEUR DE L'INDUSTRIE DU GAZ ET DE L'ÉLECTRICITÉ, *20, rue de Maubeuge, Paris.*

111. MONITEUR DE LA QUINCAILLERIE ET DE L'OUTILLAGE DE LA PETITE MÉTALLURGIE, *20, rue Turgot, Paris.*

112. MONITEUR DE LA TEINTURE, *20, rue Turgot, Paris.*

113. MONITEUR DES TRAVAUX PUBLICS, *38, boulevard de Strasbourg, Paris,*

114. MONITEUR VINICOLE, *6, rue de Beaune, Paris.*

115. MUSIQUE ET INSTRUMENTS, *15, rue de Madrid, Paris.*

116. ODONTOLOGIE (L'), *45, rue de la Tour-d'Auvergne, Paris.*

117. OMBRES ET LUMIÈRE, *8, boulevard Magenta, Paris.*

118. OPTICIEN (L'), *à Pont-Sainte-Marie (Aube).*

119. PARIS-ÉLÉGANT, *6, rue Ventadour. Paris.*

120. PARIS-MODE, *6, rue Ventadour, Paris.*

121. PARISIENNE CHIC (La), *6, rue Ventadour, Paris.*

122. PETITES AFFICHES DE L'HORLOGERIE, DE LA BIJOUTERIE ET DES INDUSTRIES CONNEXES, *Besançon.*

123. PETIT ÉPICIER FRANÇAIS (Le), *avenue Delattre, à Douai-Dorignies.*

124. PHOTO-MAGAZINE, *118, rue d'Assas, Paris.*

125. PHOTO-REVUE, *118, rue d'Assas, Paris.*

126. PHOTOGRAPHIE (La), *118, rue d'Assas, Paris.*

127. PINS ET RÉSINEUX, *11, rue Guirande, à Bordeaux.*

128. PRATICIEN INDUSTRIEL (Le) *23, rue Brunel, Paris.*

129. PRINTEMPS (Le), *6, rue Ventadour, Paris.*

130. PROGRÈS AGRICOLE, *38, rue des Jacobins, Amiens.*

131. PUBLICITÉ PARISIENNE (La). *4, rue Georges-Ville, Paris.*

132. RÉFLEXIONS DE JIM BUSINESS (Les), *36, rue du Colisée, Paris.*

133. RÉVEIL DE LA BOULANGERIE, *67, Cours de la Liberté, Lyon.*

134. REVUE DES ARTS GRAPHIQUES, *9, rue de Fleurus, Paris.*

135. REVUE DU BLANCHISSAGE ET DU BLANCHIMENT, *4, rue de Stockholm, Paris.*

136. REVUE DE LA CHAPELLERIE *20, rue Turgot, Paris.*

137. REVUE DU COMMERCE EXTÉRIEUR, *9, rue du Faubourg-Poissonnière, Paris*

138. REVUE DÉPARTEMENTALE, *15, rue de Poissy, Paris.*

139. REVUE DES ÉCLAIRAGES, *104, boulevard de Clichy, Paris.*

140. REVUE GÉNÉRALE DE L'ACÉTYLÈNE, *28, rue de Chateaudun, Paris.*

141. REVUE GÉNÉRALE D'OPTIQUE. *118, rue d'Assas, Paris.*

142. REVUE INDUSTRIELLE DE L'EST, *14, place Stanislas, à Nancy.*

143. REVUE DES INDUSTRIES DU BATIMENT, *31, rue Saint-Lazare, Paris.*

144. REVUE DES INDUSTRIES DU LIVRE, *79, rue Dareau, Paris.*

145. REVUE DES MATÉRIAUX DE CONSTRUCTION ET DE TRAVAUX PUBLICS (La), *148, boulevard Magenta, Paris.*

146. REVUE DES MATIÈRES COLORANTES, *4, rue de Stockholm, Paris.*

147. REVUE NOIRE, (La), *18, rue Jeanne-Maillote, à Lille.*

148. REVUE DE LA PAPETERIE, *20, rue Turgot, Paris.*

149. REVUE PHILATÉLIQUE FRANÇAISE (La). *5, rue des Verjus, Suresnes.*

150. REVUE PRATIQUE DE L'ÉLECTRICITÉ, *9, faubourg Poissonnière, Paris.*

151. REVUE PRATIQUE DES IN-DUSTRIES MÉTALLURGI-QUES, *26, rue d'Angoulême, Paris.*

152. REVUE DES PRODUITS CHI-MIQUES, *196, rue La Fayette, Paris.*

153. REVUE DE LA SOUDURE AUTOGÈNE, *104, boulevard de Clichy, Paris.*

154. REVUE DES TRAVAUX PU-BLICS, *36, rue Baudin, Paris.*

155. REVUE DES VINS ET LI-QUEURS, *9, faubourg Poissonnière, Paris.*

156. SALON DE LA MODE, *6, rue Ventadour, Paris.*

157. SPHINX-ŒDIPE, *32, quai Claude-Le-Lorrain, Nancy.*

158. TEINTURIER PRATIQUE (Le), *4, rue de Stokholm, Paris.*

159. TYPOGRAPHIE FRANÇAISE (La), *62, rue Saint-Antoine, Paris.*

160. USINE (L'), *61, Cours d'Orléans, à Charleville.*

161. USINE FRANÇAISE (L'), *Douai.*

162. VANNERIE FRANÇAISE ET ÉTRANGÈRE, *20, rue Turgot, Paris.*

163. YACHT (Le), *55, rue de Châteaudun, Paris.*

164. COURRIER DU LIVRE (Le), *17, rue Jean-Goujon, Paris.* — Léon Berteaux, directeur.

165. GLEIZE (Jules), *47, rue de Prony, Paris.* — Journaux des Expositions Françaises à l'Étranger (volumes reliés).

166. GRAUX (Docteur Lucien), *9, rue Denis-Poisson, Paris.* — La Gazette médicale de Paris. La plus grande France. Le Divorce des Aliénés. Diction-naire encyclopédique de Méde-cine Pratique. Le Sweating-System.

167. LAHURE (A.), *9, rue de Fleurus, Paris.* — Code manuel des Usages, Droits et Obliga-tions des Imprimeurs typo-graphes, de leurs clients et de leurs fournisseurs. — Du droit de publication posthume des Lettres Missives, rapports suivis d'un extrait des Lois et Décrets de chaque pays et de nombreuses lettres sur la question.

168. LOBEL (J.), *117, boulevard Saint-Germain, Paris.* — Di-recteur de la Bibliographie de la France.

169. PUEL DE LOBEL (G.-E.), *53, rue Lafayette, Paris.*

170. REVUE DE SYNTHÈSE HISTORIQUE (La), Henri Berr, directeur, *12, rue Saint-Anne, Paris.* — Cinq volumes.

171. SITUATION ÉCONOMI-QUE ET FINANCIÈRE, *14, rue Taitbout, Paris.* — Ta-bleau reproduisant en gra-phiques : Une cote indice des cours moyens des principales valeurs de la Bourse de Pa-ris, de 1904 à 1913 (Rentes d'États ; Établissements de Crédit ; Compagnies de Che-mins de Fer et de Navigation ; Aciéries ; Compagnies Mi-nières). Cours moyens men-suels des marchandises de 1911 à 1913 (Fonte ; cuivre ; co-ton ; sucre). Cours de com-pensation mensuels, de 1911 à 1913 (Rente Française ; Rio-Tinto ; de Beers).

172. VITERBO (Gustave), *370, rue Saint-Honoré, Paris.* — Le Journal « Les Dessous Élégants »; Le Guide « Les Hôtels de la France, Colonies et de l'Étranger ». Éditions Française et Anglaise.

CLASSE 50

Imprimés de réclame. — Publicité.

1. CHAMBRE SYNDICALE DE LA PUBLICITÉ, *15, faubourg Montmartre, Paris.* — Tableaux.

2. COLLECTIVITÉ DE LA CHAMBRE SYNDICALE DE LA PUBLICITÉ, *15, Faubourg Montmartre, Paris.*

   (Les exposants inscrits dans cette collectivité ne concourent pas pour une récompense individuelle).

3. ANNUAIRE DE LA PUBLICITÉ, *Paris.*

4. ANNUAIRE OFFICIEL DES ABONNÉS AU TÉLÉPHONE, *Paris.*

5. ANNUAIRE DU COMMERCE DIDOT-BOTTIN, *Paris.*

6. ATLAS, *Paris.*

7. BULLETIN DES HALLES (Le), *Paris.*

8. DAUVIN « Publicitas », *1, rue de Maubeuge, Paris.*

9. DÉBATS (Les), *Paris.*

10. DÉPÊCHE DE BREST (La), *Brest.*

11. EST RÉPUBLICAIN (L'), *Nancy.*

12. FLACHON (René), *25, boulevard Poissonnière, Paris.*

13. FRANCE DU SUD-OUEST (La), *Bordeaux.*

14. GAISSER, *14, rue Théodore-de-Banville, Paris.*

15. INTRANSIGEANT (L'), *Paris.*

16. JUVEN (Félix), *1, rue de Choiseul, Paris.*

17. LYON RÉPUBLICAIN, *Lyon.*

18. MAILLARD (Ch.) « La Publicité sous toutes ses Formes », *5, rue du Havre, Paris.*

19. MONDE ILLUSTRÉ (Le), *Paris.*

20. MODE ILLUSTRÉE (La), *Paris.*

21. NOUVELLISTE DE BORDEAUX (Le), *Bordeaux.*

22. PETITE GIRONDE (La), *Bordeaux.*

23. PICARD (Lucien), *46, rue de Paradis, Paris.*

24. POPULAIRE (Le), *Nantes.*

25. PROGRÈS (Le), *Lyon.*

26. TRIBUNE RÉPUBLICAINE (La), *Saint-Étienne.*

27. PUBLICITÉ (La), *6, rue de la Grange-Batelière, Paris.* — Journal technique des annonceurs.

28. QUILLET (Aristide), *278, boulevard Saint-Germain, Paris.* — Brochures et prospectus de réclame.

29. SOCIÉTÉ EUROPÉENNE DE PUBLICITÉ, Anciennes maisons John F. Jones et Cie, M. et P. Méry et C.-O. Communay, *10, rue de la Victoire, Paris.*

GROUPE XIV

Bibliothèques, Bibliographie, Bibliophilie, Collections.

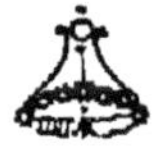

BUREAU

Président : M. François SIMIAND
Secrétaire : M. Georges BATTANCHON

COMITÉ

M. François COURBOIN

CLASSE 52

Bibliothèques populaires et Salles de lecture.

1. MOREL (Eugène), bibliothécaire à la Bibliothèque Nationale, *39, quai de Billancourt, Boulogne-sur-Seine.* — Catalogue de la Bibliothèque de Levallois-Perret.

CLASSE 53

Bibliographie. «» Organisation du travail de l'esprit.

1. BIBLIOGRAPHIE DE LA FRANCE (journal général de l'Imprimerie et de la Librairie). — Jean Lobel, directeur, *117, boulevard Saint-Germain, Paris.* — Le journal, les tables et catalogues.

2. JORDELL (D.), *8, rue de Louvois, Paris.* — Bibliographie générale française de Lorentz et continuation.

3. LE SOUDIER (H.), *174, boulevard Saint-Germain, Paris.* — Bibliographie. Journaux et tables bibliographiques.

4. SEGAUD (E.), *10, rue Saint-Aubert, Arras.* — Tables bibliographiques bimensuelles de la Librairie française.

CLASSE 54

Éditions d'amateur, de luxe, publiées par des amateurs ou des sociétés de bibliophiles.

1. DESCAMPS-SCRIVE (René), *23, boulevard Vauban, Lille.* — Hérédia, *les Trophées.*

2. SOCIÉTÉ DES CENT BIBLIOPHILES, *40, rue de Berlin, Paris.* — Gravures extraites de leur Collection.

3. SOCIÉTÉ DE PROPAGATION DES LIVRES D'ART, *117, boulevard Saint-Germain, Paris.* — Ouvrages d'art.

4. COLLECTIVITÉ DES RAPPORTS ET CATALOGUES D'EXPOSITIONS D'ARTS GRAPHIQUES.

(Les Exposants inscrits dans cette collectivité ne concourent pas pour une récompense individuelle.)

5. DARRAS (Charles). — Papier et papeterie. *Exposition Internationale, Bruxelles, 1910.* En collaboration avec M. FAUCHIER-DELAVIGNE.

6. DAVANNE (A.). — Photographie. *Exposition Universelle, Paris, 1878.*

7. DEMARIA (Jules). — Photographie. *Exposition Internationale, Saint-Louis, 1904.*

8. DESCLOSIÈRES (René). — Librairie. Estampes. Édition musicale. Presse. *Exposition Internationale Milan, 1906.*

9. EVETTE (Armand). — Fabrication du papier. *Exposition Universelle, Liége, 1905.*

10. FAILLIOT (Auguste). — Fabrication du papier. *Exposition Universelle, Paris, 1900.*
   Notice historique sur la fabrication du papier. Arts Graphiques, *Turin, 1911.* En collaboration avec M. Lucien LAYUS et M. Henri PICHOT.

11. FAUCHIER-DELAVIGNE (Emmanuel). — Papiers. *Exposition Internationale, Bruxelles, 1910.* En collaboration avec M. Ch. DARRAS.

12. FOREST (Joseph). — Géographie. Cosmographie. Topographie. *Exposition Internationale, Bruxelles, 1910.*

13. GRUEL (Léon). — La Reliure. Musée rétrospectif. *Exposition Universelle, Paris, 1900.* En collaboration avec MM. Lucien LAYUS et Édouard ROUVEYRE.

14. GUIFFREY (Jean). — Rapport Général. *Exposition Française d'Art Décoratif, Copenhague, 1909.* En collaboration avec M. G.-Roger SANDOZ.

15. HACHETTE (Louis). — Arts Graphiques. Rapport Général. *Exposition Universelle, Turin, 1911.*

16. HÉRAUD (G.). — Géographie. Cosmographie. Topographie. *Exposition Universelle, Paris, 1900.*

17. LAHURE (Alexis). — Typographie. Impressions diverses. *Exposition Universelle, Paris, 1900.*

18. LANDRIN (Pierre). — Papeterie. *Exposition Internationale, Liége, 1905.*

19. LAYUS (Lucien). — Rapport Général sur la Section Française. *Exposition Internationale, Amsterdam, 1895.* La Librairie, l'Édition musicale, la Presse, la Reliure, l'Affiche, des Origines à la fin du XIXe siècle. Notice historique. Éditions musicales. Journaux. Affiches. *Exposition Universelle, Paris, 1900.* En collaboration avec MM. Édouard ROUVEYRE et Léon GRUEL. — Rapport Général de la Section Française. *Exposition Internationale, Glasgow, 1901.*
   Notice historique. Arts Graphiques, *Turin, 1911.* En collaboration avec MM. A. FAILLIOT et Henri PICHOT.

20. LE SOUDIER (Henri). — Imprimerie. Librairie. Cartographie. *Exposition Internationale, Chicago, 1893.* — Librairie. Musique. Reliure et Cartographie, *Saint-Louis, 1904.*

21. LORTAT-JACOB (Pierre). — Industries Graphiques. *Exposition Franco-Britannique, Londres, 1908.* — Imprimerie. *Exposition Internationale, Turin, 1911.*

22. MAINGUET (Pierre). — Librairie. Édition musicale. Reliure. Journaux. Affiches. *Exposition Universelle, Paris, 1900.*

23. MARTINET (Émile). — Imprimerie. Librairie. *Exposition Universelle, Paris, 1900.*

24. MENDEL (Charles). — Photographie.
   Exposition Internationale, Liége, 1905.
   Exposition Internationale, Milan, 1906.
   Exposition Franco-Britannique, Londres, 1908.
   Exposition Internationale, Bruxelles, 1910.

25. PERRIGOT-MASURE (Jules). —

Papiers. *Exposition Internationale, Turin, 1911.*

26 . PICHOT (Henri). — Typographie. *Exposition Internationale, Liége, 1905.*
Industries Graphiques. *Exposition Internationale, Milan, 1906.* — Notice historique. Arts Graphiques, *Turin, 1911.* En collaboration avec MM. Lucien LAYUS et A. FAILLIOT.
Imprimerie et machines à imprimer. *Exposition Internationale Turin, 1911.*
Rapport Général de la Section Française. *Exposition Franco-Britannique, Londres, 1912.*

27 . ROUVEYRE (Édouard). — Librairie (Musée rétrospectif). *Exposition Universelle, Paris, 1900.* En collaboration avec M. Lucien LAYUS et M. Léon GRUEL.

28 . SANDOZ (G.-Roger). — Rapport Général. *Exposition Française d'Art Décoratif, Copenhague, 1909.* En collaboration avec M. Jean GUIFFREY.

29 . STETTEN (Joseph). — Rapport Général. *Exposition Hispano-Française, Saragosse, 1908.*

30 . TALLANDIER (Jules). — Librairie. Éditions musicales. Reliure. Journaux. Affiches. *Exposition Universelle, Bruxelles, 1910.*
Librairie. *Exposition Internationale, Turin, 1911.*

31 . TERQUEM (Émile). — Librairie. Reliure. Journaux. Cartes. *Exposition Franco-Britannique, Londres, 1908.*

32 . VIDAL (Léon). — Photographie. *Exposition Universelle, Paris, 1900.*

33 . CATALOGUES SPÉCIAUX PUBLIÉS PAR LE CERCLE DE LA LIBRAIRIE.
Exposition Universelle, Vienne, 1873.
Exposition Universelle, Philadelphie, 1876.
Exposition au Cercle de la Librairie, Paris, 1880.
Exposition d'Hygiène et d'Éducation, Londres, 1884.
Exposition des dessins de Gustave Doré, Paris, 1885.
Exposition Plantin, Anvers, 1890.
Exposition du Livre, Amsterdam, 1892.
Exposition Universelle, Chicago, 1893.
Exposition Internationale du Livre et des Industries du Papier, Paris, 1894.
Exposition de publications et de dessins originaux au Cercle de la Librairie, 1895-1896.
Exposition Universelle, Paris, 1900.
Exposition Internationale, Saint-Louis, 1904.
Exposition Internationale, Liége, 1905.
Exposition Internationale, Turin, 1911.
Exposition Anglo-Latine, Londres, 1912.
Exposition Internationale du Livre et des Arts Graphiques (Catalogue Officiel de la Section Française). Leipzig, 1914.

GROUPE XV

Machines, Appareils.
Matériel et Outillage employés dans l'Industrie du Livre et des Arts graphiques.

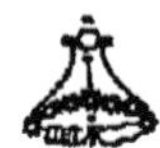

BUREAU

Président :	M. J. VOIRIN
Vice-présidents :	M. Ed. LAMBERT
	M. Baron Louis THÉNARD
Secrétaire-Trésorier :	M. Charles DAVID

COMITÉ

MM. Alfred CILLARD
L. LACHERY
Julien PERDREAU
Jacques SIMON
Mᵐᵉ Charles SCHMAUTZ

CLASSE 56

Moteurs à vapeur, à gaz de charbon et autres, à benzine, à pétrole, à alcool. ◁▷ Installations électriques et à air comprimé.

1. COMPAGNIE GÉNÉRALE ÉLECTRIQUE, *rue Oberlin, Nancy*. — Matériel électrique et électromoteurs.

2. LACHERY (Léandre), *Livry* (*Seine-et-Oise*). — L' « Expurgine », produit liquide ou concentré contre les incrustations dans les chaudières à vapeur.

CLASSE 58

Machines, appareils et outillage pour la fonderie des caractères, pour la stéréotypie et la galvanoplastie. ◁▷ Machines à couler et composer les caractères, etc.

3. FOUCHER (Société des Établissements A.), *62, boulevard Jourdan, Paris*. — Fondeuses pour caractères et scellés. Rogneuse automatique « Barre ».

CLASSE 59

Machines, appareils et outillage pour imprimeries, lithographies, pour impressions en taille-douce et autres procédés d'impression. ◁▷ Machines pour la technique de la reproduction et la fabrication des couleurs à imprimer.

4. CILLARD (A.-D.), *49, rue des Vinaigriers, Paris*. — Manufacture de tissus caoutchoutés, spécialité de litho-blanchets caoutchoutés pour l'imprimerie.

5. LAMBERT (Établissements Édouard), *249, avenue de Paris, Plaine-Saint-Denis*. — Monocyclette, machine en blanc « Elpa ».

6. MARINONI (Établissements),

96, rue d'Assas, Paris. — Presses à imprimer de tous systèmes. Presses typographiques. Presses lithographiques. Presses rotatives.

7. SCHMAUTZ (Vve Charles), *224, boulevard Raspail, Paris.* — Rouleaux, cuirs et cylindres pour toutes sortes d'impressions.

8. VOIRIN (Établissements J.), *15, 17, rue Mayet, Paris.* — Roto-Calco (Off-Set). Grainoir. Presse à report tout en métal. Machine en blanc.

GROUPE XVI

Protection
et Bien~Être des Ouvriers.

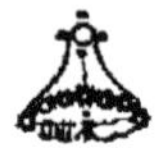

BUREAU

Président : M. Joseph. BOURDEL
Vice-Président : M. Félix de PACHTÈRE
Secrétaire : M. René FAILLIOT

COMITÉ

MM.

Alban CHAIX
BIGO-DANEL
Auguste FAILLIOT
Louis HACHETTE

MM.

Alexis LAHURE
Max LECLERC
Henri PICHOT
G. de MALHERBE

CLASSE 63

Sociétés coopératives professionnelles. Caisses pour les malades, etc. Logements d'ouvriers. Institutions sociales.

1. ANCIENS ÉLÈVES DE L'ÉCOLE ESTIENNE (Société Amicale et de Secours Mutuels des), M. Blanchetière, président, *18, boulevard Auguste-Blanqui, Paris*. — Deux tableaux.

2. ARTISTES DESSINATEURS ET GRAVEURS SUR BOIS (Société de Prévoyance des), M. Georges Lemoine, [président, *220, rue Saint-Jacques, Paris*. — Statuts et documents.

3. ASSOCIATION VALENTIN HAUY POUR LE BIEN DES AVEUGLES, *r, rue Duroc, Paris*. — Photographies. Graphiques. Types de livres. Impressions diverses. Clichés et planches d'impression. Sacs en papier et Journaux spéciaux.

4. ATELIERS CH. DELAGRAVE (Société de Secours Mutuels du Personnel des), M. Louis Herviot, président, *125, rue de Vaugirard, Paris*. — Tableau et volume.

5. AVENIR DE LA MUTUALITÉ (L'), *3, place Saint-Christoly, Bordeaux*. — Tableau.

6. CERCLE DE LA LIBRAIRIE (Caisse de Secours du), *117, boulevard Saint-Germain, Paris*. — Documents.

7. COMMIS LIBRAIRES FRANÇAIS (Association amicale professionnelle des), M. Becker, président, *12, rue de l'Ancienne-Comédie, Paris*. — Tableau et statuts.

8. DIDOT-BOTTIN (Caisse de Retraites des Employés et Courtiers de l'Annuaire du Commerce), *19, rue de l'Université, Paris*. — Tableaux. Documents, statistiques, statuts.

9. EMPLOYÉS DU COMMERCE DE LA MUSIQUE (Société des), M. Paul Girod, président, *16, boulevard Montmartre, Paris*. — Tableaux et statuts.

10. EMPLOYÉS EN LIBRAIRIE (Société de Secours Mutuels des), M. F. de Pachtère, président, *117, boulevard Saint-Germain, Paris*. — Tableau. Volumes. Statuts.

11. EMPLOYÉS DE LA PRESSE FRANÇAISE (Association des), M. Albert Carré, président, *9 bis, boulevard Rochechouart, Paris*. — Tableau.

12. FONDERIE CH. TULEU (Institutions de Prévoyance en faveur du Personnel de la), *58, rue d'Hauteville, Paris*. — Tableau.

13. ILLUSTRATION (L'),

M. René Baschet, directeur, *13, rue Saint-Georges, Paris.* — Tableau.

14. IMPRIMERIE CHAIX. Imprimerie et Librairie centrales des Chemins de fer, M. Alban Chaix, directeur, *20, rue Bergère, Paris.* — Tableau.

15. IMPRIMERIE DANEL (Société de Secours Mutuels de l'), *93, rue Nationale, Lille.* — Tableau.

16. IMPRIMERIE DANEL (Cités ouvrières de l'), *93, rue Nationale, Lille.* — Tableau.

17. IMPRIMERIE F. DELIGNE ET CIE (Caisse libre de Secours Mutuels du Personnel de l'), n° 1347, M. Henri Joly, président, *Cambrai (Nord).* — Statuts.

18. IMPRIMERIE DEPIERRE (Union amicale et professionnelle des Ouvriers et Employés de l'), M. Albert Loriaux, président-fondateur, *Lisieux (Calvados).* — Statuts.

19. IMPRIMERIE DESLIS Frères et Cie (Société de Secours Mutuels de l'), M. Priotoy, président, *6, rue Gambetta, Tours.* — Tableau et documents.

20. IMPRIMERIE HÉNON (Société de Secours mutuels de l'), *11, rue Stendhal, Paris.* — Statuts.

21. IMPRIMERIE CH. HÉRISSEY (Société d'Assurance mutuelle contre le chômage et Caisse de Prêts gratuits ou Prêts d'honneur de l'), *Évreux (Eure).* — Statuts.

22. IMPRIMERIE GAUTHIER-VILLARS (Caisse de Retraites et Caisse de Secours et de Prêts de l'), *55, quai des Grands-Augustins, Paris.* — Deux volumes contenant les Situations annuelles.

23. IMPRIMERIE LAHURE, *9, rue de Fleurus, Paris.* — Société de Secours Mutuels, Caisse de Retraites. Tableaux.

24. IMPRIMERIE G. DE MALHERBE ET CIE (Société de Secours Mutuels de l'), M. Barbarin, président, *12, passage des Favorites, Paris.* — Statuts et documents.

25. IMPRIMERIE NATIONALE (Caisse des Pensions de Retraite et de Secours en faveur des fonctionnaires et agents de l'), M. Moutou, directeur, *87, rue Vieille-du-Temple, Paris.* — Notice sur le fonctionnement de ces institutions.

26. IMPRIMERIE NATIONALE (Société d'assistance aux Orphelins du Personnel de l'), M. François Bare, président, *87, rue Vieille-du-Temple, Paris.* — Graphique.

27. IMPRIMERIE NATIONALE, LA CHAUMIÈRE (Société d'Habitations à bon marché pour les ouvriers et employés de l'), M. Léon Coiplet, président, *87, rue Vieille-du-Temple, Paris.* — Documents.

28. IMPRIMERIE NATIO-

NALE (La Prévoyance de l'), M. Verité, président, *87, rue Vieille-du-Temple, Paris.*

29. IMPRIMERIE NATIO-NALE, LA FRATER-NELLE DES COMPOSI-TEURS (Société de Secours Mutuels et d'Assistance au décès de l'), M. Constant Deguen, président, *87, rue Vieille-du-Temple, Paris.* — Graphique.

30. IMPRIMERIE NATIO-NALE (Union Amicale et prévoyante des Employés de l', Société de Secours Mutuels et d'Assistance en cas de décès), M. Léon Coiplet, président. — Documents.

31. IMPRIMERIE NATIO-NALE, LA NOUVELLE PRÉVOYANTE (Société de Secours Mutuels), M. François Bansard, président, *87, rue Vieille-du-Temple, Paris.* — Documents.

32. IMPRIMERIE NOUVELLE NOEL TEXIER (Caisse de Secours de l'), *La Rochelle (Charente-Inférieure).* — Statuts.

33. IMPRIMERIE X. PER-ROUX et fils (Société Amicale du Personnel de l'), Secours Mutuels, *28, rue de la République, Mâcon.* — Statuts.

34. IMPRIMERIE PICHOT (Société de Secours Mutuels et Caisse de Retraites des Employés de l'), n° 1914, *54, rue de Clichy, Paris.* — Tableau.

35. IMPRIMERIES RÉUNIES

DE NANCY (Caisse de Secours en cas de maladie des), *97, rue de Metz, Nancy.* — Statuts et documents.

36. IMPRIMERIE REY (Caisse de Secours et de Retraites de l'), *4, rue Gentil, Lyon.* — Tableau et Statuts.

37. IMPRIMERIE TYPOGRA-PHIQUE (Société de Secours Mutuels de l'), *117, boulevard Saint-Germain, Paris,* M. A. Nourrit, président. — Tableau.

38. INDUSTRIELS DE FRANCE CONTRE LES ACCIDENTS DU TRA-VAIL (Association des), M. Henri Mamy, directeur, *10, place Saint-Michel, Paris.* — Tableau et documents.

39. INDUSTRIES DU PA-PIER (Caisse syndicale de Retraites des), M. René Failliot, président, *117, boulevard Saint-Germain, Paris.* — Tableau et documents.

40. JOURNAUX ET IMPRI-MERIES DE LA GI-RONDE (Société Anonyme des), *8, rue de Cheverus et 9-11, rue Guiraude, Bordeaux.* — Tableau.

41. LIBRAIRIE ARMAND COLIN (Institutions sociales de la), Max Leclerc et H. Bourrelier, éditeurs, *103, boulevard Saint-Michel, Paris.* — Tableau et documents.

42. LIBRAIRIE CH. DELA-GRAVE (Société de Secours Mutuels du Personnel de la), *15, rue Soufflot, Paris.* — Tableau et volume. Statuts.

43. LIBRAIRIE HACHETTE et Cie (Institutions charitables de Prévoyance en faveur du Personnel de la), 79, *boulevard Saint-Germain, Paris.* — Documents.

44. LIBRAIRIE LAROUSSE (Institutions sociales de la), MM. Moreau, Augé, Gillon et Cie, imprimeurs-éditeurs, *13-17, rue du Montparnasse, Paris.* — Tableau.

45. MASSON et Cie éditeurs, *120, boulevard Saint-Germain, Paris.* Caisse de Participation aux bénéfices. — Statuts. Brochure.

46. OFFICE DE PLACEMENT GRATUIT DE L'IMPRIMERIE pour centraliser les offres et demandes d'emploi, *42, quai des Orfèvres, Paris.* — Graphique.

47. ORPHELINS DES INDUSTRIES DU LIVRE (Œuvre des), Mlle Porta, directrice, *117, boulevard Saint-Germain, Paris.* — Orphelinat *67 et 69, route de Châtillon, Montrouge (Seine).* — Tableau et volume. Statuts et documents.

48. PACHTÈRE (Félix de), président de Sociétés Mutualistes, *2, rue des Prêtres-Saint-Séverin, Paris.* — Deux volumes reliés (Causerie et documents sur la mutualité). — Tableau.

49. PAPETERIE (Société de Secours Mutuels de la), M. A. Failliot, président, *37, rue Sainte-Croix-de-la-Bretonnerie, Paris.* — Tableau.

50. PAPETERIES DE NANTERRE (Société Anonyme des), *avenue Jules-Quentin, Nanterre (Seine).* — Société de Secours Mutuels et Avantages au Personnel. — Une affiche encadrée.

51. PAPETERIE PRIOUX, Munier, Glatron, Baschet et Cie, *1 et 5, impasse Reille, Paris.* — Avantages au Personnel. Une affiche encadrée.

52. PAPETERIE DE RIVIÈRE (Société de Secours Mutuels de la), M. Lelièvre, président, *Conty (Somme).*

53. PRÉVOYANCE DU LIVRE (La), *2, rue des Prêtres-Saint-Séverin, Paris.* — M. F. de Pachtère, président. Tableau et volume. Statuts.

54. PRÉVOYANCE DE LA RELIURE, DE LA BROCHURE ET DE LA DORURE (La), M. Lemale, président, *7, rue Coëtlogon, Paris.* — Brochure.

55. PRÉVOYANTS DE LA MAISON HACHETTE et Cie (Société des), M. Loueihl, président, *111 et 113, rue Réaumur, Paris.* — Statuts. Notice. Documents.

56. PRIOUX ET MUNIER, fabricants de papier, *Bessé-sur-Braye (Sarthe).* — Avantages au Personnel. Une affiche encadrée.

57. PROTECTION DES APPRENTIS ET DES ENFANTS EMPLOYÉS DANS LES MANUFACTURES (Société de), *44, rue*

de Rennes, Paris. — Tableau et volumes.

58. PUBLICISTES SECRÉTAIRES PARLEMENTAIRES (Les), M. G. Meyer, président. Assurances au décès. Assurances-vie. Secours Mutuels, *150, rue de Rennes, Paris.* — Tableau.

59. REPRÉSENTANTS ET EMPLOYÉS DE LA PAPETERIE, IMPRIMERIE, MAROQUINERIE ET AUTRES INDUSTRIES QUI S'Y RATTACHENT (Association Amicale des), M. Renaud, président, *69, rue de Bretagne, Paris.* — Tableau.

60. REY (Alexandre), Imprimeur, *4, rue Gentil, Lyon.* — Tableau et documents.

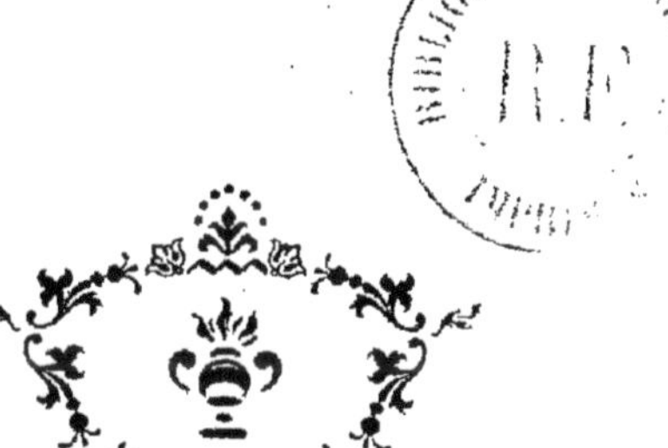

INDEX ALPHABÉTIQUE

DES

EXPOSANTS

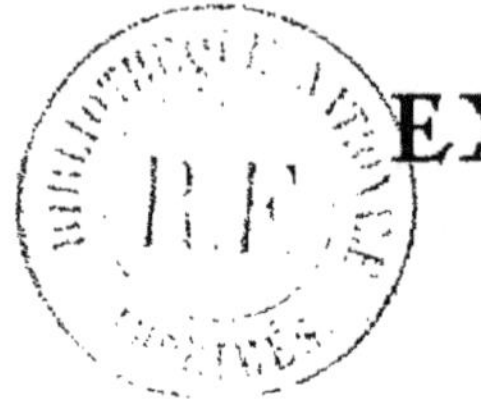

B

C

H

38

Achevé d'imprimer
le 13 Juin 1914
par les soins
du *Syndicat* patronal
des Imprimeurs *Typographes*
avec le concours
du Cercle de la Librairie
et de l'Imprimerie.

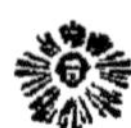

www.ingramcontent.com/pod-product-compliance
Ingram Content Group UK Ltd.
Pitfield, Milton Keynes, MK11 3LW, UK
UKHW021507090726
13657UKWH00001B/77